U0878128

人力资源管理专业应用型本科教材

人力资源培训与开发

李文武　主编

中国劳动社会保障出版社

图书在版编目(CIP)数据

人力资源培训与开发/李文武主编. -- 北京：中国劳动社会保障出版社，2023

人力资源管理专业应用型本科教材

ISBN 978-7-5167-5301-9

Ⅰ. ①人… Ⅱ. ①李… Ⅲ. ①人力资源管理-高等学校-教材 Ⅳ. ①F243

中国版本图书馆 CIP 数据核字(2022)第 052421 号

中国劳动社会保障出版社出版发行

（北京市惠新东街 1 号　邮政编码：100029）

*

三河市潮河印业有限公司印刷装订　　新华书店经销

787 毫米×1092 毫米　16 开本　19.25 印张　262 千字

2023 年 5 月第 1 版　　2023 年 5 月第 1 次印刷

定价：56.00 元

营销中心电话：400-606-6496

出版社网址：http://www.class.com.cn

内容提要

《人力资源培训与开发》共分为 10 章，包括人力资源培训与开发概述、培训体系构建、培训需求分析、培训计划的制订与实施、培训课程开发、培训师管理、培训方式、培训外包、培训效果评估与转化、员工开发与职业生涯管理。本书集合人力资源管理的“知识”“技能”“实训”三位一体，同时整合“新趋势”“新方法”，做到合理运用。

本书既适合高等院校人力资源管理专业及其他相关专业的师生阅读、使用，也能够满足不同层次的企业管理者，以及对人力资源管理感兴趣的人士、研究者、咨询师和培训师的学习、借鉴需要。

序

随着信息化和大数据的发展，人力资源管理有着很大的变化与发展，尤其是新趋势、新技术在人力资源管理中的应用，对于人力资源管理专业的学习有着更高的要求。我国高等学校管理科学的人力资源管理专业领域的科研、教学和应用等方面都取得了长足进步，培养了一大批优秀人才，但由于各所高等学校在相关专业的发展历史、特点和背景上的差异，以及企业对人才需求的多样化、实务化，使我国人力资源管理专业教育面临着机遇和挑战。

“人力资源管理专业应用型本科教材”以人力资源管理专业学科体系为依托，涉及人力资源规划、工作分析、招聘与配置、培训与开发、绩效管理、薪酬管理、人员素质测评、劳动关系管理等方面的内容。本系列教材包括《人力资源管理概论》《工作分析》《人员招聘与配置》《人力资源培训与开发》《绩效管理》《薪酬管理》《人员素质测评》《员工关系管理》《人力资源服务概论》和《职业生涯规划》共 10 本，特色归纳如下：

第一，呈现了最新的理论和系统性的知识。本系列教材在整个高等学校人力资源管理专业设计过程中，不仅强调基础理论知识的学习，而且从整套教材体系的搭建到各书种内容的安排，系统性地呈现了人力资源管理的理论知识。

第二，提供了实务操作技能的方法和工具。本系列教材从方法、工具到所选择的各个模块，充分反映了人力资源管理专业的技能运用，为读者提供了全方位的人力资源管理教学指导与依据，是人力资源管理专业教师开展教学和学生在学习、工作中必不可少的参考书。

第三，增加了课程实训的演练内容。本系列教材在“学习目标”和“本章自测题”的基础上，增加了在人力资源管理实践中的“课程实训”模块内容，增强了教材的实用性，以期辅助读者更快地领会与掌握人力资源管理的基本理论以及技术方法。

当然，本系列教材还有许多可以不断完善和修改的地方，我们殷切希望广大读者能够在使用过程中，给我们提供好的意见和建议，使之日臻完善，共同为中国的人力资源管理事业添砖加瓦。

编者

2023 年 4 月

前　言

随着我国改革开放的不断深入和经济的迅速发展，以及全球企业的竞争越来越激烈，对企业人力资源管理提出了新的要求和新的挑战。企业如何成功地吸引、激励和保留优秀的人才，如何立足于竞争激烈的市场，唯一的途径就是掌握最新的人力资源管理知识，利用高效的技术、方法和工具，对组织内部的人力资源进行充分开发和科学管理。其中，人力资源培训与开发是企业实现人力资源管理目标的重要手段之一。

《人力资源培训与开发》共分为 10 章，包括人力资源培训与开发概述、培训体系构建、培训需求分析、培训计划的制订与实施、培训课程开发、培训师管理、培训方式、培训外包、培训效果评估与转化、员工开发与职业生涯管理。

如何将人力资源培训与开发理论与管理实践进行有效结合？如何精准掌握人员培训计划与需求设计的方法与工具？如何把握人员培训与开发的最新趋势？如何在掌握人员培训知识的基础上，快速提高人员培训与配置管理者的专业技能？本书将系统指导、逐一呈现。

1. “知识”“技能”“实训”三位一体。全书以管理的工作过程和工作内容为导向，深入剖析企业在实际人力资源管理中遇到的相关问题，并提出有针对性的解决方案和方法等，包括文书、计划、表单、流程、技巧、模型、工作标准、案例等，帮助读者加深理论、有效操练和参考借鉴。

2. “新趋势”“新方法”合理运用。全书多层次、多维度地阐述了人力资源管理全面的内容，尽可能地针对企业实践吸收了人力资源管理领域的新思想、新理论、新方法，如灵活用工、招聘外包、劳务派遣等。

在本书编写过程中，特别感谢管理学领域一些杰出学者和企业界人士所提供的评论以及建议，他们的许多专业知识、独到见解和体会很值得我们欣赏。同时，我们还要感谢在高校管理学教学第一线的教师们，他们投入了大量时间和精力，通过各种渠道给我们提供了高校科研、教育教学、在校学生方面关于教材颇有价值的信息反馈。

本书既适合高等院校人力资源管理专业及其他相关专业的师生阅读、使用，也能够满足不同层次的企业管理者，以及对人力资源管理感兴趣的人士、研究者、咨询师和培训师的学习、借鉴需要。

2023 年 4 月

目　　录

第一章　人力资源培训与开发概述

学习目标

➢了解人力资源培训与开发的发展趋势及主要学习理论

➢掌握培训的定义、人力资源开发的定义、学习理论的定义、培训迁移的定义

➢知晓培训与开发的特点、培训的目的、人力资源开发的内容、成人培训理论

➢了解培训迁移的模型

引导案例

L 公司是一家生产电子产品的中小型制造企业，大约有 200 名员工。这个行业的竞争性很强，L 公司一直在努力降低成本，但在岗员工对降低成本的培训一直不重视。

刘先生是这家公司的人力资源部经理，在过去的几个月中，刘先生发现公司因为产品不合格问题已经失去了多个重要客户。经过深入调查，他发现公司产品次品率为 25%，而行业平均水平为 10%。刘先生协调相关部门经理在一起讨论后发现问题不是出自

设备和技术上，而是因为普通操作员工没有经过质量控制培训直接上岗造成的。

刘先生建议实施质量控制培训项目降低次品率，并经总经理的授权，负责设计和实施这一培训项目。

刘先生设计的培训方案中包括培训课程大纲和案例研讨，并且针对生产部经理提出培训可能会影响生产进度问题，通过设计将课程培训时间控制在8小时，而且运用普通操作员工分组开展培训的方式减少对生产进度的影响。在设计的培训方案中，明确本次培训的目标是：在3个月内将次品率降低到10%。

在培训实施前，培训师把讲义中的主要内容印发给每个受训员工，以便员工更好地学习相关内容。在培训过程中，培训师用比较多的时间来安排讨论讲义中的案例，使受训员工更好地了解问题所在。

1个月后，总经理再次检查公司的次品率时，发现次品率虽然降低了，但还是没有达到目标。

那么，L公司的培训存在哪些问题？并请简要分析原因。

第一节　什么是人力资源培训与开发

一、人力资源培训与开发的概念

（一）人力资源培训的定义

关于人力资源培训的定义，可以从广义和狭义两个角度进行理解。

从广义的角度理解，人力资源培训主要是指组织向员工传授完成工作所需的各种知识和技能，从而提高员工工作能力的过程。相关知识和技能包括与工作相关的知识、技能、价值观念、行为规范等内容。

从狭义的角度理解，人力资源培训是指为了组织的利益，以有序和有效的方式提高员工的工作绩效的行为，创造基本和高级技能、对客户和生产系统的了解以及自我激发创造力等智力资本的途径。

在本书中，人力资源培训主要是指根据组织战略目标和岗位要求，为使员工适应工作环境，提升知识、技能、态度与素质，改善员工工作绩效的系统化的训练活动。

（二）人力资源培训的目的

人力资源培训的出发点和目的是“组织的生存与发展”，其最终是为了使员工能够更好地胜任工作，提高企业的生产力和竞争力，从而实现组织发展与个人发展的统一。人力资源培训目的具体如下。

1. 适应组织外部环境的发展变化

组织的发展是内外因共同起作用的结果，一方面组织要充分利用外部环境所给予的各种机会和条件，抓住时机；另一方面企业也要通过自身的变革去适应外部环境的变化。其生存和发展总会归结到“人”的作用上。具体来讲，组织为快速适应外部变化可以将培训活动落实到如何提高员工素质、调动员工的积极性和发挥员工的创造力上。组织作为一种权变系统，作为组织主体的人也应当是权变的，即组织必须不断培训员工，才能使员工适应技术及经济发展的需要，最终满足个人和组织发展的要求。

2. 满足员工自我成长的需要

一般情况下，员工希望学习新的知识、技能，接受具有挑战性的任务，这些都离不开人力资源的培训活动。因此，通过培训可增强员工的满足感。员工的这些期望在某种情况下可以转化为自我实现诺言，即期望越高，员工的表现就会越佳。反之，期望越低，员工的表现就会越差。这种自我实现诺言现象被称为“皮格马利翁效应”。

3. 提高整体绩效

员工通过培训，可以在工作中减少失误，在生产中减少工伤事故和降低因失误造成的损失。同时，随着技能的提高，员工在培训后可以减少工作资源的消耗和浪费，提高工作质量和工作效率，从而提高员工和组织的整体效益。

4. 提高企业素质

通过人力资源培训，可以使具有不同价值观、信念、工作作风及习惯的员工，按照时代及组织运营要求进行文化养成教育，以形成统一、和谐的工作集体，使劳动生产率得到提高，工作及生活质量得到改善。换言之，要提升和发展竞争力，组织一定要重视教育培训和文化建设，充分发挥人力资源培训铸就企业精神的重要作用。

（三）人力资源开发的定义

人力资源开发，起源于20世纪80年代，目的是提高组织人力资源质量的管理策略和活动能力。创造“人力资源开发”这一概念的是美国学者纳德勒（Nadler），他认为人力资源开发是“雇主所提供的有组织的学习经验，在某一特定时间内，产生组织绩效与个人成长的可能性”。

而美国培训与发展协会（ASTD）认为人力资源开发是“整合训练与发展、职业发展与组织发展，以增进个人和组织效率的作为”。

学者吉利（Gilley）和埃格兰德（Eggland）认为人力资源开发是“组织中安排的有计划的学习活动，经由提升绩效与个人成长，以改善工作内容、个人与组织”。

学者史密斯（Smith）认为人力资源开发是“决定发展和改善组织中人力资源最佳方法的一种程序，以及经由训练、教育、发展与领导等行为，有计划地改进绩效和人员生产力，以同时达成组织与个人目标的做法”。

人力资源开发是指组织在现有人力资源的基础上，对组织的战略目标、组织结构变化或内外部环境进行综合分析，以此为依据，调查、分析、规划、修改人力资源，从而提高组织或者团队员工的人力资源管理水平和素质潜能，为组织带来更多的效能和利益。具体来讲，人力资源开发的含义包括以下5个方面。

（1）人力资源开发的对象是人的智力、才能，即人的聪明才智。

（2）人力资源开发要借助教育培训、激发鼓励、科学管理等手段来进行。

（3）人力资源开发活动是没有止境的。

（4）人力资源开发是一项复杂的系统工程。人既是开发的主体，又是被开发的客体。

（5）人力资源开发的过程既受到主观因素的影响，又受到客观因素的影响。

培训与开发的最终目的都是通过提升员工的能力实现员工和组织的共同成长。

（四）人力资源开发的内容

现代人力资源开发不仅包括传统意义的培训与开发领域，还包括组织发展与职业开发，人力资源开发职能也已经由培训与开发向包括组织发展和职业开发在内的职能转变。

1. 培训与开发

培训与开发，是指组织为使员工获得或改进与工作有关的知识、技能、动机、态度和行为等，所做出的计划性、系统性的各种工作。通过培训与开发的各种工作，可以有效提高员工的工作绩效，并帮助员工对组织的战略目标做出一定的贡献。培训与开发的重点是通过有计划地学习、分析，确保并帮助员工个人提高关键技术和能力，以使其胜任现在的岗位和将来的工作。培训与开发是直接针对“员工个人”而言的，而“学习”则是进行改进的主要手段。

2. 组织发展

组织发展，是指为改进组织效率，解决组织中存在的问题并达成组织的发展目标，根据组织内外环境的变化，有计划地改善和更新组织发展的过程。具体来讲，组织发展是在组织理论的指导下，着重改善和更新人的行为、人际关系、组织文化、组织结构及组织管理方式，最终达成提高组织的生命力和效能的目的。

（1）组织发展的显著特点。组织发展主要是倡导在团队内部和各团队之间进行一系列的变革和创新。组织发展主要具有以下 4 个方面的显著特点。

1）组织发展应具有长期性。组织发展不仅需要解决组织短期面临的业绩问题，还要解决组织长期的发展问题。

2）组织发展应该得到组织高层管理人员的支持。

3）组织发展主要是通过培训与开发实现变革与创新。

4）组织发展应鼓励员工参与并发现问题，寻找解决问题的方法，挑选合适的方案，确认变革的对象，最终贯彻执行变革方案和评估结构等一系列程序。

（2）组织发展成功的条件。一般情况下，组织要获得成功，必须具备以下 6 个条件。

1）组织中应至少有一个关键的决策者认识到组织变革的必要性，并且组织内的高层管理者对变革不持强烈的反对态度。

2）组织变革需要由工作重新设计、部门重组、兼并、购并、流程再造等问题来引发。

3）组织管理者愿意为组织的发展进行一种长期性的改进。

4）组织管理者和广大员工都愿意以一种开放的心态对待组织内外部顾问提出的关于组织发展的改进建议。

5）组织中各部门、项目、业务板块和相关工作人员之间存在着较好的信任与合作。

6）组织中的高级管理层在必要的时候会聘请外部咨询专家或第三方机构，并支持组织内部与外部专家的行动。

3. 职业开发

职业开发，是在确保个人职业目标与组织目标一致的基础上，以期实现个人与组织需求之间的最佳匹配。职业开发的重点是在工作中扮演不同角色的个人，并使个人的职业发展与组织发展相互促进。

（1）职业开发的过程。职业开发主要包括两个过程，即职业规划和职业管理。

1）职业规划强调个人在职业生涯发展中的主观能动性，个人通过评价自己的技术、能力，并了解自己的兴趣、价值观和机会等因素，从而选择合适的职业生涯发展目标，建立并实现职业规划方案。

2）职业管理关注于组织在员工的职业发展过程中的主导作用，即强调组织要督导员工实施其职业生涯规划。

（2）职业开发的作用。职业规划和职业管理，是整个人力资源开发的重要组成部分，为人力资源开发活动提供未来工作方向，为组织应对环境变化、组织目标实现等提供了科学的依据与思路。职业开发的作用主要体现在以下 3 个方面。

1）职业开发可以把个人发展需要与组织发展需要有机联系在一起，形成人力资源开发的整体合力。

2）职业开发能够使员工个人在与组织发展的双赢过程中获得适应性的发展。

3）职业开发可以帮助组织留住优秀人才以及更多的人力资源。

二、人力资源培训与开发的特点

（一）人力资源培训的特点

1. 培训的广泛性

培训的广泛性表现为：首先，它指的是组织内广泛地开展员工培训，不仅高层决策者需要培训，而且中层管理人员和基层的普通员工也要接受培训，以反映全员培训的性质；其次，指培训内容的广泛性，它涉及企业生产经营活动的全部内容以及未来需要的新知识、新技能等问题。另外员工培训的方式和方法也非常广泛。

2. 培训的层次性和针对性

组织内的员工有不同的知识和文化背景，从事不同的任务，具有不同的技术水平，所以培训的内容和重点也应该不同，即培训应该在不同的层次有针对性地进行。基层员工培训应该关注一般知识和最基本的技能，解决缺乏基本的知识和技能的问题；中层管理者培训的目的应该主要是扩大知识层面，掌握管理知识和技能；高层决策者培训的目的应该主要是拓展创新与创业管理意识等。

3. **培训的计划性和风险性**

计划性是指培训必须以企业未来发展战略为指导，根据人力资源计划，认真细致地制订培训计划，根据计划实施，避免盲目性和随意性。

此外，因为培训是企业给员工的人力资源投资，那么它也有投资的风险特征：一方面，企业可以从中获得巨额回报；另一方面，如果企业不能留住人才，也可能浪费培训资源。因此，企业必须小心把握。

4. **培训的长期性和速成性**

培训贯穿员工在组织工作发展的整个过程，不能期望一次或多次培训可以解决所有的问题，特别是现代科学技术的迅速发展，新知识、新技术、新产业、新职业正在崛起，不仅对员工培训的需求越来越强烈，而且还要求培训必须是长期的、持续的，只要员工在组织内工作，就应根据需要进行相应训练。

强调长期，不是指长期的培训时间，而是因为培训是针对实际工作需要，每次培训应强调在较短的时间内取得明显的成效，特别是技能培训更应如此，以此提高培训和发展的有效性。

5. **培训的实用性和实践性**

培训的实用性是指培训的结果能够转化为生产力，能够迅速提高员工的工作绩效和企业的整体水平，不断促进企业竞争优势的发挥和稳定。实践性是指培训应依据员工的生理、心理特征和一定的工作经验，在培训方法上应注重实际情况，针对工作情况运用启发式、讨论法、研究法、角色扮演法和案例教学法等培训方法，以提高员工培训的有效性。

（二）人力资源开发的特点

人力资源开发必须把握人力资源的特性，并采取针对性强的对策，才能保证人力资源开发活动的科学性与有效性。

1. **人力资源的9大特性**

人力资源的9大特性包括不可剥夺性、生物性、社会性、时效性、资本积累性、激活性、能动性、载体性和个体差异性，其具体内容见表1-1。

表 1-1　　人力资源的 9 大特性

序号	特性	具体特性说明
1	不可剥夺性	人力资源不可剥夺，不能榨取、不能骗取、不能夺取，只能在任用中通过良好的管理、政策、制度与技术方法使其自觉地运用与发挥
2	生物性	生物性主要表现为生殖繁衍性、新陈代谢性、遗传基因性、自然环境的反应性、身体语言性以及与自然界的双向交流性。人力资源的生物性要求开发主体要注意满足人的自然需求，要注意工作条件和工作环境对人的身体与心理的影响，要建立有利于人们身心健康的劳动制度
3	社会性	社会性表现为信仰性、时代性、地域性、国别性、民族性、文化性、职业性、财富的占有性等。人力资源的社会性要求在开发过程中特别注意社会政治制度、国别政策、法律法规以及文化环境的影响，特别注意开发措施的人群针对性
4	时效性	时效性要求人力资源开发要抓住人的年龄最有利于职业要求的阶段并实施最有力的激励措施，不同职业人的最佳开发年龄段是不同的，因此针对不同职业人的年龄增长实施及时的开发对策是开发的正确选择
5	资本积累性	人力资源是体力、智力、知识、技术、能力、经验、信息、健康的综合体现，是靠不断地投资而形成的，是外界教育、培训、影响以及自我学习努力积累的结果
6	激活性	激活是通过适当的对策来刺激使其活跃，使其处在兴奋状态。激活性为开发人力资源的激励机制提供了理论基础和实践依据。人力资源的激活可采取目标拉动、政策制度推动、教育启动、信息催动、榜样引动等办法
7	能动性	能动性是人的自然价值追求的反映，是人力资源的自主运动行为。人力资源开发对策应注意使被开发者产生正向能动，减少和避免负向能动
8	载体性	人是智力、知识、技术、能力、信息、经验、关系的活动载体，人力资源市场配置与流动基于这一特性的可行性，人才的稳定与吸引基于这一特性的可靠性
9	个体差异性	人力资源的个体差异性表现在性别、年龄、文化程度、专业、技能、价值观、兴趣、性格、智力、资历等方面。这种差异性为人力资源的不同运用方向、优劣区分、针对性的开发奠定了基础，也为不同开发对策的提出提供了依据

2. 人力资源开发的 8 大特点

以人力资源的 9 大特性分析为基础，人力资源开发活动主要具有以下 8 大特点。

(1) 人力资源开发是一种规划性活动，主要涉及需求评估、目标设定、行动规划、执行、效果评定等。

（2）人力资源开发是以明示人类的价值为基础。

（3）人力资源开发是一种问题取向的活动，主要是应用若干学科的理论与方法以解决人力及组织问题。

（4）人力资源开发是一种系统途径，它将组织的人力资源及其潜能与技术、结构、管理过程紧密地联系在一起。

（5）人力资源开发的对象是人力资源及其整个组织。

（6）人力资源开发的目标是改善人力资源的质量和组织效能。

（7）人力资源开发的核心是学习，是组织成员行为的持久改变或某一方式的行为能力的改变。这种学习既包括个人学习，也包括组织学习；既包括学校中的学习，也包括工作地点的学习。

（8）人力资源开发不是一劳永逸、简单有效的战略，它是一种持续不断的过程。

（三）人力资源培训与开发的区别

培训和人力资源开发有类似的共同点，比如二者都是指一种学习过程，由企业培训与开发管理者来策划，目的是通过将学习内容和所期望的工作目标联系起来，从而促成个人和企业共赢。但是，培训和人力资源开发是两种完全不同的概念，两者的含义和侧重点并不相同。

培训更侧重于向员工传授需要完成当前的具体任务或实际工作所需的知识和技能，而开发聚焦于一个长期的关注点，更强调和关注与未来工作任务相关的准备和规划。培训与人力资源开发的主要区别见表 1–2。

表 1–2　　培训与人力资源开发的主要区别

项目	培训	人力资源开发
目的	短期的绩效改进	使员工在未来承担更大的责任
关注焦点	当前的工作	未来的工作
参与方式	强制要求	自愿参与
工作经验运用程度	高	低
与当前组织的相关性	持续时间短，集中性和阶段性长	具有分散性和长期性

三、人力资源培训与开发的发展趋势

（一）人力资源培训的发展趋势

人力资源培训的发展是任何一个组织培训的必然，人力资源培训会真正发展为成熟并强大的人才培训乃至培养体系，企业也将随着人力资源培训的发展而获得快速发展。目前来说，人力资源培训的发展趋势主要包括以下 5 个方面。

1. 理性培训取代感性培训

感性培训，主要是指互动、游戏等，有些课程用感性形式培训比较有效果，如团队建设、业务技能、心态培训等一些初级的课程。但是财务管理、管理技能、时间管理课程等就不太适用感性手段去培训，而是借助课程的完整性、逻辑性和实用性进行培训。

2. 更为关注开发实效培训

当前很多人力资源培训的关注点还停留在培训师的包装，打造培训师品牌。但是，更务实的培训并不关注培训师的包装，而更加关注学员的问题，关注课程的品质，关注课后的追踪等。

3. 更加重视团队学习形式

未来，团队学习的重要性将更加凸显。因为只有团队学习，才能形成一个更好的沟通与发展平台。员工培训在很多情况下，需要工作群体或工作团队成员之间进行相互交流、相互切磋、取长补短，以实现经验和智慧共享。

4. 提高组织内部培训比重

未来的人力资源培训是由外到内，建立个性培训课程体系，培养独立培训师团队。企业的大部分课程要由企业内部培训师承担，岗位技能、企业文化制度等由企业内部培训师培训才有针对性，而且成本低。外部培训师主要传授一些通用管理技能，企业可以借助外部的培训力量把整个企业内部培训系统建立起来。

5. 成为人力资源开发的重要方式

人力资源培训会逐渐成为组织人力资源开发的重要方式，为成功地激发出员工的创造性，并帮助员工准确地认识自己的潜力所在提供支持。

（二）人力资源开发的发展趋势

依据马斯洛（Abraham H. Maslow）的需求层次理论，人在生理、安全、自尊等基本层次的需求得到满足后，最高层次的需求就是“自我实现”需求。人力资源逐渐成为企业的核心竞争力后，企业在开发人力资源时，不仅仅要满足组织的需求，还需进一步关注员工职业生涯和职业兴趣发展的相关内容，帮助员工实现自我。随着行业竞争日渐激烈，企业支付终身雇佣的人力资本代价愈加昂贵，难以支付，所以企业愈来愈倾向于培养员工的“终身学习能力”，通过培养员工的自学能力和自我管控能力，将组织的外在动力转化成员工的内在动力，形成学习型组织，最终降低人力资源成本，提高企业的核心竞争能力。

第二节　基本学习理论与培训迁移

一、学习理论的内涵

学习理论，是教育学和教育心理学的一门分支学科，用以描述或说明人类和动物学习的类型、过程，以及有效学习的条件。学习理论是探究人类学习本质及其形成机制的心理学理论，重点研究学习的性质、过程、动机、方法及策略等。

学习理论对培训与开发的指导意义主要体现在两个方面，即自我效能和观察学习。

（一）自我效能

学习理论的一个特点是学习要受到自我效能的影响，也就是在认知过程中的功效预期。社会学习理论的创始者是美国心理学家阿尔伯特·班杜拉（Albert Bandura），他将功效预期定义为人确信自己能够成功地完成某种任务的预期。功效预期不同于结果预期，结果预期是指个人对特定的行为将导致某些后果的估计。

（二）观察学习

观察学习起始于学习者对示范者行为的关注，是人们间接经验学习的一种重要形式，它普遍存在于不同年龄阶段和不同文化背景的学习者中，并广泛地应用于现实生活、行为操作和运作技能的学习。

人们通过观察学习，可以快速敏捷地获得他人的行为方式、人际交往、工作和学习经验。班杜拉明确地区分了人类学习的两种基本过程，即直接经验学习和间接经验学习。

（1）直接经验学习。直接经验学习是人类在认识世界和改造世界的实践活动中获得知识和经验的过程，是人类获取知识的源泉。

（2）间接经验学习。间接经验学习是学习者通过观察示范者的示范活动，或者通过教师、家长的口头传授而间接地获得他人已有的知识经验的过程。

二、主要学习理论

（一）行为主义的学习理论

行为主义学习理论主要包括俄国心理学家伊万·彼德罗维奇·巴甫洛夫（Ivan Petrovich Pavlov）的条件反射理论、美国心理学家爱德华·李·桑代克（Edward Lee Thorndike）的联结学说理论、美国心理学家伯尔赫斯·弗雷德里克·斯金纳（Burrhus Frederic Skinner）的强化理论以及阿尔伯特·班杜拉的社会学习理论。

1. 巴甫洛夫的条件反射理论

巴甫洛夫的条件反射理论主要包括行为的“保持与消退”“分化与泛化”两个方面。

（1）保持与消退。巴甫洛夫发现，在动物建立条件反射后继续让铃声与无条件刺激（食物）同时呈现，狗的条件反射行为（唾液分泌）会持续地保持下去。但当多次伴随条件刺激物（铃声）的出现而没有相应的食物时，则狗的唾液分泌量会随着实验次数的增加而自行减少，这便是反应的消退。

（2）分化与泛化。在一定的条件反射形成之后，有机体对与条件反射物相类似的其他刺激也做出一定的反应的现象叫作泛化。而分化则是有机体对条件刺激物的反应进一步精确化，那就是对目标刺激物加强保持，而对非条件刺激物进行消退。

2. 桑代克的联结学说理论

桑代克认为所谓的学习就是动物（包括人）通过不断地尝试形成“刺激”与“反应”的联结（S-R 联结），从而不断减少错误的过程。桑代克把自己的观点称为试误说。

3. 斯金纳的强化理论

桑代克侧重于研究学习的 S-R 联结，而斯金纳则在桑代克研究的基础上进一步探讨小白鼠乐此不疲地按动操纵杆的原因，即因为小白鼠每次按动操纵杆都会吃到食物。斯金纳把这种会进一步激发有机体采取某种行为的程序或过程称为“强化”，凡是能增强有机体反应行为的事件或刺激叫作“强化物”，导致行为发生的概率下降的刺激物叫作“惩罚”。

4. 班杜拉的社会学习理论

班杜拉在反思行为主义所强调的刺激—反应的简单学习模式的基础上，接受了认知学习理论的有关成果，提出学习理论必须要研究学习者头脑中发生的反应过程的观点，形成了综合行为主义和认知心理学有关理论的认知—行为主义的模式，提出了“人在社会中学习”的基本观点。

（二）认知主义的学习理论

认知主义的学习理论主要包括美国教育心理学家杰罗姆·布鲁纳（Jerome S. Bruner）的认知结构学习理论、美国认知教育心理学家戴维·保罗·奥苏贝尔（David Pawl Ausubel）的认知同化理论、美国教育心理学家罗伯特·米尔斯·加涅（Robert Mills Gagne）的信息加工理论。

1. 布鲁纳的认知结构学习理论

布鲁纳主要研究有机体在知觉与思维方面的认知学习，他把认知结构称为有机体感知和概括外部世界的一般方式。

布鲁纳始终认为，学校教育与实验室研究猫、狗、小白鼠受刺激后做出的行为反应是截然不同的两回事，他强调学校教学的主要任务就是要主动地把学习者旧的认知结构置换成新的，促成个体能够用新的认知方式来感知周围世界。同时，他还提倡有效学习方法，重视学科基本结构的掌握，强调基础学科的早期教学，主张学生去发现学习。

2. 奥苏贝尔的认知同化理论

奥苏贝尔在批判行为主义简单地将动物心理等同于人类心理的基础上，创造性地吸收了皮亚杰（Jean Piaget）、布鲁纳等同时代心理学家的认知同化理论思想，提出了著名的有意义学习、先行组织者策略等，并将学习论与教学论两者有机地统一起来。

3. 加涅的信息加工理论

1974 年，加涅利用计算机模拟的思想，并利用当代认知心理学的信息加工的观点来解释学习过程。

加涅认为，任何一个教学传播系统都是由“信源”发布“消息”，编码处理后通过“信道”进行传递，再经过译码处理，还原为“消息”，被“信宿”接收。该模型呈现了人类学习的内部结构及每一结构所完成的加工过程，是对影响学习效果的教学资源重新合理配置、调整的一种序列化结构。

（三）人本主义的学习理论

人本主义的学习理论，主要包括马斯洛的自我实现的三大理论、需求层次理论，以及罗杰斯（Carl Rogers）的意义学习。

1. 马斯洛的自我实现的三大理论、需求层次理论

马斯洛提出的自我实现的三大理论分别是性善论、潜能论和动机论。马斯洛认为人的需要是分等级的，即低层次的需要是高层次需要的基础，人类需要层次成波浪式发展，也就是说不同层次的需要可以同时存在，

不同层次的需要的发展与许多因素有关。

2. 罗杰斯的意义学习

所谓意义学习，不是指那种仅仅设计事实积累的学习，而是指一种使个体的行为、态度、个性以及在未来选择行动方针时发生重大变化的学习。罗杰斯认为意义学习主要包括以下 4 个要素：

（1）学习具有个人参与的性质，即整个人都投入到学习之中。

（2）学习是自我发起的，即有外界的学习刺激，但学习活动的产生还是发生在学习者内部。

（3）学习是渗透性的，即学习者通过学习可以改变自己的行为、态度，甚至个性。

（4）学习是学习者自我评价的，因为只有学习者自己才清楚这种学习是否真正地满足了自己的需要，在知识方面是否有了增长。

（四）建构主义的学习理论

建构主义的学习理论，主要包括维特罗克（Wittrock）的知识建构论和凯利（George Kelly）的个人建构学说。

1. 维特罗克的知识建构论

维特罗克认为学习过程不是先从感觉经验本身开始的，它是从对该感觉经验的选择性注意开始的。任何学科的学习和理解总是涉及学习者原有的认知结构，学习者总是以其自身的经验，包括正规学习前的非正规学习和科学概念学习前的日常概念，来理解和建构新的知识或信息。

建构一方面是对新信息的意义的建构，同时又包含对原有经验的改造和重组。因此，人们更加关注如何以原有的经验、心理结构和信念为基础建构知识，更强调学习的主动性、社会性和情境性。

2. 凯利的个人建构学说

凯利的个人建构学说主要包括以下 5 个方面的内容。

（1）个人建构是不断发展、变化和完善的，可推陈出新，不断提高。

（2）个人建构因人而异，在他看来，现实是各人所理解和知觉到的现实，面对同一现实，不同的人会有不同的反应。

（3）在研究人格的整体结构的同时，不能将其组成部分弃于一端，而应努力做到整体与部分、形式与内容的有机统一。

（4）当人们总用已有的建构去预期未来事件时，不可避免地要遇到一些困难和麻烦，新的信息和元素需要加入到原有的建构之中。

（5）一个人要获得一种同现实十分一致的建构体系绝非轻而易举，要经过大量的探索和试误过程。

（五）成人培训理论

成人培训理论是在满足成人学习这一特定需要的理论基础上发展起来的。由于企业员工都是成人，具有成人学习的一般特征，所以研究和掌握成人培训理论，并合理地加以利用，对提高员工培训的效果是大有裨益的。

1. 成人学习及其特点

成人学习是一种目的性极强的学习过程。针对员工培训，企业须考虑员工具有成人学习的这一特性，因为这制约着员工培训是否能够有效开展。成人学习的特点主要包括社会性特点、能力特点和心理特点三个方面。

（1）社会性特点

1）学习的延续性。成人的学习，是在已有知识经验基础上的再学习、再教育，具有延展性、继续性。

2）学习的职业性。成人学员的学习同个人的职业相联系，怀着个人的需求、问题、感觉与希望。

3）学习的从属性。成人学员是社会中的劳动成员，他们对科学文化技术的需要，实质上是社会的需要。

4）学习的终身性。当今社会要求每个人必须不断地学习，把学习贯彻到人的一生，生命不息，学习不止。

（2）能力特点

1）目的明确。学习目标明确，这有助于员工形成恒定的学习动力。

2）自制力较强。有助于员工排除各种干扰，稳定学习情绪，形成对学习的专一性和持久性。

3）理解能力较强。有助于员工对知识的理解和掌握。

4）应用性强。有助于员工理论联系实际，促进创造能力的迅速提高。

5）学习能力较强。经过学习实践，员工可以积累较为成功的学习经验。

（3）心理特点

1）自尊心强。成人有独立的凭借自身社会经验得到的观点。

2）学习的信心低。成人对超出自身范围的知识信心不足。

3）表达的需求强。成人有发表自己见解的心理需求。

2. 主要的成人培训理论

成人培训理论主要包括霍华德·麦克卢斯（Howard McClusky）的余力理论、马尔科姆·诺尔斯（Malcolm Knowles）的熟练理论和麦基罗（Mezirow）的知觉转换理论，其具体内容见表1-3。

表1-3　成人培训理论

理论名称	理论内容
麦克卢斯的余力理论	麦克卢斯的余力理论，其所指代的生活的余力是指生活能力与生活负担之差，即生活的能力剩余。生活余力可因能力增加或负担减少而增加，也可因负担增加或能力减少而减少，成年个体的需要在能量需要与实现需要的可能性之间寻求生长变化的平衡
诺尔斯的熟练理论	成人的社会角色以及周围环境因素的作用，要求成人必须努力缩小现有熟练水平与期望熟练水平之间的差距。当个体由低一级熟练发展到高一级熟练之后，其自身的角色及社会环境又会产生更高水平的熟练要求，个体必须继续做出新的努力去实现新的熟练
麦基罗的知觉转换理论	麦基罗发现当知觉转换发生时，成人的生活将出现危机，这种危机主要是一种意识的产生，是由于成人已经认识到自身与环境之间存在着严重的不和谐因素，在这种危机意识作用下，成人总是努力寻找摆脱危机的途径，而最主要最有效的途径就是参加学习

3. 成人培训理论对培训与开发的启示

成人培训理论对培训与开发有着十分重要的意义，下列内容是成人培训理论对培训与开发的启示。

（1）自我观念。相互启发和合作指导。

（2）经验。将培训对象的经验作为范例和应用材料。

（3）准备。根据培训对象的兴趣和能力进行开发指导。

（4）时间角度。立即应用培训内容。

（5）学习定位。以问题为中心而不是以培训主体为中心。

三、人力资源培训迁移的定义

培训迁移又称为学习迁移，是指一种学习对另一种学习的影响，即已获得知识、技能、学习方法和学习态度等对学习新知识、新技能和解决问题所产生的一种影响。或者也可以说，培训迁移是学员将习得的经验有变化地运用于另一种情境。

从组织培训与员工培训的角度来看，培训迁移主要是指受训员工将培训所学的知识和技能有效地、持续地运用于组织的日常工作之中。在培训迁移的过程中，一般主要经历 4 个阶段，即培训前动机管理（有意识地努力掌握培训课程）、学习（掌握培训课程内容的过程）、培训绩效管理（测量在培训中学到的内容）和迁移结果管理（受训者接受培训后在实际工作中的表现）。

从培训迁移的类型来看，培训迁移主要包括近迁移和远迁移两种形式。

近迁移，是指将学习运用于相似的情境。近迁移的理论依据是同因素理论，培训可以通过提高刺激程度、反应程度和与实际情况相适应的条件来提高有效性，这就需要在课程中进行实践经验的分享和练习。

远迁移，是指通过培训，使学员掌握新形势下的原则和解决问题的方法，培养灵活变通的能力。远迁移的理论依据是原理理论，培训应关注解决问题所必需的一般原则，以帮助学员应用这些原则来解决迁移环境中的问题。

四、培训迁移的模型

培训迁移的模型，主要包括鲍德温（Baldwin）和福特（Ford）的培训迁移模型、霍尔顿（Holton）的培训迁移模型两种。

（一）鲍德温和福特的培训迁移模型

鲍德温和福特的培训迁移模型如图 1-1 所示。

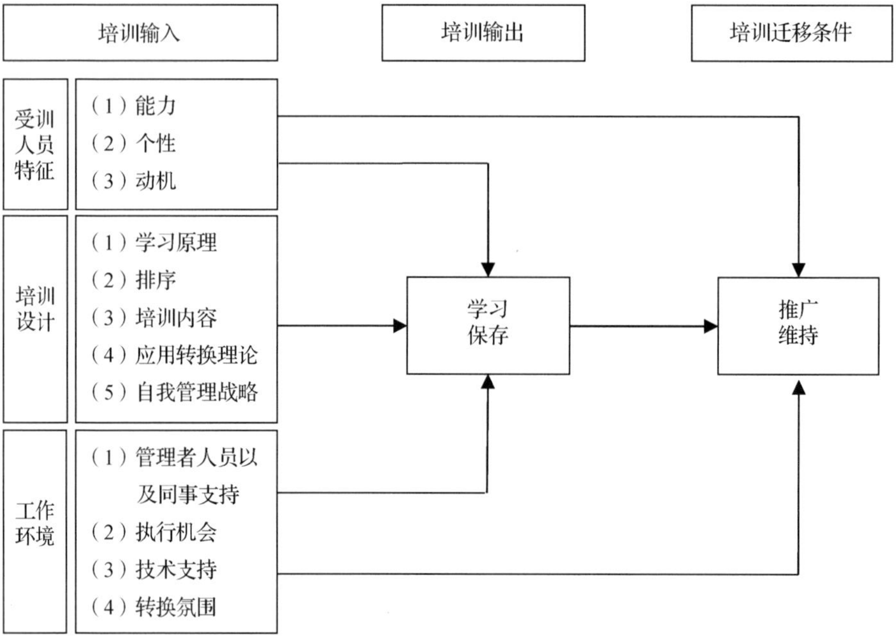

图 1-1　鲍德温和福特的培训迁移模型

培训迁移的条件主要包括两个方面，即推广和维持。

推广，是指培训对象在遇到与学习环境相似却又不完全相同的问题和情况时，将所学知识和技能应用到工作的能力。

维持，是指长时间维持运用新获得技能的过程。

（二）霍尔顿的培训迁移模型

霍尔顿的培训迁移模型主要包括迁移动机、迁移设计、迁移氛围三个方面。

（1）迁移动机。主要说明在参加培训后，培训对象为什么渴望改变行为。

（2）迁移设计。主要说明通过什么样的培训设计使培训对象能够成功地迁移所培训的行为。

（3）迁移氛围。主要说明当培训对象在工作中应用培训所学到的知识、技能和态度时，需要什么样的组织环境。

霍尔顿的培训迁移模型如图 1-2 所示。

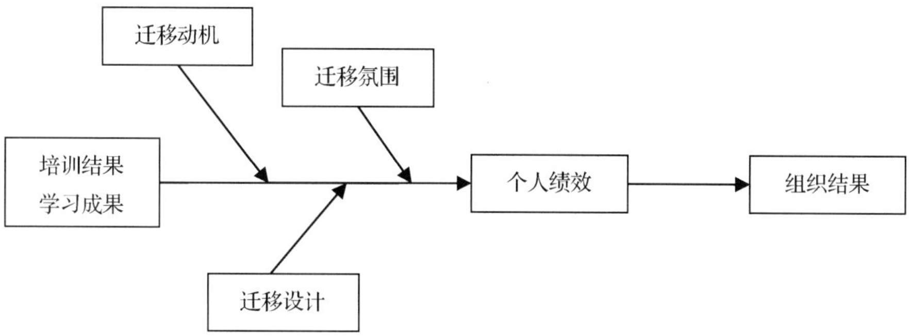

图 1-2　霍尔顿的培训迁移模型

五、培训迁移的影响因素

培训迁移的影响因素主要包括个人因素和环境因素两个方面。

（一）个人因素

影响培训迁移的个人因素主要包括自我效能和迁移感知。

1. 自我效能

自我效能，是指人们对自己是否能够成功地进行某一成就行为的主观判断，它与自我能力感相近。一般来说，成功经验会增强一个人的自我效能；反之，反复的失败会降低自我效能。

2. 迁移感知

迁移感知，即迁移环境感知和迁移价值感知。

迁移环境感知，是指在培训结束后，培训对象对迁移环境是否有利于培训迁移的一种心理判断。

迁移价值感知，是指培训对象对在实际工作中应用培训所学的知识、技能和态度的价值及有效程度的看法。

（二）环境因素

影响培训迁移的环境因素主要包括阻碍因素和支持因素两个方面。

1. 阻碍因素

阻碍因素主要包括不利的组织因素、缺乏应用的动机、低水平的培训迁移激励、缺少管理者的支持等。

2. 支持因素

支持因素主要包括良好的组织氛围、培训内容与工作的相关性、鼓励技能的运用、内在化的迁移策略、感知到的管理者支持、识别到的潜在运用领域等。

本章自测题

1. 人力资源开发首先是从哪个国家兴起的？
2. 人力资源培训的目的是什么？
3. 培训与人力资源开发的主要区别是什么？
4. 人本主义的学习理论包括哪些具体内容？
5. 培训迁移的具体影响因素包括哪些内容？

第二章　培训体系构建

学习目标

➢了解培训体系的概念与内容

➢知晓培训体系设计的意义

➢掌握培训体系设计的步骤

➢了解不同阶段组织培训体系和不同岗位人员培训体系设计

➢了解培训体系的四大模块

引导案例

随着经济的发展，人民群众的需求日益变化，企业高层开始意识到应该把搭建企业员工的培训体系作为一种资源投资，促进企业和员工共同进步。但是当前企业员工的培训体系不够完善，造成企业虽然投入了大量的时间和精力，但得到的回报甚微，且有害于企业的战略发展。所以如何构建科学合理的员工培训体系已经成为企业管理者最为关注的一个问题。企业只有持续提升企业员工的培训体系，才能使员工紧跟时代的发展，快速适应互联网时代的需求。

东山森林公园是某省林业局直属的国家AAA级风景区，也是该省的十大公园之一。该森林公园占地面积约1 350公顷，其中湖泊面积近450公顷，绿地面积约750公顷，绿化覆盖率达到95%以上。公园内自然资源丰富，环境优美，文化遗产众多，底蕴深厚，被批准为国家级森林公园，集旅游、度假、娱乐、会议研讨与科学实验于一体。

由于生态环境日益变迁，各种环境问题接踵而来，如今必须采用相应的经营方法，提升公园的管理能力和经营能力来解决问题。由于森林公园工作人员的综合素质偏低，不能满足森林公园公众服务的需求，因此，公园希望通过定期培训来提升员工取得有效信息和先进技术成果的能力，并提高员工的综合素质，适应新时代的要求。但是公园的员工培训体系不完善，导致虽然投入了大量的培训资金和精力，但培训效果仍然很差。

总经理很是头痛，开始了深入调查，发现了很多问题：公园的培训内容没有详细的计划，人力资源部负责人不清楚应该培训哪些内容，经常是跟风培训，网上哪种培训最火就培训哪种课程；甚至是部门领导“拍脑瓜”决定培训内容，比如某个部门领导认为员工沟通能力差，要加强沟通能力，于是开展“如何提高沟通绩效”的培训，但是培训后员工的工作表现并没有明显的提升。而且私下对员工进行调查之后发现，大多数员工认为培训是浪费时间或者是把培训当成休假，甚至有的员工反映“参加培训学习的东西根本用不到”，所以员工参加培训的积极性较低，导致培训效果不佳。

请简述该森林公园培训体系设计存在哪些问题？应如何设计该森林公园的培训体系？

第一节　培训体系概述

一、培训体系的概念

培训体系是指组织为实现一定的培训目标，在组织内部建立起与组织发展及人力资源管理相配套的培训组织管理体系、培训需求分析体系、培训课程开发体系、培训预算控制体系、培训师资管理体系、培训效果评估体系和培训制度规范保障体系等。

培训体系是一个动态平衡的体系，包含培训课程体系和培训师调整，以及如何激励学员、如何开发和管理培训供应商、如何将培训内容转化为工作流程和规范化操作文件。这些都是培训体系必要的内容，需要通过相关制度加以保障实施。

培训体系还可以理解为是在企业内部建立一个系统的、与企业的发展以及人力资源管理相配套的培训管理体系、培训课程体系以及培训实施体系，具体内容如下：

（1）培训管理体系。主要包括培训制度、培训政策、培训职责、培训信息收集与反馈、培训评估、培训预算及费用管理、培训绩效考核等一系列与培训相关的制度。

（2）培训课程体系。是指建立并完善企业文化培训、入职培训、岗位培训、专业知识和专业技术培训、营销培训、管理和领导技能培训等一系列具有本企业特色的培训课程。

（3）培训实施体系。包含了确保企业培训制度实施，并通过培训活动的有效组织和落实、跟踪和评估、改善和提高，体现培训价值的一整套控制流程。

二、培训体系的内容

培训体系的设计既满足企业战略与经营的要求，同时，又考虑员工职业生涯发展。培训体系的设计，需要从制度层面、资源层面、运营层面3个角度进行考虑。

（一）制度层面

企业如果没有完善的培训管理制度，是无法保障培训体系能够顺利运行的，所以，企业要建立适合自身培训发展和管理的培训制度，其内容主要包括培训运营制度和岗位培训制度。

1. 培训运营制度

培训运营制度，主要包括入职培训制度、培训激励制度、培训考核评估制度、培训奖惩制度、培训风险管理制度等。

（1）入职培训制度。入职培训制度，是规定新员工在上岗或任职之前需要进行入职培训，并对新员工培训管理进行有效说明和规范的培训管理制度。

入职培训制度主要包括以下6项内容。

1）入职培训制度的制定意义和目的。

2）需要参加入职培训的人员界定，包括进入企业的新员工，重新调整工作岗位的员工，与企业引进的新技术、新产品工作相关的员工，即将岗位晋升的员工，即将岗位降级的员工。

3）特殊情形导致员工不能参加入职培训的解决措施。

4）入职培训的主要管理责任范围，如部门经理、培训部、培训项目负责人以及各自的培训管理职责等。

5）入职培训的基本要求和标准，如培训内容、培训时间、培训考核等。

6）入职培训的形式、方法等。

（2）培训激励制度。培训激励制度，是指企业为激励员工参与学习，提升学习能力而制定的管理规范。员工的学习行为可以通过对其后果的控制和操作而加以影响和改变。这种控制和操作就是培训激励。

培训激励制度的内容主要包括培训激励体系的建立、培训激励制度制定的目的、培训激励有效运行条件分析、培训激励遵循的原则、培训激励方式选择与运用和培训激励的必要性分析。

（3）培训考核评估制度。培训考核评估制度，既是对受训员工的培训效果的考核，也是对培训组织工作的评估。培训考核评估制度需要全面、严格地执行，并按照一致的标准和要求来进行，培训考核评估过程要公平、开放，这些都是培训考核评估目标达成的必要条件。

培训考核评估制度需要明确的内容主要包括被评估考核的员工范围、培训考核评估的执行组织、培训考核评估的项目范围、培训考核评估的划分标准、培训考核评估的方式方法、培训考核评估的评分标准、培训考核评估结果的备案、培训考核评估结果的证明、培训考核评估结果的运用等。

（4）培训奖惩制度。培训奖惩制度，是指对培训运营过程中表现较好的对象（包括学员和培训组织者）进行奖励，对表现较差的对象进行惩处的管理制度。培训奖惩制度一般会依托培训考核评估的结果来执行，是其他培训管理制度能够得以顺利执行的关键。

培训奖惩制度主要由培训奖惩制度制定的目的、培训奖惩的执行组织和程序、培训奖惩的对象说明、培训奖惩的要求和标准、培训奖惩的执行方式和方法、培训奖惩的执行监督 6 个方面的内容构成。

（5）培训风险管理制度。培训风险管理制度的制定，是为了企业在组织以上类型的培训项目后，有效防范参训员工流失而造成企业培训投资浪费、间接竞争等问题的产生。培训是一种生产性投资行为，有投资就必然会存在一定的风险，培训风险管理制度的制定和执行，可以规避这种投资风险。

企业通过制定培训风险管理制度来规避培训风险，需要考虑以下两个方面的内容。

1）企业应根据《中华人民共和国劳动法》与员工建立相对稳定的劳动关系。

2）企业应与受训员工在培训前签订培训协议，明确双方各自负担的成本、受训员工的服务期限、保密协议和违约补偿等相关事项。

对于企业一些较为重要的培训项目，尤其是需要企业投入大量资金支持员工参加培训，或员工长时间脱产的培训项目，在组织培训前，企业应与员工签订培训协议，以避免人才流失、技术泄密等风险的产生。

2. 岗位培训制度

岗位培训制度主要包括管理制度，教学制度，考核制度，评估制度，劳动、人事、工资制度，岗位资格证书制度等。

（1）管理制度。岗位培训管理制度，主要是在培训整体运行过程中，如何对岗位培训进行有效管理的办法。制定岗位培训管理制度的目的是完善企业培训制度管理体系，保证培训工作能够顺利执行，并最终达成最大化的培训效益。

岗位培训管理制度的内容包括岗位培训规划制定、岗位培训管理制度制定目的、岗位培训费用预算管理、岗位培训组织实施管理、岗位培训运营风险管理、岗位培训考核评估管理。

（2）教学制度。岗位培训教学制度，是指为规范岗位培训有关的教学活动所制定的制度。岗位培训教学制度出台的目的，一是能够对岗位教学活动进行有效疏导和控制，二是使培训教学活动顺利进行，三是提升员工工作能力和绩效，四是实现良好培训效果。

岗位培训教学制度的内容包括教学制度的制定目的、教学方法选择与运用、教学导入方式与方法、教学辅导工作的实施、教学考核评估的执行、教学工作的有效拓展。

（3）考核制度。岗位培训考核制度，其出台的目的是检验员工的培训效果。同时，岗位培训考核制度的制定，可以为岗位培训考评提供参考标准和执行要求，并为培训效果转化工作提供信息依据。考核是岗位培训管理中非常重要的一个工作环节。

岗位培训考核制度的内容包括岗位培训考核对象和范围的确定、岗位培训考核制度制定目的、岗位培训考核方式方法、岗位培训考核组织、岗位培训考核评定标准、岗位培训考核结果存档和岗位培训考核结果运用转化。

（4）评估制度。岗位培训评估制度，是指对培训质量进行评估的制度，主要包括对培训内容、培训方案、培训实施、培训保障和培训效果等进行评估。

岗位培训评估制度的内容，主要包括岗位培训评估制度的制定目的、岗位培训评估制度的适用范围、岗位培训评估制度的执行原则、岗位培训评估范围的确定、岗位培训评估机构的建立、培训质量评估标准体系的构建、岗位培训评估的实施程序、岗位培训评估的结果分析、岗位培训评估问题整改措施。

（5）劳动、人事、工资制度。岗位培训的劳动、人事、工资制度，主要是指企业在组织培训活动过程之中或之后，对于可能产生的劳动关系变化、人事工作安排、员工工资调整等事宜，进行有效、合理规范的办法。

岗位培训的劳动、人事、工资制度的出台，可以为企业组织培训活动规划的部分目标提供参考标准，也可为培训后的员工工作关系调整提供行动准则。同时，岗位培训的劳动、人事、工资制度也是培训考核与评估后延工作，是企业人事管理重要的组成部分。

（6）岗位资格证书制度。岗位资格证书制度，是指企业为严格员工上岗资质要求，组织岗位资格培训以及岗位资格证书管理的一项岗位培训管理制度。

岗位资格证书制度的出台，主要是为了保证员工—岗位匹配和员工工作效果，避免各种工作问题和安全事故的发生。同时，岗位资格认证属于培训管理范畴的一部分，岗位资格证书制度的制定，可以充实企业培训管理发展。

岗位资格证书制度的内容，主要包括岗位资格证书制度制定目的、岗位资格证书制度适用范围、岗位资格证书制度管理原则、建立岗位资格认证培训体系、培训机构培训师的选择与管理、岗位资格认证培训课程选择、员工岗位资格审查管理程序、岗位资格证书的颁发与保管。

（二）资源层面

培训体系资源层面的内容，主要包括内外培训师资、培训课程体系、培训模板资料库、教学设施设备库等，以下是对培训体系资源层面内容的详细介绍。

1. **内外培训师资**

企业内外培训师资管理是培训体系资源层面的重要组成部分。根据组织运营实际情况，企业可以建立一支内部的培训师资队伍，在一些特殊培训项目或者内部培训资源条件不太允许的情况下，企业还要聘用外部的培训师。

2. **培训课程体系**

培训课程体系，是指构建一门课程的形式和结构，由一系列具有内在逻辑性和一定关联度的培训课程相互作用、相互联系而形成的有机整体。培训课程体系的设计，主要从培训课程系统构成、培训课程体系开发流程、培训课程开发方法、培训课程开发工具 4 个角度进行考虑。

3. **培训模板资料库**

建立适合企业自己的培训模板资料库是一个庞杂的系统工程，也是一个长期性的工程，特别是在体系建立的初期，要涉及所有岗位的所有员工层级，需要协调企业各方面的资源来完成。

4. **教学设施设备库**

教学设施设备库的建立，主要是指对教学设施、教学设备、教学演练道具以及教学辅助工具等的设计和管理。企业应根据自身培训管理发展现状和培训事业规划等来建设自己的教学设施设备库，并对其进行科学、有效的运营和管理。

（三）运营层面

培训体系运营层面的管理，主要包括培训需求分析与报告、培训计划与预算、培训组织与实施管理、培训效果评估与转化 4 个方面。在培训运营管理的整体系统中，企业应按照规范的操作程序和运营标准开展工作。

1. **培训需求分析与报告**

培训需求分析与报告，是指企业在培训需求调研的基础上，结合绩效差距，对企业员工在知识、技能等方面进行整体分析，从而确定培训的必要性及培训内容，并对培训需求进行有效报告的过程。

企业的培训需求可以通过企业战略、岗位胜任素质、绩效考评结果、员工职业生涯规划等途径来获取。而培训管理人员在完成了员工培训需求的分析和确认后，就要将培训需求调研分析的结果撰写成正式的书面报告，即培训需求分析报告。

2. 培训计划与预算

培训计划与预算，是指按照一定的逻辑顺序排列的记录，从组织战略出发，在培训需求分析基础上做出对培训时间（when）、培训地点（where）、培训者（who）、培训对象（whom）、培训方式（how）和培训内容（what）等的预先系统的设定。

一个完整的培训计划一般由前言、课程设置、培训对象、时间和地点、培训师、培训方法、培训预算、培训评估和培训计划表构成。

培训预算是培训计划的前提条件。在新建培训体系的企业，重点要做到预算的节省，避免无谓的开销。

3. 培训组织与实施管理

培训组织与实施管理，主要是对培训前、培训中和培训后相关的运营工作进行有效安排和管理。

4. 培训效果评估与转化

培训效果评估与转化是培训活动中具有铺垫性且非常重要的一个环节，培训项目的价值如何评价和体现出来，需要企业进行有效的培训效果评估工作和培训成果转化工作才能够实现。

培训效果评估，是指企业运用科学的理论、方法和程序，从培训结果中收集数据，并将其与整个组织的需求与目标联系起来，以确定培训项目的优势、价值和质量的过程。简言之，培训效果评估就是收集培训效果以衡量培训活动是否有效的过程。

培训效果转化，是指员工持续有效地将培训中所获得知识、技能、行为和态度运用于工作中，从而使培训项目发挥其最大价值的过程。培训效果转化是决定培训与开发是否有效的关键环节。

三、培训体系设计的意义

培训体系设计的意义涉及多个层面和主题。一个良好而有效的培训体系不仅可以创造良好的员工成长环境，实现组织的人才战略，同时，培训体系设计也可以为提升组织竞争力和实现组织战略目标提供强大助力。这里对于培训体系意义主要从员工层面、管理者层面、企业层面出发进行考虑，具体内容如下。

（一）员工层面

（1）提高了员工的工作效率和工作质量。

（2）增强了员工的责任心和对企业的忠诚度。

（3）实现了个人发展同企业发展的统一。

（二）管理者层面

（1）掌握了有效的工作方法与技巧，提高了影响力。

（2）更加理解管理目标和业务目标，拥有了解决问题的实际能力。

（3）增强了彼此之间的合作，形成了更强的向心力和不断融合的企业文化。

（三）企业层面

（1）增强了企业的核心竞争力。

（2）实现了员工价值观同企业价值观的统一。

（3）增强了员工对企业的忠诚度，提升了企业的凝聚力。

（4）提升了企业的形象和知名度。

四、培训体系设计的步骤

培训体系设计的最终目的是使培训发挥最大的效用。对于企业而言，培训体系是企业实现高效管理的途径，提高企业核心竞争力，促进企业战略发展。对于员工而言，培训体系能够增强员工的归属感，提高员工综合素质，使员工掌握更多的工作技能和工作方法，提高工作绩效。

培训体系设计的步骤包括企业管理诊断、企业资源优势分析、培训体系框架设计和培训费用预算与管理。

（一）企业管理诊断

（1）企业发展的机遇与挑战。

（2）企业外部市场分析：包括社会环境、国家政策、人才市场等。

（3）企业竞争对手分析：包括竞争对手吸引人才的策略、竞争对手在市场竞争中的优势和劣势。

（4）企业经营战略与培训目标诊断分析。

（5）企业培训体系现状与误区：了解企业培训体系的建设现状与企业发展需求的匹配度。

（二）企业资源优势分析

（1）内部资源：包括内部培训师资源、培训资金资源。

（2）外部资源：包括能够为企业培训体系建设提供品牌课程、优秀培训师的机构。

（3）硬件资源：包括培训操作系统、培训场地和培训设备。

（4）软件资源：包括企业培训文化、企业对培训的重视度。

（三）培训体系框架设计

（1）搭建企业培训体系：包括培训管理体系、培训课程体系和培训实施体系。

（2）基于胜任力的企业培训体系优化：包括胜任力模型设计、培训课程设计、培训实施。

（3）基于职业生涯的培训体系优化：包括培训内容丰富化、职业发展渠道丰富化。

（四）培训费用预算与管理

（1）培训费用预算：包括编制企业培训预算、编制部门培训预算。

（2）培训费用核算：包括利用会计方法计算培训成本、利用资源需求模型计算培训费用。

（3）培训费用审核：人力资源部秉持“花费少、产出高”的原则，对培训费用的合理性进行审查。

五、不同阶段培训体系设计

企业培训管理工作可根据培训体系建设的成熟程度不同，划分为了解学习阶段、引入课程阶段、资源建设阶段和精细发展阶段，企业需判断其自身所处的阶段及阶段培训工作的特点，找出提升培训管理工作的关键要素，有效提高培训管理工作绩效和管理水平。

（一）了解学习阶段

此阶段培训工作的特点首先是培训没有计划，临时决定想做就做，基本没有内部培训预算或者是预算很少，没有专门的内部培训师，培训工作基本靠员工自发的“分享”，并且培训职责也不明确，培训负责人以兼职为主；其次是培训工作重点是市场、销售、专业知识培训，而培训方式多是内部培训，基本没有外购课程，即使有，课程的选择也比较随意，不知道如何确保课程质量。因此，本阶段培训存在的问题主要是凭领导感觉决定，无明确经费预算，效果无法评估。

基于以上分析，本阶段培训体系建设导向是明确培训负责人和加强培训的计划性，让更多员工获得培训机会，提高培训的覆盖面，而培训方式更多采用“师傅带徒弟”的在岗培训方式，同时提高师傅的专业技能水平，培训发展的方向是管理人员基础管理能力培养、组织变革思想引入和培训管理干部专业能力培养。

（二）引入课程阶段

此阶段培训的特点是正式开始建设培训体系，也有专门的人来负责培训工作，但对培训工作的职责并没有清晰界定，主要做的是管理和全员培训，并且是以外部培训为主。因此，本阶段培训存在的问题主要是：企业没有足够的培训管理资源；培训部门影响力相对比较弱，被其他部门称为“花钱的部门”；非培训部门人员认为培训是培训部门或人力资源部的工作，不愿意配合，培训工作开展比较难。并且培训以补课和应急为主，培训评估难以推行，企业内的专家不愿意分享自己的经验和隐性知识或是培训师专业水平较低。

基于以上分析，本阶段培训体系建设导向是建设培训部门和内部培训课程目录体系。而培训工作的重点是明确岗位操作标准，使全员业务能力合格达标，因此要做好管理培训和全员培训，尤其是入职培训和上岗培训。培训发展的方向是建立培训协调员队伍，同时推进管理变革，利用3~6个月的时间，输出前后对比的培训成果，做好培训的应用和评估，从而提高培训部门的影响力。

（三）资源建设阶段

此阶段培训的特点是企业有了相对专业的培训部门在负责培训运营管理工作，企业培训也有了内部自主开发的课程，内部培训师的资源也有一定积累，能主动开展一些相对体系化的业务类与管理类课程。同时，业务部门会主动邀请培训部门参与人才培养，培训管理者的工作开展有了一定的群众基础。总体来说，这个阶段管理部门机构设置比较完整，重视培训体系建设，计划性强，以内部培训为主，外部培训为辅，能自主地跨部门分享知识。本阶段培训存在的问题主要是：课程体系建设缓慢，与企业岗位能力体系脱节，重点不明确，没有有效推动变革，缺乏有效的配合。

基于以上分析，本阶段培训体系建设导向是建设技能管理体系和课程内容体系，同时，重点培养内部培训师队伍。而培训培训师工作的重点是快速高效培养优秀人才，扩大优秀人才群体，因此，中高层管理者培训和推进管理改善，以及内部培训师培训发展尤为重要。培训发展的方向是开展与战略配合的项目，拓展渠道和客户培训，建立项目管理为核心的培训管理方式。

（四）精细发展阶段

此阶段培训的特点是培训师体系与运营管理体系都相对规范成熟，有着专业化的分工，培训运行整体比较稳定，同时内部培训师也具有一定水平，培训工作效果明显。本阶段培训存在的问题主要是培训管理人员综合能力需提高，即培训体系框架搭建好了，如何继续发展和完善，并且容易发生培训体系与员工职业发展规划、企业人才战略脱节，塑造企业培训文化时，缺乏凸显特色的学习型组织建设或团队行动学习实践，另外就是当企业业务模式发生变化时，培训体系不能随之进行调整。

基于以上分析，本阶段培训体系建设导向是培训体系向综合、全面、专业、均衡方向发展。培训工作的重点是传播企业学习文化，打造学习型组织，进行知识管理，即更好地为业务发展、技能发展提供培训支持，包括通过制定标准的方式，大规模地进行内部课程定制和实用工作手册整理，或是通过标准化“导师制”“认证教练”的方式，鼓励跨部门跨层级的正式与非正式的知识分享。而培训发展的方向是网络教育、企业大学、慕课等形式，并且要做好课程创新，不但做好企业内部培训，也要做好供应商培训等。

六、不同岗位人员培训体系设计

不同岗位人员的培训体系设计不同，下面重点介绍管理人员培训体系设计、生产人员培训体系设计、销售人员培训体系设计和专业技术人员培训体系设计。

（一）管理人员培训体系设计

管理人员培训体系可以根据管理人员岗位层级划分进行设计，设计模型如图 2-1 所示。

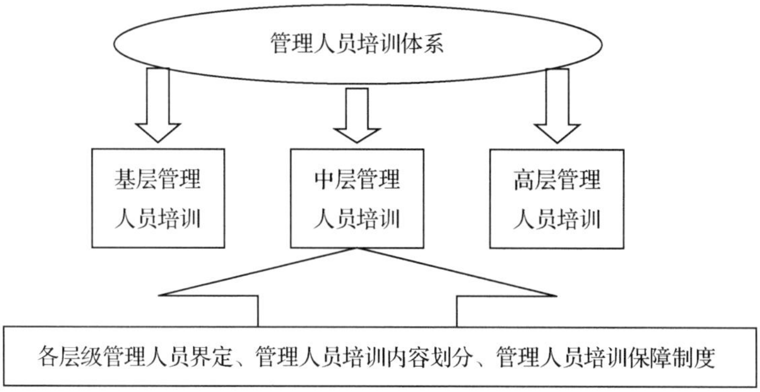

图 2-1　管理人员培训体系设计模型

（二）生产人员培训体系设计

人力资源部根据生产人员的行业特点、生产特点和培训预算构建培训体系，该类人员培训体系的具体内容如下。

1. 生产人员培训课程体系设计

生产人员培训课程体系主要包括企业文化培训、安全管理培训、质量管理培训、生产技能培训和师带徒培训内容。其中企业文化培训主要是指企业组织结构、企业战略目标、企业纪律培训等。安全管理培训主要是指安全知识培训、安全操作与防护技能培训、三级安全培训、安全案例培训等。质量管理培训主要是指质量体系培训、质量控制培训等。生产技能培训主要是指生产流程培训、工作标准培训等。师带徒培训主要是指理论知识培训、实操技能培训、解决问题培训等。

2. 生产人员培训实施管理体系设计

生产人员培训实施管理体系设计包括制订生产人员培训计划、培训实施和培训效果评估与转化。

（1）制订生产人员培训计划中包括培训预算、培训内容、培训时间、培训地点、培训培训师和培训方式等。培训计划的制订还应考虑生产人员的培训时机。培训时机应选择在生产淡季、大批新员工上岗前、产品质量下降、引进新技术或新设备、产品及技术标准发生变化等时间。

（2）培训实施包括培训的组织及实施保障。

（3）培训效果评估与转化是对生产人员培训效果进行评估，并撰写培训评估报告，根据报告中的不足之处对培训体系进行调整。

（三）销售人员培训体系设计

销售人员培训体系设计一般是将公司销售人员分为三个层次，即新进销售人员、普通销售人员、销售经理等，根据销售人员层次的不同，设置差异性的培训体系内容。

1. 新进销售人员培训体系设计

新进销售人员培训应本着使其尽快适应销售工作、尽快融入销售中的原则，设置培训课程；培训内容应难度适中，并采取多样化培训方式，以调动新进人员参与培训的积极性。根据培训需求内容划分，新进销售人员培训内容分为企业基本知识培训、产品知识培训、销售基本技能培训、销售心态培训等。

（1）企业基本知识培训主要包括向新员工致欢迎词，介绍公司发展前景和战略，介绍公司发展历史、文化、价值观，公司行为规范和规章制度培训。

（2）产品知识培训包括产品的使用、维护、保养知识培训和产品竞争培训。

（3）销售基本技能培训包括打动客户的产品展示方法和技巧、缔结销售协议的关键时机把握和销售实践与现场指导。

（4）销售心态培训包括销售成功心态培训、基本素质和技能培训、销售人员商务礼仪规范培训。

2. 普通销售人员培训体系设计

普通销售人员培训体系设计，不应重复没有实际作用的销售技巧，而应侧重与工作直接相关的职能；与此同时还应注重其工作态度的培训。普通销售人员培训内容主要包括工作态度培训、销售技能培训。

（1）工作态度培训主要包括销售人员素质、品德与态度要求，销售人员的自我目标与计划管理和销售人员的时间管理。

（2）销售技能培训主要包括销售渠道的开发与管理、增加销售业绩的方法、如何处理销售过程中的疑义、如何与顾客建立长久的业务关系和面对大客户的销售艺术。

3. 销售经理培训体系设计

对销售经理的培训目标是提高其管理知识和技能，更好地管理好本部门工作；为避免内部培训所带来的重复，公司对销售经理培训的培训师应从公司外部选择。销售经理培训的内容主要包括沟通和协调能力培训、领导和组织能力培训、客户管理知识培训、销售人员团队共识培训等。

（四）专业技术人员培训体系设计

为有效确保培训目标的实现，针对专业技术人员的培训体系设计，一般包括能力素质培训、专业水平培训两部分内容。

1. 能力素质培训

能力素质培训包括专业技术人员必备素质、专业技术人员职业操守等内容。

2. 专业水平培训

专业水平培训包括技术质量管理概述、技术管理规范、质量管理体系、技术研发成本控制、技术实验设计应用、技术质量检查、鉴定操作流程与规范、如何进行顾客关系管理等内容。

第二节　培训体系的四大模块

一、人员培训责任体系

人员培训责任体系是在企业内部搭建培训责任框架，将培训责任划分到各部门、各员工名下，让全体员工共同参与培训，以此推进培训的创新和发展。

员工培训不仅仅是人力资源部门的事情，而需要多方共同参与、有力配合才会取得预期的效果。因此，企业需对各级主体在培训工作中的职责予以清晰地划分。表 2-1 是一则培训责任划分示例，仅供参考。

表 2-1　　培训责任划分

责任主体	职责
总经理	（1）对本单位培训工作负领导责任 （2）负责审批各部门年度培训计划
人力资源部/培训部	负责企业员工培训活动的计划、实施和控制，具体内容如下： （1）培训需求分析 （2）确定培训目标 （3）设计培训项目/内容 （4）员工培训实施 （5）培训效果评价
各业务部门	（1）协助人力资源部进行培训的实施、评价 （2）对本系统员工培训工作负组织管理责任
培训师	（1）了解员工培训需求 （2）编制培训讲义与课件 （3）进行授课，灵活运用各种培训方法，确保员工掌握培训的内容
员工	（1）有积极参与培训的意愿 （2）自我学习 （3）将培训的成果主动运用到工作中 （4）对参与的课程提供反馈意见

二、培训运营实施体系

培训运营管理，是指人力资源部对培训需求、计划、开发、实施、评价、反馈等企业培训全过程的管理，保证人力资源部、培训对象及企业能够获得有针对性的、优质的、持续改进的培训服务。

培训运营实施体系设计主要包括三个阶段，即培训前运营体系设计、培训中运营体系设计及培训后运营体系设计，具体内容如下。

1. 培训前运营体系设计

企业培训前运营体系设计指的是在开展培训前，人力资源部应做好充分的准备，在细节上加强对培训的把控，确保培训有序进行，主要包括培训场所布置、现场准备、培训纪律制定等内容。

2. 培训中运营体系设计

在培训期间，人力资源部需要及时跟进培训计划的实施情况，其内容包括培训进度开展情况、培训记录是否完备、培训期间的效果反馈等。这些工作的成效直接影响培训的效果。

3. 培训后运营体系设计

在培训结束后，人力资源部需要对培训的开展情况进行整体评估，其主要工作事项包括培训效果追踪、培训考核与评估、培训总结与反馈等。

三、培训预算控制体系

培训预算管理是通过预算对人力资源部进行的培训项目的各种财务及非财务资源进行分配、考核和控制，以便有效地组织和协调培训的整个运营过程，完成既定的培训目标，是培训全过程、全方位和全员参加的预算管理。

培训预算管理的主要工作包括培训预算编制、培训预算执行、培训预算分析与调整 3 个方面，具体内容如下。

（1）培训预算编制。首先制订培训预算编制方案，然后根据预算方案编制企业的年度培训预算。

（2）培训预算执行。先分解下达年度培训预算，进而实施培训年度预算。

（3）培训预算分析与调整。对培训预算执行进行数据分析并做相应的调整，最后编制年度预算执行报告。

四、人员培训评估体系

人员培训效果评估是对必要的描述性和判断性信息进行系统收集，以帮助做出有关培训计划的选择、使用和修改的决定。培训效果评估应从培训目标入手，在培训目标的基础上，可以确定预期的培训结果，建立对培训有效性的评估来衡量预期的培训结果。

建立培训评估体系有助于检验培训的最终效果，规范培训运营团队的行为。建立一套完善的评估体系，企业至少需做好以下 4 个方面的工作。

（1）评估阶段。包括培训前评估、培训期间评估及培训结束后评估。

（2）评估内容。包括学习成果、培训组织管理、培训师水平和经济效益。

（3）评估方法。包括测试、实操和观察等。

（4）评估工具。采用培训评估成绩记录表、柯氏评估模型及测试题等。

本章自测题

1. 培训体系的内容有哪些？
2. 培训体系设计的意义是什么？
3. 简述培训体系设计的步骤。
4. 简述培训体系的四大模块内容。

第三章　培训需求分析

学习目标

➢了解培训需求分析的定义与内容

➢知晓培训需求分析的意义

➢掌握培训需求分析信息的主要收集方法

➢熟悉培训需求分析报告的主要内容

➢熟悉培训需求分析报告的编制要求、规范与步骤

引导案例

罗先生是某家IT企业的培训专员，一直以来工作表现优秀。不久前，企业因业务拓展招聘了大批软件前端与后台开发人员，但因为短时间内招聘大量人员造成了人员技术水平参差不齐，在开展实际工作中出现了严重的前端与后台、美工的配合问题。

技术开发部经理找到罗先生，希望开展新员工技术培训，以解决目前的问题。

罗先生随机找了几个新入职的员工，对他们做了培训需求调

研，以了解他们对技术培训的需求。之后制订了培训方案，并组织实施。

培训工作开展 1 个月后，技术开发部经理再次找到罗先生，反馈培训没有什么明显的效果，前端与后台、美工的配合问题没有得到解决。

罗先生的案例其实是典型的缺乏培训需求分析的培训，通过罗先生的案例，我们应该思考：培训需求分析究竟应该如何开展？

第一节　培训需求分析概述

一、培训需求分析的定义

（一）培训需求的定义

企业在生产经营过程中，由于其内外部环境发生变化，以及主观、客观等多种因素的影响，不得不面临一系列问题，此时培训需求便产生了。培训需求是指特定工作的实际要求与任职者现有知识、能力之间的差距引发的对任职者进行培训的客观需要。培训需求的本质是理想的工作绩效与实际的工作绩效的差距。

（二）培训需求产生的原因

培训活动的开展基于不同的培训需求。因此，明确培训需求产生的原因直接关系到培训活动的有效性和针对性。培训需求产生的原因大致可以分为以下 3 类：

1. 因工作变化而产生培训需求

不同的工作岗位所要求的技能、知识和素质都有所不同，即便是同一工作岗位，因为企业内外部环境的变化及企业发展的需求，其工作内容也可能发生巨大变化，为了更快地适应这种工作变化，培训需求随之产生。

2. 因人员变化而产生培训需求

当新员工进入企业后，需要对其进行企业文化、管理制度及岗位职责等方面的培训，这是培训需求产生最常见的原因。

3. 因绩效变化而产生培训需求

实现既定的或者更优异的绩效目标是企业所希望的，但是部分员工因能力方面的原因，完成既定的目标有些困难，由此产生了相应的培训需求。

（三）培训需求分析的定义

培训需求分析是指在筹划与设计培训活动之前，由培训部门、培训对象负责人等采用各种方法与技术，对即将参加培训的所有培训对象的知识水平、经验技能、培训目的等方面进行系统的分析与鉴别，以确定这些培训对象是否需要培训及需要培训什么的一种活动或过程。

培训需求分析，是开展整个培训活动的首要任务环节，是培训计划中的一个必要环节，也是进行培训评估的重要基础。

二、培训需求分析的内容

（一）培训需求分析的三个层次

培训需求分析的三个层次分别是组织层次、职务层次、人员层次。这三个层次之间并不是孤立的，它们是相互联系、不可分割的一个整体，任意一个层次的缺失都会影响培训需求分析结果的真实性、有效性和科学性。

1. 组织层次分析

组织层次的培训需求分析是指通过对组织的目标、资源、环境等因素的分析，准确找出组织存在的问题，并据此确定具体的培训需求。通常来讲，组织层次培训需求分析主要包括以下内容。

（1）明确组织目标。组织目标是评价组织绩效的重要标准，因此，在进行培训需求分析之前，首先应当明确组织目标。

（2）了解组织资源。组织资源的分析主要是对资金资源、时间资源和人力资源的分析。资金资源分析主要是确定组织能否为支持培训工作开展承担相应的经费，时间资源分析主要是分析组织业务开展方式和经营管理的特点是否能确保足够的培训时间，人力资源分析主要是分析企业目前的人力资源状况能否确保培训的顺利开展。

（3）分析组织环境。组织环境分析主要是从组织内部和外部两个方面进行分析。内部环境分析包括企业文化、企业的软硬件设施、企业经营运作的方式及各种规章制度等。外部环境分析包括企业所在地区的经济发展状况、地域文化、法律法规等。

（4）确定员工素质结构。员工素质结构分析的内容主要包括以下 4 个方面：

1）员工所受教育，即分析员工所受教育程度对岗位工作的影响。

2）员工专业结构，即分析员工所学的专业知识与岗位技能的匹配度。

3）员工年龄结构，即分析不同岗位的年龄特点以及员工年龄层次的分布情况。

4）员工性格结构，即分析不同岗位的工作特点对岗位任职者性格的不同要求。

2. 职务层次分析

职务层次的培训需求分析是对员工现任职务的任职要求和业绩指标进行评价，由此导出对现任员工所应掌握的知识和所拥有技能的要求，同员工的实际知识和能力进行比较，进而产生培训需求。

（1）职务层次分析的依据。职务层次分析的依据主要有岗位职责、任职资格、胜任素质模型、职业生涯定位等，根据职位所需的知识、能力、职业素养导出培训需求。

（2）职务层次分析的内容

1）员工所在岗位的工作特征分析

①一般工作内容分析。其目的在于让岗位任职人员快速了解该工作的性质、主要职责与权限等，作为培训需求分析的基础。

②工作的复杂程度分析。以工作的每一个工作要项为基础，分析其工作标准、特点、所需的知识技能、安全及注意事项等，为培训需求和评估提供依据。

③工作任务的饱和度分析。主要是对工作量的大小、主要工作所消耗时间等方面进行分析。如行政部的工作特点是事小、多且繁杂，但是工作的时间相对短一些，而人力资源部的工作则是工作量相对较少，但是对工作的细致程度却要求较高，那么在对两个部门人员进行培训时，其各自培训的重点是有所不同的。

④所在岗位的发展趋势分析。主要是考虑到企业的发展，该岗位所在部门或者岗位本身的工作量是否会加大、工作任务是否变得繁重、工作难度是否增强等方面。在培训时，要注意对这些问题的前瞻性和预见性。

⑤管理权限分析。管理权限分析主要是针对企业管理类职位的分析，从而可以确定管理人员所接受培训的程度以及培训的节奏。

⑥岗位任职资格分析。岗位任职资格分析主要是依据职位说明书的信息，分析岗位必备的知识、技能并找出岗位任职者欠缺之处，从而提取培训需求信息。

2）工作中存在或需解决的问题分析。培训主要解决的是岗位任职人员的技能和能力问题，了解员工目前工作中存在的最需要通过培训来解决的问题，有针对性地对员工所欠缺的工作技能、知识进行培训，可以提升培训的效果，从而达到提高员工工作绩效的目的。

3. 人员层次分析

培训是针对具体的员工和具体的岗位进行的。所以，在组织整体员工素质结构分析的基础之上对拟接受培训的人员展开分析，是整个培训需求分析的核心，对培训效果起着决定性的作用。

人员层次的培训需求分析可采用培训对象区域划分法。培训对象区域划分法先按照工作技能和工作态度两项指标，将员工归入 4 种不同的区域，再针对不同区域人员挖掘不同的培训需求。具体如图 3-1 所示。

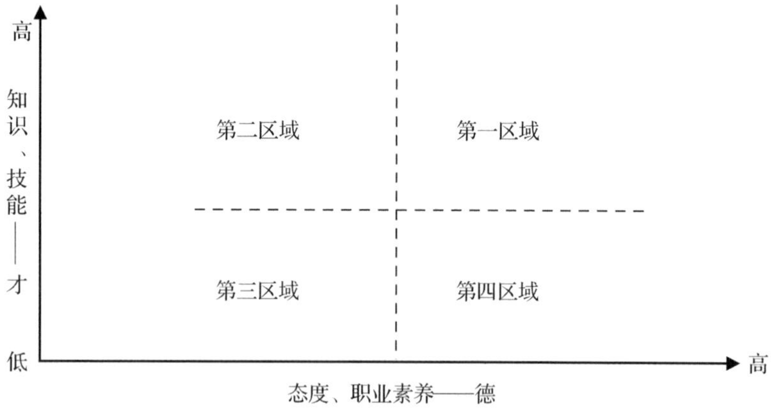

图 3-1　员工区域划分

（1）第一区域员工。德才兼备，各方面都过硬，已是或将是企业的核心员工或业务骨干，这类员工是企业的重点培养对象。企业的职责就是督促这类员工做好职业发展规划，为其安排一些提升培训，不断引导其从操作层向执行层、管理层发展。

（2）第二区域员工。知识和技能过硬，但工作态度不太好，职业素质不太高。针对这类员工的培训要解决的是其工作态度和职业素养的问题，企业可以安排其参加企业文化培训、团队协作精神训练、职业素养提升培训等，并加大对这类员工的绩效考核力度。

（3）第三区域员工。知识和技能不符合岗位要求，工作态度也不好。对于这一区域内的员工，企业应与其进行个别谈话，了解其想法，并向其直接上级了解实情，要求这类员工在规定的时间内适应岗位的要求，否则予以转岗或辞退。企业可以安排这类员工接受各项培训。但是，这会花费企业很大的人力、物力和财力。

（4）第四区域员工。知识和技能不符合岗位要求，但工作态度好，企业需要安排这类员工参加专业知识培训和技术操作训练，使其尽快达到岗位的硬性要求，以更好地为企业服务。

（二）培训需求分析的三个对象

培训需求分析的三个对象为新入职员工、在职非管理层员工及管理层员工。

1. 新入职员工的培训需求分析

新入职员工由于对企业的文化和制度不了解而不能较快地融入企业，并且新入职员工可能由于对工作岗位的不熟悉而不能很好地胜任工作，此时就需要对新入职员工进行培训。

根据上述内容，新入职员工的培训需求分析内容可以从岗前培训和岗后培训来理解。新入职员工的岗前培训是指其未正式上岗前，先对其进行关于企业文化、规章制度和行为准则的培训，以增强其归属感，顺利实现角色的过渡和转变。新入职员工的岗后培训主要是结合其岗位职责，确定需要培训的能力、技能和知识。

2. 在职非管理层员工的培训需求分析

可以将在职非管理层员工划分为在职普通员工和在职核心员工。在职非管理层员工的培训需求是由于技术的更新、管理的变革导致其技能不能满足工作需要等方面的原因而产生的。

在职普通员工主要是各操作岗位上的工人和其他一般技术人员，其培训需求内容一般集中于知识、技能、行为准则、岗位责任意识等方面。在职核心员工通常掌握企业的专门技术、核心业务及核心资源，其培训需求内容主要是思想认识，即对自己在企业员工中地位和作用的准确定位。此外，超前的知识和技能也是在职核心员工培训需求分析的关键内容。

3. 管理层人员的培训需求分析

组织中的管理者可以分为基层管理者、中层管理者和高层管理者。根据不同管理者在组织管理中的地位及管理内容，其培训需求分析侧重点不同。

例如，基层管理者的培训需求主要是普通员工管理与培养及人际沟通与交往的艺术，中层管理者的培训需求主要是职业培训、管理技能培训及其他能力的提升培训，高层管理者的培训需求主要是管理技能培训及其他能力的提升培训。

（三）培训需求的环境分析

培训工作的顺利开展必须有一定的环境支持，这种环境支持可以划分为培训实施环境和技能应用环境。因此，企业必须将环境分析纳入培训需求工作中来，以确保培训在具体实施时有足够的人员、资金、时间、设备和设施等资源的支持。

1. 培训实施环境分析

培训实施环境分析的目的是确定培训地点或场所是否满足培训要求。因此，企业培训实施环境的分析应重点关注 4 项内容，即培训地点或场所适合培训要求的程度，培训地点或场所适合模拟工作环境的程度，培训地点或场所对多种教学方法、策略和培训输入方式的适合程度，可能影响教学设计和教学传输的限制条件。

培训实施环境的分析应按照以下步骤进行。

（1）分析培训项目，确定可能参加的培训人数、课程开展形式及培训道具等。

（2）考察一个或多个培训地点或场所，对培训地点或场所的管理人员及学员进行访谈，以获取关于培训地点或场所的相关信息。如果受访学员与参与培训的学员类似，他们会为培训需求分析者提供使用这些培训地点或场所的有价值的信息。

（3）通过考察，确定使用该培训地点或场所时可能受到的限制，以及对培训项目可能产生的影响。

2. 技能应用环境分析

培训的最终目的是确保员工能将所学到的知识、技能应用到工作中。但在现实中，受训者的培训环境与技能应用环境有所差别，这就有可能导致受训者的工作环境对培训可能不支持。为了降低这种差别导致的对培训的不支持，培训需求分析者需要对受训者工作的环境进行分析，指出哪些因素可能会影响到新获得技能的应用，然后加以改善，以保证受训者将所学内容应用于工作实践中。

技能应用环境的分析可以从以下 4 个方面进行。

（1）管理人员的支持，即受训者所在部门的管理人员对培训所学技能在工作中应用的支持程度。为了避免发生本部门管理人员的抵制或反对，培训需求分析人员应主动与受训者的部门管理人员沟通，让其参与到培训中来。

（2）物质资源的支持，即应用新知识、新技能所需的设备、辅助设施、工具、时间安排或其他资源。这些信息可以用于培训环境设计。

（3）人际关系的支持，即应用新技能的人际环境，主要分析与受训者一起合作的人员对应用新技能可能造成的失误的容忍程度及支持和帮助程度。

（4）技能与工作场所的关联性，即新技能的应用是否存在物质资源、人际关系方面的限制。如果新技能在工作中很少使用，也就没有培训的必要。

通过对以上 4 项内容的分析，最终是要帮助培训设计者开发出与技能应用环境类似的培训环境，促进新知识和技能向工作场景转移，保证受训者有足够的工作机会将培训内容加以转化。

三、培训需求分析的意义

培训需求分析作为培训活动的首要环节，在培训过程中发挥着重大作用，其意义主要体现在以下几个方面。

（一）有利于找出差异，确认差距

培训需求分析的基本目的是找出差异，确认理想绩效与实际绩效之间的差距。绩效差距的确认一般包括三个环节：一是必须明确理想的知识、技能、能力和标准是什么；二是必须分析当前实践中缺乏的知识、技能、能力；三是必须分析理想的知识、技能、能力与实际之间的差距。这三个环节应独立有序地进行，以保证分析的有效性。

（二）有利于及时改变培训需求分析方式

组织中发生的、持续的、动态的变革代表了一种潮流，当组织发生变革时，组织都有一种特殊的、直接的需求，这就迫使培训部门在制定合适的培训规划以前，迅速地把握住这种变革与需求，对培训进行多角度的分析和透视，以适应组织变革。

（三）做好培训的效益与成本评估

培训需要一定的资金支持，所以培训者必须将培训效益与成本评估引入到培训需求分析中，通过计算培训投资回报率分析培训的可行性。

（四）更易于获得组织成员的支持

一般来说，组织成员通常会支持建立在培训需求分析基础之上的培训，特别是当他们参与到培训需求分析的过程中时，更易于接受和支持培训项目，而且让组织成员参与到培训需求分析中来，可以使培训需求分析结果更为准确。

第二节　培训需求信息的收集方法

一、问卷调查法

问卷调查法，是指通过预先设计的调查问卷收集培训需求信息的方法。它是企业收集培训需求信息较为常用的一种方法。

企业采用此方法首先要将一系列的问题编制成问卷，发放给培训对象，培训对象填写之后再收回分析。问卷调查法成本低，可大规模开展，所收集到的信息比较齐全。其缺点是需要花费比较长的时间，而且问卷回收率不高及问卷内容回答不规范都会影响培训需求信息的真实性。

（一）调查问卷的结构

调查问卷的基本结构主要包括以下 3 个部分。

（1）开头部分。主要包括问候语、问卷编号、填表说明等内容。不同问卷的开头部分有一定差别。

（2）背景部分。主要是被调查者的一些背景资料，如性别、民族、婚姻状况、收入、受教育程度及职业等。

（3）主体部分。它是问卷的核心部分，包括所要调查的全部问题。

（二）调查问卷的设计步骤

问卷调查法使用的前提是设计一份科学合理、实际可行的调查问卷。调查问卷一般按照以下步骤进行设计。

（1）根据培训需求信息收集目的确定问卷类型。不同的培训需求信息收集目的需要采用不同类型的调查问卷。调查问卷可以分为封闭式、开放式及半封闭式问卷。封闭式问卷对提出的每一个问题都给出明确的答案，被调查者只能从已给的备选答案中进行选择。开放式问卷只提出问题，不提供任何答案，由被调查者自由回答。半封闭式问卷是封闭式与开放式相结合的问卷。

（2）拟定问题，设计问卷。首先列出所需了解的事项清单，将列出的事项转化为问题，并考虑提问的方式；其次要对问题进行检查和筛选；最后按照问题排列的要求和规则，对问题进行排序，设计出完整的问卷。

（3）对问卷进行试答，形成正式问卷。问卷试答是问卷设计的基本步骤之一。通过在小范围内进行实验性调查，以便找出问卷的不足，及时进行修改，使问卷更加完善。

（4）问卷调查实施。将调查问卷发放到预先规定的调查人群中，做好调查实施工作。

（三）调查问卷的设计样例

表 3-1 展示了用于了解在岗员工培训需求的调查问卷。

表 3-1　　在岗员工培训需求调查问卷

由于公司发展需要，并考虑员工个人长远发展，计划于近期对部分员工提供培训机会，请您根据实际情况配合我们完成此项调查。

姓名		性别		年龄	
专业		学历		所属部门	
职务		任职年限		工作年限	
主要工作内容					
工作问题处理					
在工作中经常遇到的问题					
解决方式					
结果如何					
培训情况					
参训经历（课程名称）		就职公司		参训日期	
针对上述课程的感受					
希望公司安排何种培训					

二、现场观察法

现场观察法是指培训者亲自了解员工的工作情况，通过多种角度、多个侧面的细致观察，了解员工的工作技能、工作态度及其在工作中遇到的困难，从而收集培训需求信息的方法。

（一）现场观察法的特点

现场观察法是一种比较原始和基本的收集培训需求信息方法，它一般适用于从事服务性、事务性与生产作业的工作人员，而对技术人员和销售人员则不适用。

现场观察法的优点在于不妨碍被观察对象的正常工作和集体活动，而且通过观察所获得的资料能够更准确地反映实际培训需求。但是这种方法只有在十分熟悉被观察者的工作程序和工作方法的前提下，才能发挥其优势，并且主观性较强，观察者的主观故意与被观察者的主观偏见都会影响培训需求信息的真实性。

（二）现场观察法的优化利用

为规避现场观察法的缺点，提高现场观察的准确度和效果，可采取以下 3 项措施。

（1）尽量采用隐蔽的方式进行观察，并进行多次重复观察，以提高观察结果的准确性。

（2）采用摄像或录像技术记录员工的表现，然后再观看录像，从而发现问题。

（3）观察者要设计一份观察记录表，用来核查各个要了解的细节，以避免观察流于形式，进一步提高观察效果。观察记录表的示例见表 3-2，供读者参考。

表 3-2　观察记录表

观察对象		观察地点		观察日期	
观察项目		很好	好	一般	差
工作效率		□	□	□	□
工作质量		□	□	□	□
工作情绪		□	□	□	□
服务态度		□	□	□	□
工作中的损耗情况		□	□	□	□
工作中的安全意识		□	□	□	□
工作的熟练程度		□	□	□	□
工作方法是否恰当		□	□	□	□
时间安排的合理性		□	□	□	□
创新能力		□	□	□	□
团队协作能力		□	□	□	□
领导组织能力		□	□	□	□
语言表达能力		□	□	□	□
解决问题能力		□	□	□	□
在团队中的影响力		□	□	□	□
部门整体情况		□	□	□	□

（三）现场观察法的应用要点

采用现场观察法了解员工的培训需求，应注意以下 5 点要求。

（1）观察提纲力求简便。

（2）观察者要熟悉被观察者的工作。

（3）观察时不能干扰被观察者的正常工作。

（4）观察法适用范围有限，一般适用于易被直接观察和了解的工作，不适用于技术要求较高的复杂性工作。

（5）必要时可请陌生人进行观察，如请人扮演顾客，观察终端营业人员的行为表现是否符合公司的要求。

三、工作任务分析法

工作任务分析法是指用具体的工作作为分析对象，分析员工所要完成的任务及成功地完成这些任务所需要的知识、技能和能力。

在现实工作中，工作任务分析法是以工作说明书、工作规范或工作任务分析记录表作为确定员工达到工作要求所必须掌握的知识、技能和能力的依据，将其和员工平时工作中的表现进行对比，以得出员工的素质差距，其结论可信度较高，通常用于一些非常重要项目的培训需求分析。

（一）工作任务分析法的类型

工作任务分析法的类型主要包括工作任务分析记录表法和工作盘点法两种。

1. 工作任务分析记录表法

工作任务分析记录表的内容包括主要任务和子任务、各项工作的执行频率、考核标准、工作任务的执行环境、所需的技能和知识以及学习技能的场所等，其具体内容可以根据工作要求做相应的修改。

2. 工作盘点法

工作盘点法通过列出员工需要从事的各项活动内容、各项工作重要性，以及执行时需要花费的时间等确定培训需求信息。这些信息可以帮助培训负责人安排各项培训活动顺序。

（二）工作任务分析法的运用步骤

工作任务分析法在具体执行中一般按照以下步骤进行。

1. 工作描述

通过与有经验的员工、其直接主管及业务衔接部门的同事进行访谈，还可以利用组织中现有的工作描述、任务特点、绩效标准等文字资料，对该工作进行描述，列出一份初步的清单。

2. 任务分析

对列出的任务清单进行分析，判断这些任务的重要性、被执行的频率以及完成该项任务的难度，并根据这些资料，找出那些重要的、经常被执行的并且具有中等以上难度的任务，然后进行下一步分析。

3. 确认任务所需技能

对确定下来的任务，通过访谈或问卷调查或组织内现有的工作信息等资料确定完成每一项任务所需要的知识、技能和能力。

4. 确定培训能改进的项目

该步骤需要结合工作的重要性，时间成本，工作所需的知识、技能、能力，学习的难度等方面的因素加以评定等级，并根据评定等级靠前的知识、技能和能力确认培训开发的内容，且注意各项目之间的综合平衡。

5. 需求排序

将知识、能力和技能按重要性进行排序，此外还要考虑培训资源的稀缺性。

（三）工作任务分析法的优缺点

工作任务分析法作为培训需求调查的常用方法，其优缺点见表 3–3。

表 3-3　　工作任务分析法的优缺点

优点	缺点
（1）非常正规的培训需求调查方法 （2）通过分析岗位资料和员工现状，对比得出员工的素质差距，结论可信度高	（1）要对所有岗位相关的资料及人员进行详细分析 （2）要详细记录涉及的一些辅助表单的制作 （3）这种培训需求信息收集方法需要花费的时间和费用较多，适用范围较小

（四）工作任务分析法实施注意事项

企业在运用工作任务分析法进行培训需求调查时，要注意以下 6 大事项。

（1）工作任务分析法除了确定完成任务所需要的知识、技能和能力外，还需要分析影响员工工作绩效的因素。工作任务分析法的分析结果通常包括工作绩效的标准、符合这些标准所采取的工作方法以及员工应具备的知识、技能和能力等。

（2）工作任务分析不仅仅停留在任务层次，工作分析只是起点。工作分析需要从工作或任务出发，进一步了解知识、技能、能力，再分析出对动机、态度、个性和行为的要求，也就是绩效标准，尤其是行为标准。工作任务分析总是与个人分析紧密联系在一起的。

（3）工作任务分析法需要投入大量的时间来进行数据收集、归纳，这些数据可能来自企业内部的不同层次，如企业领导、管理人员、员工、培训组织人员等。

（4）为保证调查了解到的信息全面、准确，工作分析人员应事先设计工作任务分析记录表，列明需要调查了解的内容。分析记录表通常包括主要任务和子任务、各项工作的执行频率、绩效标准、执行工作任务的环境、所需的技能和知识，以及学习技能的场所等项目，具体项目可以根据工作本身的要求进行相应的调整、修改。

（5）在进行工作任务分析时，工作说明书是必须要参考的重要资料之一，因此企业人力资源部应配合健全岗位工作说明书，以保证根据需求开展培训。

（6）绩效考核结果也对工作任务分析法有着较为关键的影响，通过绩效考核结果可以直接看出员工目前的现状，方便查看现状与期望之间的差距，因此，企业在使用工作任务分析法进行培训需求调查时应健全绩效管理体系。

四、其他方法

关于培训需求信息的收集方法，除以上 3 种最为常见且方便操作的收集方法之外，还有咨询法、面谈法、团队讨论法、评价中心法、书面资料研究法、关键人物访谈法、专家测评法、绩效分析法、头脑风暴法等。

（一）咨询法

咨询法是通过询问关键任务来了解关于培训需求的信息，在咨询对象已经确认的情况下，采用问卷、面谈等方法收集资料。

（二）面谈法

面谈法包括个人面谈法、集体面谈法，是通过培训需求分析调查人员与被调查者面对面的谈话来收集培训需求信息资料的一种方法。面谈内容可以是结构性问题，也可以是非结构性问题。面谈形式可以是正式的，也可以是非正式的谈话形式。

（三）团队讨论法

团队讨论法类似于面对面访谈，可以用于任务分析、团队问题分析、团队目标设定或其他关于团队的任务或主题。

（四）评价中心法

评价中心法主要用于管理潜能开发方面的评价，需要参与者完成一系列活动以确定哪些方面需要发展，让参与者处于模拟的管理情境中工作，从而发现其潜力。

（五）书面资料研究法

书面资料研究法通过已有的重要信息和问题的线索，提供客观的证据，比较容易获取资料，但通常无法找到产生问题的原因及解决办法，信息时效性较差。

（六）关键人物访谈法

通过对关键人物（如培训主管、行政主管、专家等）的访谈，应当保证了解到所属工作人员的培训需要。访谈可以是有标准模板的正式访谈，也可以是没有模板的开放式提问的非正式访谈。非正式访谈往往也要遵循一定的问题模式，以保证获取数据的一致性。

（七）专家测评法

专家测评法主要是通过对某一问题的分析，形成针对该问题解决办法的专门报告。

（八）绩效分析法

培训的目的在于改善绩效，通过对个人或团体的绩效进行考核，是分析培训需求的一种方法。

（九）头脑风暴法

在进行培训需求分析时，在公司内部寻找一些分析能力很强的人组成头脑风暴小组，在不受任何限制的气氛中以会议的形式进行讨论、座谈，充分发表自己的看法。

第三节　培训需求分析报告

一、培训需求确认

培训需求分析的结果是确定培训要素、制订培训计划的依据和前提，为更加高效地利用培训需求分析的结果，需要撰写培训需求分析报告。

培训需求分析报告是载明培训需求分析结果的书面性文件，通常包含以下内容。

（一）实施背景

介绍培训需求产生的原因，详细描述人员、部门或企业现状。

（二）目的和性质

说明培训需求分析期望达到的结果、此结果将如何运用等内容。

（三）概述需求分析的方法和过程

说明培训需求分析的方法和实施过程，回顾需求分析全流程。

（四）阐明分析结果

将培训需求分析结果以汉字及图表和数字形式详细描述。

（五）解释、评论分析结果

对培训需求分析结果进行解释和分析，并对培训需求分析结果的运用以及培训需求分析工作的方法提供参考意见。

（六）附录

附录包括收集和分析资料用的图表、问卷以及部分原始资料等，以便后续鉴定收集和分析资料的方法是否科学，结论是否合理。

二、撰写培训需求分析报告

培训需求分析报告将在后续培训工作中发挥重要作用，因此在撰写时要注意格式规范，内容严谨，保证培训需求分析报告的质量。

（一）培训需求分析报告的撰写要求

（1）报告中各项分析说明要有明确的信息来源，不能靠编者主观臆造。

（2）内容全面系统，涵盖报告要包括的所有内容。

（3）层次清楚，逻辑性强，从前至后顺理成章。

（4）分析透彻，切合实际，满足实际工作需要。

（5）内容客观，用词准确，表述应简明扼要，具有说服力。

（6）少用文字，多用插图、表格。

（二）培训需求分析报告的撰写规范

对于培训需求分析报告中的数字、标点符号、表格及插图，不同企业有不同的标准，但无论如何制定标准，培训需求分析报告都应该清晰明了、工整严谨。下面列举常见的撰写规范，供参考。

（1）培训需求分析报告的各项统计数据应使用阿拉伯数字，以使数字更加突出、明了。

（2）培训需求分析报告中的标点符号应正确，避免因标点符号使用不当而造成阅读理解困难。

（3）培训需求分析报告中的每个表格都应有标题，标题写在表格上方并居中。表格允许下页续写，续写时表题可省略，但表头应重复书写，并在右上方写明“续表”。

（4）培训需求分析报告中的插图必须精心制作，线条要匀称、图片要整洁美观。插图一律插入正文的对应位置，并注明图题，图题应放在图片下方居中处。

（三）培训需求分析报告的撰写步骤

1. 收集资料

资料是撰写培训需求分析报告的基础。企业相关工作人员在撰写培训需求分析报告之前，可通过问卷调查法、现场观察法、工作任务分析法等方法获得培训需求信息。

2. 整理资料

对收集到的信息资料进行初步审阅，厘清思路，确定哪些培训项目是可以通过现有培训资源来实施的，哪些培训项目存在一定的实施难度。

3. 拟定报告提纲

根据已经厘清的思路，以摘要的形式确定分析报告包含的主要框架，将以一个什么样的形式展现相关内容，以便于提高报告的明了性、易读性，在此基础上撰写报告内容。

4. 编写详细内容

依据所列出的报告摘要或大纲对报告展开全面而系统的分析，对培训需求中的相关项目进行操作说明指导，即需要培训什么项目、什么时间培训、采用什么方式培训、培训的深度和广度怎么样、培训结束怎么考核等，以确保各章节之间有一定的条理性和逻辑性。

5. 修改、定稿

在撰写分析报告过程中，对于不能从调查结果中明确所要表述思想的情况，要尽量多与相关部门沟通，争取全面了解其意图，明确其真实需求后再撰写报告。在培训方法的选择上，也要尽量与来自各方面的专家沟通、协商，多听取他们的意见或建议，获得他们的支持，以保证培训需求分析报告撰写得更加完善、切合实际需要。在撰写完毕之后，还要反复地推敲，多角度思考，多方面与调查参与者沟通，最后确定、上报。

本章自测题

1. 简述培训需求分析产生的原因。

2. 培训需求分析有哪三个层次？其主要内容分别是什么？

3. 工作任务分析法有哪些类型？其运用步骤是什么？

4. 简述培训需求分析报告的有关内容，并尝试建立小组，模拟情境，撰写一份培训需求分析报告。

第四章　培训计划的制订与实施

学习目标

- 知晓培训计划的定义
- 了解培训计划的内容与类型、制订原则
- 掌握培训计划制订的步骤
- 了解传统培训方法与基于新技术的培训方法
- 学会培训方法的选择技术
- 掌握企业培训预算的编制步骤
- 掌握培训成本控制的内容
- 了解培训计划实施的内容
- 了解培训内在风险和外在风险及防范的内容

引导案例

BL 有限公司是国内知名的大型家电生产厂家，其代表产品烤箱除在国内市场上占有很大份额以外，还远销到欧洲、东南亚等地。公司进行股份制改造后，现有人员 3 700 人左右。自上市以后，公司的发展非常迅速。2000 年年底，公司与一些高校合作，对组织结构进行了重新设计，从各个管理岗位上精减了200多人，使得机构更加富有效率。2001年，公司又与高校合作，研究下一步人员培训的问题，其目的是将公司建成学习型组织，将公司的发展建立在人员素质的普遍提高之上。因为目前国内烤箱行业的竞争已经白热化，几家大型烤箱厂家竞相角逐，如何在未来获得竞争优势，是每个烤箱厂家都面临的课题。BL公司在进行ISO 9001认证前后已对员工进行了多年的培训，并对部分管理人员进行了MBA的课程培训，但公司总感到已有的培训效果不理想，培训总是缺乏主动性，常常跟着业务变化及公司大的决策变动而变化，计划性较差，随机性和变动性很大。而且公司也感到将来竞争优势的取得要依靠人员素质的大幅度提高，同时在公司的经营与发展中也遇到了一些现实的问题，希望能够通过培训加以解决。有鉴于此，公司决定开展为期三年的公司全员大培训。

公司现在面临以下问题：

（1）按照政府的安排BL公司兼并了某省份的工厂，其400多名职工随之进入了BL公司，BL公司将他们安排到各个部门与车间。由于这些职工过去的有效工作时间每天不到4小时，而进入BL公司后每天要认真地工作8小时，他们有些不适应。公司中部分车间管理人员在管理方法上又较简单，结果造成部分新进入的职工思想波动，同时对原公司职工的思想也产生了冲击。此外，公司又在江西兼并了一家企业，开发了一条生产线，这样在本部之外又有一个生产地点。公司打算对这些新进入的人员进行系统而有效的培训，以使这些人员完全融入BL公司的文化之中。

（2）公司的生产工艺设计与规定都很完备，但工艺方面的问题还是时有发生，给公司带来较大损失。公司的生产是流水线作业，工艺已经成熟，对每个职工的操作要求不是太高，关键是遵守工艺流程和工作责任心问题。而在一线职工的调查会上，有的职工认为自己的工作很忙、很累，积极性与主动性没有完全发挥出来……

(3) 一线职工中正式工对车间管理人员将他们与临时工一样看待有想法。临时工都是农民，没有什么技术，主要就是体力好，而正式工有一定的技术，要正式工与临时工一样干体力活，他们认为不是很妥当。公司希望利用培训与教育来解决这些问题。

(4) 中层管理人员工作繁忙，经过上次组织结构的重构，每个部门的人员大大精减，提高了办事效率；但同时也使每个人的工作量增加了，各个岗位都是一个萝卜一个坑，离不开人。这对于他们进行培训来说是一个难题，即没有时间进行培训与提高。如公司在2000年年初抽调了几十名中层管理人员进行MBA课程培训，由于他们都是各部门的骨干，所以很多人常常没有时间参加，培训效果自然也就不理想。公司对管理人员进行培训还面临一些其他困难：部门之间的工作职责与人员的专业都不一样，放在一起培训，缺乏培训的针对性，单独培训又因每个部门的人员较少而造成培训成本太高。这是对中层人员进行培训所遇到的另一个难题。

请仔细思考BL公司面临的问题，该如何制订培训计划解决这些问题？

第一节　培训计划的制订

一、培训计划的定义

培训计划是指从组织战略出发，在全面、客观的培训需求分析基础上，根据组织各种培训资源的配置情况，对培训时间、培训地点、培训者、培训对象、培训方式和培训内容等一系列工作所做出的统一安排。

培训计划必须满足组织及员工两方面的需求，兼顾组织资源条件及员工素质基础，并充分考虑人才培养的超前性及培训结果的不确定性。

制订培训计划要本着有利于组织总体目标的实现、有利于竞争能力提高的原则，以培训对象为中心点，从而切实提高和改善培训对象的态度、知识、技能和行为模式。良好的计划是成功的一半，当培训计划在为企业经营和业务发展提供帮助，为管理者提高整体绩效时，培训将发挥最大的作用。

二、培训计划的内容与类型

（一）培训计划的内容

具体地说，一份完整的培训计划应包括培训目的及目标、培训对象和内容、培训范围和规模、培训时间和地点、培训预算、培训方法、培训师、培训计划实施等。

1. 培训目的

培训的目的主要是说明为什么要进行培训。培训计划要首先阐明培训的目的，只有明确了培训目的，才能确立员工培训的目标、范围、对象和内容，从根本上决定培训计划所涉及的各项资源投入的规模和程度。

2. 培训目标

培训目标主要是解决员工培训应达到什么样的标准。它是根据培训的目的，结合培训资源配置的情况，将培训目的具体化、数量化、指标化和标准化。培训目标的确定还可以有效地指导培训者和培训对象掌握衡量培训效果的尺度和标准，为培训计划的贯彻实施奠定了基础。

3. 培训对象和内容

培训对象和内容的确定，即明确培训谁，培训什么，进行何种类型的培训。培训对象和内容应在培训需求分析中通过对工作任务的系列调查和综合分析进行确定。在确定培训对象和培训类型时，需要采用多种系统科学的方法，明确谁最需要培训，最需要培训什么，需要采用何种方式，组织何种性质和类型的培训。

4. 培训范围和规模

企业员工培训的范围一般包括企业、部门、基层和个人等层次，如岗位技能培训、劳动纪律与法规培训、公共管理培训、任职资格培训等。

培训的规模受到人数、场所、培训性质、工具以及费用等很多因素的影响。如果培训规模较小，只需提供培训设备、方法、程序、教材及其他教学条件和指导教师即可。如果培训对象较多，时间很长，就要考虑培训场所、食宿、师资、教材、方法和程序，并制订出必要的考勤制度、作息时间表等。

5. 培训时间和地点

培训的时间安排受到培训范围、对象、内容、方式和费用等因素的影响。如较为复杂的培训内容，一般要集中培训，其时间根据培训的内容具体划定。

培训的地点是指学员接受培训的所在地区和培训场所。如岗位技能培训，一般都安排在工作现场或车间。其他类型的培训可以安排在工作现场、培训中心或会议室等特定的地点。

6. 培训预算

培训预算是指培训部门在制订培训计划时，对培训实施费用和培训管理费用的预算。培训预算即对培训成本的估算，包括企业在员工培训的过程中所发生的一切费用。总的来说，培训成本由直接培训成本和间接培训成本两个部分组成。

直接培训成本，是指在培训组织实施过程中，培训者与培训对象的一切费用总和，如培训教室的费用，学员的往来交通、食宿费用，教室设备的租借费用，教材购置费用以及培训实施过程中的其他各项花费等。

间接培训成本，是指在培训组织实施过程之外，企业所支付的一切费用总和，如培训项目设计费用、培训项目管理费用、培训对象受训期间的工资福利以及培训项目的评估费用等。

7. 培训方法

培训方法是实现培训计划各项目标的重要保障。为了更好地达到培训目的，完成培训计划预定的目标，培训规划必须根据培训资源配置的状况，正确地选择适用的培训方式和方法。

培训方法的选择应根据培训的目的、目标、对象、内容和经费以及其他条件来决定，如独立的小型组织部门的培训宜采用分散的培训方法，高层培训、管理者培训、基本技能培训等宜采用集中培训的方法，专业技能培训应采用边实践边学习的方法。

8. 培训师

企业培训应当以员工为中心，培训的管理工作应当以培训师为主导。在企业培训活动中，培训师是培训活动的主导者、培训过程的组织者、专业知识的传输者、专业技能的教练者。在制订培训计划时，一定要根据培训的目的和要求，全面考虑培训师的选拔和任用问题。

9. 培训计划实施

为了保证培训计划的顺利实施，培训计划应当提出具体的实施程序和组织措施。其主要内容包括，指定培训项目的负责人及管理人，做好相关部门的协调工作，让培训对象明确培训目的、要求、内容和程序，确保培训的时间、参加培训的人数以及资金投入，定期进行培训评估，改进培训工作，保证培训质量等。

（二）培训计划的类型

1. 按培训计划层级划分

按照培训计划的层级来进行划分，培训计划可分为组织级培训计划、部门级培训计划和个人培训计划三个类别。

（1）组织级培训计划，是组织的整体培训管理计划，其制订目的是保障组织内部的整体培训目标和培训战略的贯彻。组织级培训计划主要包括岗前管理培训、岗前技术培训、质量管理培训、组织管理培训等。

培训管理者在制订组织级培训计划时要注意以下 3 点要求。

1）组织级培训计划要有具体、多样的培训主题。

2）组织级培训计划的内容要涵盖各个部门、各个层级的员工。

3）组织的短期利益和长期利益相结合。

（2）部门级培训计划，是根据部门的实际培训需求制订的。部门级培训计划主要包括各个部门可进行的技术管理培训、应用技术培训、产品知识培训、工程管理培训、营销策略培训和商务知识培训等。

部门级培训计划制订完成以后，计划制订人应与各部门经理进行讨论，并在讨论中根据各部门经理的意见和建议，适当增加或删减培训内容。需要明确的是，部门级的培训计划不能由人力资源部全权负责，而是需要部门经理协助进行，否则在培训的实施过程中容易出现管理混乱或纠纷。

（3）个人培训计划，是将整体培训目标进行分解，并结合员工个人培训需求制订的培训计划。个人培训计划的制订应该将宏观的培训计划或培训目标分解和细化，具体落实到员工个人身上。制订个人培训计划，既有利于个人的发展和提高，也是顺利实现组织级培训计划和部门级培训计划的必备手段。

2. 按时间长短划分

以培训计划的时间跨度为分类标准，可将培训计划分为长期培训计划、中期培训计划和短期培训计划三个类别。这三类培训计划是一种从属的关系，中期培训计划是长期培训计划的进一步细化，短期培训计划则是中期培训计划的进一步细化。

（1）长期培训计划，一般指时间跨度为 3~5 年及以上的培训计划。其重要性在于明确组织培训的方向性、目标与现实之间的差距和资源的配置，这三项是影响培训最终结果的关键性因素。

长期培训计划需要明确的事项包括组织的长远目标、个人的长远目标、外部环境的变化趋势、目标与现实的差距、人力资源开发策略、培训策略、培训资源配置、培训资源的需求、培训内容整合、培训行动步骤、培训效益预测、培训效果预测等。

（2）中期培训计划，是指时间跨度为 1~3 年的培训计划。它在组织整体培训规划中起到了承上启下的作用，是对长期培训计划的进一步细化，同时又为短期培训计划提供了参考。

中期培训计划需要明确的事项包括培训中期需求、培训中期目标、培训策略、培训资源分配、培训资源的需求、培训内容整合、培训行动步骤、培训效益预测、培训效果预测等。

（3）短期培训计划，是指时间跨度在1年以内的培训计划。它是对组织长期培训计划、中期培训计划的具体落实，企业在制订短期培训计划时要着重考虑计划的可操作性和效果。

短期培训计划需要明确的事项包括培训的目的与目标、培训时间、培训地点、培训者、培训对象、培训方式、培训内容、培训组织工作的分工和标准、培训资源的具体使用、培训资源的落实、培训效果的评价等。

3. 按时间段划分

按照培训计划的时间段进行划分，培训计划可分为年度培训计划、季度培训计划和月度培训计划三个类别。

（1）年度培训计划，是企业根据发展战略规划制订的全年培训计划。年度培训计划主要包括培训组织建设、项目运作计划、资源管理计划、年度预算等方面的内容，计划中需要有量化目标、具体行动方式、保障机制等。

年度培训计划是企业在未来年度实施培训工作的纲要，在整个年度的培训工作中起着指导作用。年度培训计划的质量高低，直接影响着培训实施的效果。

（2）季度培训计划，是企业以季度为时间段制订的培训计划。一般来说，季度培训计划是年度培训计划的分解，其主要目的是根据企业培训现状及员工培训需求调整年度培训计划，使培训工作更贴近实际。

（3）月度培训计划，是企业按照月度制订的培训计划。月度培训计划需要在企业年度培训计划及季度培训计划的基础上，根据企业上月的培训工作开展状况，结合相关部门对培训工作的意见和建议对培训计划进行进一步确定。

4. 按培训对象划分

以培训对象为分类标准，可将培训计划分为管理开发培训计划、专业职能培训计划、新员工培训计划和骨干员工培训计划4个类别。

（1）管理开发培训计划，是企业针对员工管理能力、综合素质提升制订的一整套培训与开发计划。企业制订管理开发培训计划的目的是帮助企业内部的管理人员成长，提高企业的生产能力和赢利能力。

管理开发培训的内容不仅仅是正式的在职培训项目，它还包括绩效评估、工作轮换计划、职业轨迹规划、管理继任计划、高潜能人员确认系统以及职业发展咨询活动等特别项目。

（2）专业职能培训计划，是指企业对财务人员、工程技术人员等专业人员，围绕其业务范围和职能要求，制订的相关知识技能的培训计划。专业职能培训的目的是使培训对象及时了解各自领域内的最新动态和最新知识，不断更新专业知识和技能。

（3）新员工培训计划，是指企业针对刚被招聘进企业、对企业内外部情况生疏的新员工制订的一系列培训活动计划。新员工培训计划的目的是对新员工进行指导，使其对新的工作环境、职责范围、规章制度、组织期望等有所了解，尽快融入企业之中。新员工培训的主要内容一般包括企业概况、企业规章制度、企业文化、产品知识、业务技能、工作流程等。

（4）骨干员工培训计划，是指企业依据工作说明书和工作规范的要求，为了持续提升员工个人管理素质与工作技能，实现各级骨干员工的培养及储备而制订的培训计划。骨干员工培训计划的目的是使培训对象明确职业分工、操作流程、权责范围，掌握必要的工作技能，培养与组织相适应的工作态度与行为习惯，有效地完成本职工作。

骨干员工培训计划的制订要注意培训计划的针对性、专业知识和技能的层次性，以及培训的适应性和前瞻性。培训计划制订者应根据变化的外部环境和人员结构，以及预期未来企业状况，适时地制订培训计划，以调整企业内员工素质的结构，适应外部形势，为未来储备必要的人才。

三、培训计划制订的原则

培训计划的制订是企业开展和实施员工培训的基本前提。企业在制订培训计划时，应遵循以下 8 项原则。

（1）培训计划的制订须从组织发展战略出发，满足组织发展的需要。

（2）培训计划的制订必须建立在培训需求调查的基础上。

（3）培训计划的制订以各部门的工作计划为依据。

（4）要尽可能多地得到最高管理层和各部门主管的承诺以及资源支持。

（5）使更多人参与培训计划制订，以获得较多的支持。

（6）计划的制订应考虑设计不同的学习方式来适应员工的个体差异。

（7）培训计划的制订要采取一些积极的措施来提高培训效率。

（8）培训计划的制订应着重注意培训细节、培训内容、培训的实效性。

四、培训计划制订的步骤

企业开展员工培训应首先制订培训计划。培训计划制订的步骤一般包括培训需求确定、培训目标确立、培训对象确定、培训内容设置、培训负责人和培训师选择、培训形式和方法确定、培训时间和地点确定、培训效果评估方法确定、培训费用预算编制以及培训计划书编写。

（一）培训需求确定

培训需求确定是培训工作的第一步，是确定培训目标、制订培训计划、设计培训内容、有效实施培训等多项培训工作的前提。企业确定培训需求时所做的主要工作事项包括培训需求调研、培训需求分析及培训需求确认，具体内容如下。

（1）培训需求调研。选择培训需求调研方法，开展培训需求调研工作。

（2）培训需求分析。分析培训需求调研数据，整理培训需求分析结果，撰写培训需求分析报告。

（3）培训需求确认。选择培训需求确认方式，开展培训需求确认工作，撰写培训需求确认报告。

（二）培训目标确立

培训目标确立的重要意义在于明确培训要达到的结果，以及为培训效果评估提供现实可行的标准。培训目标确立的依据主要包括以下两个方面。

（1）企业的实际需要。培训管理者通过对各部门的工作进行分析，确定哪些环节需要通过培训来获得改进，或者通过分析工作中的关键事件以及员工应对关键事件的能力，确定最需要培训的环节，或者根据考核结果中出现的问题，确定培训目标。

（2）员工的素质情况。培训管理者应明确员工的素质与实际工作的需要存在哪些差距，了解这些差距中哪些是因为缺乏知识导致的，哪些是因为缺乏技能导致的，哪些是因为态度不端正导致的，哪些是经过培训可以改善的等。

（三）培训对象确定

培训管理者根据培训需求调查分析的结果，结合企业的发展战略，确定需要接受培训的人员。

（四）培训内容设置

不同的培训对象，在不同的阶段，其培训内容是不一样的。例如，新员工入职培训与在岗人员的培训内容就要分别设置，见表4-1。

表4-1　入职培训与在岗培训的培训内容设置

培训类别	培训对象	培训内容
岗前培训	新员工、新岗位任职人员	企业文化、企业发展状况、规章制度、职业素养、职业礼仪等
专业技能提高培训	在职人员	生产、营销、研发、人力资源等专业知识和技能
管理能力培训	基层、中层和高层管理人员	管理能力提高类内容，如沟通、授权、激励、执行力、领导力、时间管理、团队建设等

（五）培训负责人和培训师选择

企业中负责培训工作的组织一般为培训部门，企业也可根据自身发展阶段和企业资金情况建立企业大学或选择培训外包机构。

企业在选择培训师时，要根据企业的培训体系建设情况和实际培训需求制定合理的选择标准。培训师选择标准，一般包括具有丰富的实战经验、有独立的课程开发能力、熟悉培训领域、熟悉授课方式、有较强的授课能力等。

（六）培训形式和方法确定

（1）培训形式的确定。培训形式可以根据培训手段确定，也可以根据培训对象的特征及兴趣、动机等确定。培训形式一般包括在岗培训、入职培训和离岗培训等。

（2）培训方法的确定。企业在组织培训时，应根据培训内容、培训场所、培训形式和培训对象选择合适的培训方法。

（七）培训时间和地点确定

合理安排培训时间有助于培训师掌握培训进度，顺利完成培训任务。培训时间可以根据培训目的、场所、师资和培训对象的素质水平、上班时间等因素来确定。培训地点的选择要依据培训方式、培训经费和培训内容来确定。

（八）培训效果评估方法确定

确定培训效果评估的方法，可及时跟踪培训效果。培训效果评估的方法一般包括培训对象考试、培训对象的意见反馈、培训对象的行为变化、培训工作的投入产出分析等。

（九）培训费用预算编制

培训费用预算编制主要是由企业的人力资源发展战略、企业的行业特点、销售业绩和员工整体水平等诸多因素决定的。企业在编制培训费用预算时可以按以下步骤进行。

1. 计算培训成本

培训费用预算编制人员应首先收集员工培训的相关资料，了解培训的成本使用信息，然后根据数据资料明确不同培训项目成本的总体差异，预计培训计划的各项费用，进行成本控制。培训预算具体应包括培训的不同阶段所需的设备、设施、人员和材料等成本。

2. 确定培训收益

培训收益一般为潜在收益，如培训的实施可能降低生产成本或额外成本，或增加重复购买量。在企业大规模投入资源前，通过实验性的培训评价小部分培训对象所获得的收益，确定培训后工作绩效的差别。

3. 编制培训预算方案

培训费用预算编制人员应根据培训成本及收益分析编制培训预算方案，方案内容应明确、翔实，包含培训目标及财务分析报告，以获得管理者对预算的支持。

（十）培训计划书编写

培训部门根据上述内容，采用企业规定的培训计划书模板，编写培训计划书，并经相关领导审批后确定。

课程实训

结合本节内容的学习，请尝试制作“年度培训计划书”。

实训指导：

公司开展员工培训应首先制订培训计划。制订培训计划的步骤一般包括培训需求确定、培训目标确立、培训对象确定、培训内容设置、培训负责人和培训师选择、培训形式和培训方法确定、培训时间和地点确定、培训效果评估方法确定、培训费用预算编制以及培训计划书编写。

下面是××公司2020年度培训计划书范例，供读者参考。

××公司2020年度培训计划书

一、目的

培训是公司发展壮大的需要，培训是留住人才的手段，培训项目也是公司大笔投资之一。上一年度的培训工作整体完成情况良好，各项培训计划完成率达到100%，培训目标基本实现。值此辞旧迎新之际，本年度的培训工作即将展开，本年度的培训计划要实现以下几个目标：

（1）应对公司内部环境和外部环境所带来的变化，提高核心竞争力。

（2）实现本年度人力资源培训方面的目标。

（3）建立一支精锐的内部培训队伍，确保培训师的胜任能力和培训的实际效果。

（4）注重对管理层的储备和培养，帮助员工明确自身的职场定位和职业生涯规划。

只有加强对培训工作的管理，提高对培训工作的计划性、有效性和针对性，才能使培训工作有效地促进公司生产率提升，实现销售额大幅度增加的目标。

二、本计划编制依据

根据年度培训需求报告得出如下结论：

（1）公司现有工作人员××人，其中大专以上学历××人，平均年龄×岁，整体呈年轻化趋势，但人员流动性偏大。为了减少人力资源流失给公司造成的隐性损失，应该从技术岗和管理岗方面建立员工储备制度。

（2）公司在技术革新工作方面存在一定的问题，应该加强技术方面的培训。

（3）管理层和基层日常沟通不畅，日常工作不到位。

（4）内部培训师胜任能力不够，应强化培训师训练。

（5）“员工手册”在培训奖罚方面的措施不明确。

三、年度培训工作原则

建立“全面培训与重点培训相结合、自我培训与讲授培训相结合、岗位培训与专业相结合”的全员培训机制，促进员工发展和公司整体竞争力的提升。

（1）以公司经营战略和员工职业发展为主线。

（2）以提高员工实际岗位技能和工作绩效为重点。

（3）坚持理论和实践相结合，内训和外训相结合。

（4）实现员工素质提升和能力培养双提升。

四、年度培训工作目标

针对各部门的培训需求，全年安排有成本管理知识、质量管理知识、管理与控制、安全教育、压力容器操作、财务管理软件、化验技能、特殊工种、维修操作技能等46项培训。开展这些培训的主要目标在于调动和发挥员工学习的积极性，建立员工学习的长效机制，推进员工教育培训工作的落实。具体目标说明如下：

（1）建立专业的内部培训师队伍，提升公司整体的培训能力。

（2）提升公司管理人员的管理意识、管理技能、管理能力与领导水平。

（3）提高公司各级各类员工职业素养，打造高绩效团队。

（4）增加培训数量，使在岗员工平均培训量达到12课时。

（5）生产部门进行技术革新，普及新技能知识，为公司节约生产成本。

（6）提升销售部门进行商务谈判和营销策略的能力，增加企业营业额和净利润。

五、年度培训工作基本要求

1. 年度计划编制包括年度培训计划及培训预算编制。

（1）年度培训计划要按月推进，每月进行培训计划提报，每月月初提报月度培训计划，月底前提报月度培训台账。

（2）人力资源部会进行相关月度和年度考核，强化计划执行率和目标管理。

2. 人力资源部应强化员工培训档案的管理，要求纸质档案和电子档案双齐备。

（1）纸质档案：课表、培训签到表、培训师评估表、培训评估总结等。

(2) 电子档案：幻灯片、培训照片、培训录像、案例分析、教授方法、培训改善报告等。

3. 严格执行培训制度。目前下发的培训制度包括：公司培训管理制度、公司培训班管理规定、公司培训档案管理办法，要求各职能部门严格执行遵守。同时，外派培训员工要签署“外派培训管理协议”，避免造成公司在商业机密和人力资源方面的损失。

六、年度培训计划

本年度培训计划是根据年度培训需求报告，结合公司经营目标和各职能部门的工作需要来拟订的，同时辅助员工个人职业成长。参照上一年度的培训工作总结和培训费用，制订出本年度的培训计划，具体见下表。

企业年度培训计划总表

编号：　　　　　　　　　　　　　　　　　　编制日期：　　年　　月　　日

序号	培训主题	培训内容	培训对象	培训方式	培训形式	课时	需求部门	培训人数	培训地点	培训师
1	中高层管理提升培训课堂	风险管理知识（政策理论、识别工具方法、评估），内部控制知识（政策理论、控制工具方法、自我评价）	中高层管理人员	外派	课堂讲授		董事会		外部培训学校	外聘培训师
2	“好管家”计划员系列培训	生产计划管理流程、注意事项，异常信息处理程序、财务基础知识（在途和应收）	生产调度人员	内训	课堂讲授		生产部		公司大会议室	内部培训师
3	“金钥匙”财务培训	全面预算管理	预算涉及人员	内训	课堂讲授		财务部		财务部办公室	外聘培训师
4	班组长能力提升训练营	班组现场管理	一线班组长	内训	课堂讲授		生产部		公司会议室	内部培训师
5	精英培训系列课堂	特种作业人员资格培训	特定对象	外派	课堂讲授		生产部			

续表

序号	培训主题	培训内容	培训对象	培训方式	培训形式	课时	需求部门	培训人数	培训地点	培训师
6	企业教练角色训练营	企业内训师	内部培训师	外派	课堂讲授		人力资源部		外部培训学校	外聘培训师
7	精“检”质量培训	成品检验	检验员	内训	课堂讲授		质量部	全员	公司会议室	内部培训师
8	新员工拓展训练营	军训与户外拓展	新员工	内训	拓展		人力资源部	新员工全员	外部培训学校	外聘培训师
9	销售技能提升培训	销售人员的沟通技巧	业务员	内训	课堂讲授		销售部	业务员全员	公司会议室	内部培训师

编制：　　　　　人力资源部批准：　　　　　批准日期：　　年　　月　　日

七、年度培训预算

根据上表，年度培训预算合计××万元，具体项目费用见下表。

年度培训预算列表

年　　月　　日

课程编号	培训课程名称	培训时间	培训人数	经费预算	受训方式		备注
					内训	外训	
001	风险管理知识	×月×日—×月×日	××人	××万元		√	
021	生产计划管理流程	×月×日—×月×日	××人	××万元	√		
030	全面预算管理	×月×日—×月×日	××人	××万元	√		
022	班组现场管理	×月×日—×月×日	××人	××万元	√		
023	特种作业人员资格培训	×月×日—×月×日	××人	××万元		√	
040	企业内训师	×月×日—×月×日	××人	××万元		√	
024	成品检验	×月×日—×月×日	××人	××万元	√		
042	户外拓展	×月×日—×月×日	××人	××万元	√		
051	销售人员的沟通技巧	×月×日—×月×日	××人	××万元	√		
合计				××万元			

核准：　　　　　复核：　　　　　经办：

八、计划外培训项目

计划外的培训项目是指不在年度计划内的培训项目。本公司员工参与计划外的培训项目需要办理审核审批手续，具体要求如下：

（1）培训项目以及培训内容符合公司业务或员工专业技能提高的需要。

（2）一般应提前____天申请，且培训费用没有超出预算。

九、培训效果评估

（略）

第二节　培训方法与技术的选择

一、传统培训方法

传统培训方式是指以培训师直接面对培训对象为主要形式的培训方式，这种培训方式一般不需要借助电子信息的传递技术来传递信息。传统培训方式经过较长时间的检验，以其直观、生动、形象等特点受到大多数企业的重视，并在培训过程中得到广泛应用。

（一）讲授法

讲授法是使用最为普遍的培训方法，它效率较高，被大多数企业采用，且大多数企业都拥有适合采用讲授法的教室。讲授法适用范围较广，如对培训部门相关人员的基础知识培训、企业文化制度培训等。

1. 讲授法分类

讲授法可分为4类，具体内容如下。

（1）灌输式讲授。在讲授过程中，信息的输入完全来自培训师，培训对象只是被动地接收信息，这种讲授方法，培训对象的参与程度很低，没有反馈，培训对象也没有意愿去主动参与。

（2）启发式讲授。在这种讲授方法中，培训师为培训对象提供一些新信息和结论，并在此基础上提出一些问题要求培训对象做出反馈，以便考察培训对象对将要学习内容的掌握程度，然后培训师根据培训对象掌握情况，有重点地开展培训活动。

（3）发现式讲授。在这种讲授方式中，培训对象在培训师的指导下进行学习，并试图得出自己的结论，培训师只需提供给培训对象无法通过自己的发现而得到的某些事实。

（4）开放式讲授。这种方式事实上是一种让培训对象活动的方式，在这种活动中，培训对象就活动目标以及测评标准达成一致，培训师对培训对象确定的目标进行任务分解，并设计一定的活动，让学员分头完成这些任务，最终取得预期的学习结果。

2. 讲授法的优缺点

讲授法主要的优点是知识针对性强，培训师讲授方式可灵活选择，缺点是培训对象数量受限，互动效果有待提高。

3. 讲授法实施技巧

培训师在使用讲授法时，需掌握如下一些技巧。

（1）授课内容应提纲挈领，不要拖沓冗长，以便培训对象接受和理解。

（2）熟练使用培训课程讲授工具，有助于提高培训效果。

（3）在讲授过程中，培训师要注意观察培训对象的反应，并据此采取有效的应对措施。

4. 注意事项

（1）培训师应考虑到培训对象对讲授内容的理解与认知程度。培训师应根据不同的讲授内容，运用不同的讲授方式，从而提高培训对象对讲授内容的理解和认可程度。

（2）培训师需要对培训对象进行分析，只有了解培训对象，并使要传递的信息适合于不同年龄、性别、背景和兴趣的培训对象，讲授才能获得成功。

（二）工作轮换法

工作轮换法是将培训对象由一个岗位调到其他岗位以丰富其工作经验的一种培训方法。现在，许多企业采用工作轮换法来培养新进入企业的年轻管理人员和企业储备管理干部。

1. 工作轮换法的意义

（1）丰富培训对象的工作经验，增加对企业工作的了解。

（2）培训对象可进一步明确自己的强项和弱项，有利于找到适合自己的位置。

（3）有利于改善部门间的合作，使管理者能更好地理解相互间的问题。

（4）使培训对象从原来只能做一项工作的专业人员转变为能做许多工作的多面手。

（5）有助于培训对象认识本岗位工作和其他部门工作的关联，从而理解本岗位工作的意义，提高工作积极性。

2. 工作轮换法的类型

（1）新员工巡回轮换。企业通过工作轮换可对新员工的适应性有更清楚的了解，以便确定他们的正式工作岗位。

（2）培养“多面手”员工轮换。企业通过工作轮换有意识地安排培训对象做不同的工作，可激发其潜在能力，使其掌握多种技能，以适应复杂多变的经营环境。

（3）培养经营管理骨干轮换。企业让经营管理骨干在不同部门间横向移动，可使其全面了解企业业务工作，从而提高其分析判断全局性问题的能力，以满足企业长远发展的需要。

3. 工作轮换法注意事项

（1）组织必须有明确的工作分析，确定哪些职位之间可以互相轮换。一般来说，工作轮换首先从同一个岗位类别中的岗位之间开始，然后再考虑不同岗位类别之间的工作轮换。

（2）工作轮换应咨询培训对象个人的意愿，不得进行强制性的工作轮换。因此，在为培训对象安排工作轮换时，要考虑其个人能力以及需要、兴趣、态度和职业偏爱。

（3）工作轮换时间长短取决于培训对象的学习能力和学习效果，而不是机械地规定某一时间段。

（三）角色扮演法

角色扮演法是指让培训对象扮演某个与工作相关的角色，以感受所扮演角色的心态和行为，并帮助其自我发展和提高行为技能的一种有效培训方法。其原理是通过情境和问题的设置使培训对象扮演实际工作中的角色，并利用培训对象已有的经验与技能进行表演，一部分培训对象充当观众，当表演结束后，扮演者、观察者等共同对整个情况进行讨论。

角色扮演法是开发行为能力的手段，通过培训对象的角色扮演可以反映出多方面的实际问题。同时，通过对表演中成功与失败之处的点评，可以让培训对象认识到自己的不足，并明确改进方向，而且其他培训对象也可以在相互交流中获取宝贵经验。

1. 实施流程

角色扮演法实施的成功与否，将直接影响企业培训效果。企业要想达到理想的培训和测评效果，就必须有效控制角色扮演的全过程。一般来说，角色扮演法的实施分为以下 7 个步骤。

（1）明确目标。使用角色扮演法之前，应该明确培训目标。即通过设置某种问题或情境，明确希望通过此方法反映出什么问题，培养或提高哪些能力。

（2）设定场景。根据培训目的，设计一个现实工作中经常出现的场景。场景不仅要能引起参与者的共鸣，而且能帮助他们学会在实际工作中处理类似问题的方法。

（3）设定角色。角色的设置要根据所设计的情境而定。要保证角色扮演的人物和情节符合现实中的实际情况，确保真实性。

（4）准备剧本。剧本的编写要与场景相吻合，要能给各角色提供合适的展示情节。剧本内容不用太详细，否则会束缚角色扮演者的发挥，规定一个简单的剧本框架即可。

（5）设定时间。根据设计的情节、场景，要求角色扮演者在规定的时间内完成相关的任务。时间要安排合理，否则不利于角色扮演者的发挥。

（6）全局掌控。在角色扮演的过程中，可能会遇到一些临时状况，使得情节未按照预定的方向发展。这时，培训师可事先选取重点加强对表演过程的控制，也可通过介入表演引导培训对象。

（7）汇报总结。角色扮演结束后，培训师应当进行汇报总结，对表演活动中暴露的问题、关键事件及角色的表现，发表自己的感想，并提出建议，帮助培训对象思考、纠正不足。

2. 注意事项

为有效防范角色扮演法在具体应用过程中可能出现的各种问题，应当重点注意以下 4 点内容。

（1）准备好角色扮演所需的材料及必要的场景工具。

（2）保证角色扮演全过程得到有效控制，以纠正随时可能产生的问题。

（3）有针对性地选择培训内容、扮演情境及角色。

（4）情境的设计要尽量符合工作的实际内容。

（四）工作指导法

工作指导法又称教练法、实习法，是指由有经验的工人或直接主管人员在工作岗位上对培训对象进行培训的方法。指导者的任务是教培训对象如何做，以及提出如何做好的建议，并对培训对象进行激励。

此种培训方式适合于解决培训部门新进员工知识性、技能性与态度等问题，其优点是应用广泛，可用于基层岗位，也可用于管理人员，让培训对象和管理人员一起工作，后者对前者给予指导；在需要时培训对象可以顶替管理人员的岗位。缺点是全盘接受指导人的工作方法时可能会影响培训对象工作的创新。

从工作指导法的优缺点可以看出，该方法并不适用于所有领域，其主要适用领域是：①有充足的可以充当指导人的人力资源及相应的物力、财力的部门；②需要培养新一代的业务骨干的部门；③一些实用性强、必须进行示范讲授的工作岗位；④有成熟的工作指导管理机制的部门。

（五）头脑风暴法

头脑风暴法又称智力激励法、BS（Brain Storming）法、自由思考法，是由美国创造学家 A. F. 奥斯本（Alex F. Osborn）于 1939 年首次提出、1953 年正式发表的一种利用无限制的自由联想和讨论激发创新思维的方法。

1. 头脑风暴法的优点、缺点

头脑风暴法主要的优点是在不受限制的讨论下，可以激发人的创造力，突破固有观念束缚，提出更多的新观念；通过利用人们的竞争意识，可以不断地激发培训对象智慧，提出有独到见解的新观念；头脑风暴法规定，不得批评仓促的发言，甚至不许有任何怀疑的表情、动作、神色，使得大家可以畅所欲言，提出大量的新观念。

缺点是不适合大范围的人员培训；由于头脑风暴法主要采用讨论的形式，因而对参与者的表达能力和归纳分析能力的要求比较高。

2. 头脑风暴法应遵循的原则

（1）延迟评判原则。在进行最后的评论之前，所有人不可对其他人的观点进行评判，无论是好是坏。

（2）自由畅想原则。围绕某个中心论点，各抒己见，畅所欲言。

（3）以量求质原则。在规定时间内，尽量收集更多的意见；收集的意见越多，获得好意见的可能性越大。

（4）相互补充原则。鼓励参与者在他人观点上，进行补充、改进和综合，提出更加完善的观点。

（5）限时限人原则。对参与者的人员数量及讨论时间加以限定，以便讨论内容的完整记录。

3. 头脑风暴法的实施步骤

头脑风暴法的具体实施程序可分为 4 个步骤，每个步骤的说明如下：

（1）准备阶段。确定讨论的主题，并确定主持人、记录员及参与人数。人员一般为 10~15 人，时间为 20~60 分钟。

（2）明确问题。完成准备工作，主持人简明扼要地介绍讨论的主题，使各参与人员明确所要讨论的问题。

(3) 进行讨论。明确中心论题之后，各参会者提出自己的意见，由记录员进行记录并整理。

(4) 筛选结果。主持人通过对讨论记录的分析、研究，结合可识别性、创新性、可实施性等原则，筛选出 1~3 个最佳提议。

二、基于新技术的培训方法

(一) E-Learning 在线学习

广义的 E-Learning 指电子化、数字化或互联网化学习。狭义的 E-Learning 指互联网化学习。互联网对人们工作和生活的影响越来越大，特别是在学习方面，日益成为一种主流的学习方式。

从企业角度讲，E-Learning 是一种学习与绩效提高的解决方案，它通过网络等技术实现学习的全过程管理（设计、实施、评估等），使学员获得知识、提高技能、改变观念、提高绩效，最终使企业增强竞争力。

E-Learning 最大的特点就是充分利用了 IT 技术所提供的全新的沟通机制和资源丰富的学习环境。E-Learning 课程就是借助 E 化平台和技术而实施的课程。

企业 E-Learning 的架构（E-Learning 体系）是企业培训和员工学习的重要保障，它包括技术体系、内容体系和运营体系三大部分。

1. 技术体系

E-Learning 的技术体系是指企业 E-Learning 系统所涉及的软硬件系统，主要包括 E-Learning 平台系统和硬件环境系统。E-Learning 技术体系建设是建设企业 E-Learning 体系的第一步，也是企业 E-Learning 得以实施的技术保证。

E-Learning 平台系统，主要包括学习管理系统（LMS）、知识管理系统（KMS）、虚拟教室系统（VCS）和在线考试系统（OES）。

2. 内容体系

E-Learning 的内容体系的规划对企业来说非常重要，它为未来学习内容的持续开发和建设搭好了框架。构建内容体系可以采用以下 4 种模式。

（1）以培训对象为中心的学习内容体系建设。

（2）以解决某一专项问题为中心的学习内容体系建设。

（3）以解决绩效差距问题为中心的学习内容体系建设。

（4）以支持某种战略或业务为中心的学习内容体系建设。

3. 运营体系

E-Learning 的运营体系提供培训对象一种全新的学习方式。运营和管理 E-Learning 的组织机构通常是企业的培训部门或者是企业独立的网络学院、企业商学院等。

随着 E-Learning 应用的深入开展，企业中的各级业务部门也将成为企业 E-Learning 应用的直接推动者和使用者。培训部门的职责将演变为提供应用方法和支持服务，由培训职能向学习服务职能转变。

（二）视听技术法

视听技术法是在培训对象的基础上，利用视听结合手段（如录像、电视、电影、计算机等工具）而形成的一种教学法，强调在一定情境中将听觉感知（录音）与视觉（图片、影视）感知相结合。

1. 视听技术法的主要优缺点

（1）优点

1）可以充分利用图片、声音和影音文件等展示课程内容，增强趣味性，从而提高学习效率。

2）方便培训师与培训对象进行面对面的沟通，能给培训对象以真实感，有利于引起他们的学习兴趣。

3）教材可反复使用，有利于满足不同岗位、不同水平培训对象的受训需要。

（2）缺点。对仪器的要求较高，价格昂贵。

2. 视听技术法的类型

（1）按制作方式划分，可分为电子媒体和非电子媒体。

(2) 按对培训对象的影响划分，可分为刺激媒体、反应媒体和控制媒体。

(3) 按使用媒体划分，可分为视觉媒体、听觉媒体、视听媒体和综合媒体。

(三) 移动端学习

伴随着智能手机的不断发展、软件功能的不断完善，众多企业将传统的培训对象培训转移到移动端，手机成了企业培训的一大平台。一般App给培训管理者的后台主要是以管理为主，包括“需求管理”“计划管理”“培训管理”“考试管理”“用户管理”“培训报表”等模块，可以帮助培训管理者进行相关的工作。对于培训对象，则有“投票活动”“调查问卷”“移动学习”“离线学习”“移动考试”“资料中心”“专题学习”“公开课”“直播”“群组讨论”“学习排行”“积分排行”和“在线问答”等多个模块可以使用。目前，企业借助手机软件培训的情况大致有以下几种。

1. 直播培训

直播培训是利用专业直播平台或者企业微信、钉钉等软件中的相应功能，由专业的培训人员进行的线上培训。直播培训不限制参与培训人员的地理位置，可以实时与直播培训师进行互动，直播结束后也可以回放观看。

2. 录播培训

录播培训是企业在相应的软件中，上传已录制好的培训视频。视频时间可长可短，短视频可采用微课形式，长视频可采用慕课形式。录播课程可以包括通用课程、行业课程。录播培训可让企业员工更加精准地了解企业培训需求，企业也可编写相应培训教程上传，以辅助取得培训效果。

3. 知识培训

知识培训是对工作相关知识、行业培训对象、技能考试要点等的培训，培训方式可以采用文件浏览、学习打卡、试题考查等形式进行。管理者也可以通过软件企业账户及时浏览培训对象的学习情况。

三、培训方法的选择技术

培训效果在很大程度上取决于培训方法的正确选择。在选择培训方法时，培训人员需要考虑到培训的目的、培训的主题内容、培训对象的特点及企业具备的培训资源等因素。

（一）知识常识告知性课程培训方法的选择

知识常识告知性课程培训属于理论性的知识培训，这类培训的主要目的是使培训对象掌握课程上传授的理论知识，所以适合采用直接传授的培训方式，如讲授法、专题讲座法等。

但是，上述这类培训方法普遍存在培训对象被动学习、知识不易接受与巩固等问题。为了克服这些缺陷，在课程讲解的过程中，培训师可以使用多媒体视听技术予以辅助，并适当加入研讨法，提高培训对象的参与性，加深他们对知识的印象。

1. 课程特点

知识常识告知性课程的典型特征就是内容多，知识比较系统，需要学员理解而不是记忆。在传授过程中容易出现形式单一、内容枯燥等情况，因此如何激发培训对象的学习兴趣是此类课程重点需要解决的问题。

2. 培训对象学习特征

知识常识告知性课程的内容一般是企业结构、企业文化介绍与员工守则等常识类知识，因此这类培训的培训对象是全体员工，不必区分其岗位与业务特点。

成年培训对象在学习此类课程时的学习特征包括：注意力持续时间短、遗忘速度快、目的性强、自我意识强。

3. 课程问题分析与培训方法的选择

（1）视听技术法。知识常识告知性课程培训与其他类型的培训课程相比，理论性强，课程的大部分内容都要以直接传授的形式向培训对象表达，很容易让培训对象感觉枯燥，从而失去学习兴趣。

这时，需要采用视听技术法，即以电视机、录像机、幻灯机、投影仪、收录机、电影放映机等视听教学设备为主要培训手段进行训练的方法，增加培训对象的学习兴趣。播放前，培训师要清楚地向培训对象说明培训的目的，依讲课的主题选择合适的视听教材，以播映内容为主题要求培训对象发表个人的感想或以“如何应用在工作上”为题目来讨论，最好能边看边讨论，以增加理解。

（2）讲授法。知识常识告知性课程的开展主要依赖于培训师的讲解，因此需采用传统的课堂演讲的培训方法。在企业培训实践中，经常开设的专题讲座就是采用讲授法进行的培训，适用于向群体学员介绍或传授某一个单一课题的内容。

这种方法要求培训师对课题有深刻的研究，事先准备充分的教学资料，对学员的知识、兴趣及经历有所了解，并在课堂上运用声音控制，清晰地表达所要告知的内容。这些对培训对象的听课质量都起着关键作用。其中，对声音的控制主要有培训师的语音、语调和语速。

（3）研讨法。在讲授知识常识告知性课程时，如果仅用讲授法，培训对象参与性低、接受新知识被动，培训师一般会采用研讨法来规避这些弊端。

采用研讨法进行培训时，强调培训对象积极参与，鼓励培训对象积极思考，主动提出问题，表达个人的感受，有助于激发学习兴趣；讨论过程中，培训师与培训对象之间、培训对象之间的信息可以多向传递，知识和经验可以相互交流、启发，取长补短，有利于培训对象发现自己的不足，开阔思路，加深对知识的理解，促进能力的提升。

据研究，这种方法对提高培训对象的责任感或改变工作态度特别有效，也适用于对管理人员的管理意识、角色认知方面的训练，适用于解决某些有一定难度的管理问题。

（二）专业技术类课程培训方法的选择

专业技术类课程培训一般适用于对专业技术类人员的培训，此类课程培训需要培训师了解专业的工作内容、掌握工作流程、分析涉及的相关知识与技能，以及确定要重点培训的知识与技能。因此，专业技术类课程一般采用一对一的培训方法，即“师带徒”的培训模式，任命熟悉相关专业技术的培训师，并结合在岗学习的方法，取得培训的最佳效果。

1. 课程特点

专业技术类课程培训的首要特点就是专业性强，因此对培训师的专业能力要求较高。只有掌握专业技术知识并能熟练操作的人员才可被任命为培训师。

2. 培训对象学习特征

专业技术类课程培训的培训对象主要是从事专业技术型岗位的员工。专业技术型员工除了成年人的普遍学习特征外，因其工作内容的特殊性，还具有自我认同感高、比较“迷信”权威、苛求逻辑、具备收敛性思维等特点。

目前，企业内部专业技术人员面临的职业压力大多与其专业技能的实用性有关，如技术更新周期缩短、创新范围扩大、研发成本增加等。

3. 课程问题分析与培训方法的选择

由于培训对象均为有一定经验的专业技术人员，就很容易出现培训对象坚持己见、对培训师的技术方法不认同的情况。对于这种问题，首先要选用专业性强、经验丰富的人员作为培训师；其次培训师应抱着严谨的态度尊重并适当接纳培训对象的意见，完善课程培训。

对于上述存在的课程问题，最能拉近培训师和培训对象距离的培训方法就是一对一培训法和在岗培训法。

（1）一对一培训法。这种方法是由一位有经验的技术能手或直接主管人员在工作岗位上对培训对象进行培训，如果是单个的一对一的现场个别培训就是企业中常用的“师带徒”培训。在一对一的培训中，师傅或培训师的主要任务是教给培训对象如何做，提出如何做好的建议，并对培训对象进行鼓励。

这种方法不一定要有详细、完整的教学计划，但应注意下列培训要点：重点关注培训关键工作环节的要求，梳理好工作的原则和技巧并传授给培训对象，告知培训对象需避免、预防的问题和错误。

培训前，要准备好所有的用具，摆放整齐，让每个培训对象都能看清示范物；培训师（师傅）一边示范操作一边讲解动作或操作要领。示范完毕，让每个培训对象反复模仿实习；对每个培训对象的试做给予及时的反馈。

（2）在岗培训法。在岗培训法是指在工作现场，培训对象直接上级和技能娴熟的老员工对培训对象在日常工作中必要的知识、技能、工作方法等进行指导、培训的一种方法。其主要特点就是不离开工作环境，在具体工作中双方一边示范讲解，一边实践学习，有不明之处可以当场询问、补充和纠正。

由于这种培训方式允许培训对象一边工作一边接受培训，培训师或师傅可根据培训对象的不同情况因材施教，因此既可以提高培训的有效性，也可以大大节约培训费用。

（三）经验介绍类课程培训方法的选择

经验介绍类课程培训一般是由企业内部的资深优秀员工或管理人员，或由企业外聘的职业培训师来对培训对象进行培训。这类课程由于主要传授的内容是业务经验，就必须清楚培训对象最想了解的主题，可以采用咨询式培训法；而如何在短时间内使培训对象得到生动的体验，就需要采用情境模拟的培训方法。

1. 课程特点

经验介绍类课程培训与其他课程培训最大的区别就在于其内容并不是单纯理论性的知识，而是需要培训师总结工作方面的经验教训，尽可能地为培训对象答疑解惑；并能在培训过程中客观公正地表达自己的观点，引导培训对象从自身的角度出发进行思考。

2. 培训对象学习特征

经验介绍类课程培训的培训对象多为那些已了解一些业务内容、但对于实际工作还处于摸索阶段的员工。此类培训对象一般心态急切，希望从培训师那里学习成熟的经验，以便尽快适应工作。

3. 课程问题分析与培训方法的选择

（1）咨询式培训法。咨询式培训法的运用，要求围绕着一个主题或方面，内容事先不一定十分明确，对培训师的要求十分高，培训师必须是在这一方面有丰富经验的专家，不仅精通理论，更有着非常丰富的实际经验和造诣。

在实施咨询式培训法时，如果培训对象提不出问题，或者对问题把握不准，培训效果就会大打折扣。这就要求培训师事先必须做好准备工作，确定关键问题范围，并在咨询之初传达给培训对象，并加上简要的讲解，引导培训对象准确地提出问题。

咨询式培训的结果不一定是形成一致的观点，而是掌握思考问题的方式以及掌握解决问题的能力，许多企业管理方面的培训正逐渐采用这种培训形式，效果比较好，甚至一次培训带来的直接收获大大超过其他培训。

（2）情境模拟法。由于培训对象欠缺相关的经验，很可能无法通过培训师的口头介绍理解培训内容，这时就要采取情境模拟的培训方法，让学员可以生动地体验一番。通过情景模拟法，学员可以在一个临时组成的团队中进行角色扮演，结合一些个案研读，应对真实状况，共同谋求解决问题的方法，并在此过程中快速积累经验。

情境模拟法可以给培训对象提供处理动态人际关系的机会，培训对象其团队合作和决策判定的知识与技能，鼓励培训对象相互学习；还可以使培训活动多元化并能增进培训对象的学习兴趣，以团队的方式处理问题，更接近真实情况。

当然，情境模拟与真实场景之间仍有一定的距离。一些培训对象可能过度强调竞争而破坏学习经验，需投入相当的时间、金钱和精力去发展。

（四）必知必会必遵类课程培训方法的选择

必知必会必遵类课程培训的内容一般是企业员工在其工作岗位上必须掌握的知识、技能或规章制度。培训师在培训过程中的首要任务是对培训内容进行清晰讲解，这里需要应用程序化的教学方法；同时，需要充分发掘培训对象的学习潜能，加深其对知识的印象，培训师可以在课堂上适当融入讨论法，并向培训对象传授自控式学习方法。

1. 课程特点

必知必会必遵类课程培训需要培训对象对培训的内容绝对掌握并牢记，而并不是止步于了解。培训师不仅要负责讲解知识，还要教授培训对象高效率学习的方法，并督促培训对象在课后巩固学习。

2. 培训对象学习特征

必知必会必遵类课程培训的培训对象包括各个岗位和层级的工作人员，可选择不同专业的培训师对培训对象按照工作内容进行分类培训，但是培训方法大同小异。

3. 课程问题分析与培训方法的选择

（1）程式化教学法。程式化教学是指根据培训对象的学习步调，以小单元、由浅入深、由简至繁等程序化的步骤，使培训对象逐渐学习所需的知识技能。学习的内容可能是书面资料、音视频、计算机软件等。

程式化教学主要适用于必须掌握的知识技能的长期学习，以及自我学习或进修，优点有：可根据培训对象情况决定深入学习的方向；比某些传统的教学法更有成效，教学步骤更有利于记忆；培训对象可以自行决定学习的进度，可减少其焦虑感；培训对象对学习成效进行自我测评，有助于自我调整。

（2）讨论法。一般在课程培训过程中，加入讨论法。讨论法是指对某一专题进行深入探讨的培训方法，其目的是解决某些复杂的问题，或通过讨论的形式使众多培训对象就某个主题进行沟通，使培训对象在解决问题的过程中加深对知识技能的记忆。

采用讨论法培训，必须由一名或数名培训师担任讨论会的主持人，对讨论会的全过程实施策划与控制。参加讨论的培训对象一般不超过 25 人，也可分为若干小组进行讨论。

（3）自控式学习法。自控式学习是最适合用来学习必知必会必遵类课程的自学方法。自控式学习强调知、情、意等相关因素在学习活动中的作用。

除上述三种方法外，企业还会为员工订购一些报纸杂志和书籍，并定期组织员工交流学习心得，对学习优秀者予以一定的物质和精神奖励，或者把这一活动与员工奖金制度挂钩，鼓励员工自学。

（五）技巧方法类课程培训方法的选择

技巧方法类课程培训一方面对培训对象传授工作方面的经验技巧，这点类似于经验介绍类课程培训；另一方面包括一些非专业方面的技巧或方法，如 PPT 应用技巧、沟通技巧等。此类培训最适合的培训方法就是行为示范与演练，培训师通过重复的示范、演练，达到使培训对象掌握技巧的目的。

1. 课程特点

技巧方法类课程因其主要内容是各岗位人员都需要掌握的一些非专业性的技巧方法，所以可以统一时间对全体人员进行培训，这就需要培训师掌握一般化培训的技巧，使培训对象都掌握并将培训内容应用到实际工作中去。

2. 课程问题分析与培训方法的选择

（1）示范。培训师需要对课程培训要教授的技巧或方法进行示范。示范是指向培训对象展示某种动作、解释某种程序或技巧，以使培训对象能重复相同的动作或程序。示范的方法主要适用于教授某种特殊技能或介绍某一新的程序或技巧。

示范式教学方法可重复进行，“从做中学”，掌握快，见效快。所谓“百闻不如一见”，其效果比单纯地听或读要好得多。

在采用示范式教学方法时，培训对象人数不宜太多，常常需要特殊的环境加以配合（如场地、设备、材料、温度、灯光等），需要耗费较多的时间和资金。

（2）练习。练习可以给培训对象提供一定的机会尝试或熟练掌握所学的或已生疏的知识或技能。练习主要适用于培训对象在学习完某种知识或技能之后，用此法来测试和增强培训对象的学习成效，并能给培训对象提供提高和熟练掌握有关知识和技能的机会。

通过练习，可提高培训对象的自我学习能力，有助于激发培训对象的学习兴趣和学习动力，能够很好地将理论与实际相结合。

（3）演练。演练是指两个以上的人经过简短的排练之后，通过固定的对话，进行具有幽默感或讽刺意味的表演，以此来唤起培训对象对某种特殊议题的重视和兴趣。演练主要适用于管理中凸显的某种特殊情况。通过演练，从不同的角度对某一特殊问题进行描述，以此来塑造学员的语言或行为模式。

演练的优点：①能吸引培训对象积极参与；②能制造学习高潮，激发培训对象的学习兴趣；③能使培训对象具有置身其中的感觉，容易吸引培训对象投入。

（六）案例介绍类课程培训方法的选择

案例介绍类课程培训主要是指培训师通过对一些经典案例的描述，从中发现问题以引导培训对象讨论，找出解决办法后推广到日后的工作中。适用于这类培训的培训方法有很多，如案例研究法、个案研究法以及辩论法等。

1. 课程特点

案例介绍类课程培训中所需要的案例时长较长，对培训师和培训对象的要求都比较高。如果准备不充分，可能会出现案例不能满足培训需求的情况。所以，案例介绍类课程需要培训师对培训过程中要应用的案例进行精挑细选。

2. 培训对象学习特征

案例介绍类课程培训的培训对象一般为企业管理人员，其普遍具有的学习特征包括：培训时间不能占用太长、主动性强、分析性强、关心结果、发散性思维、反应灵活。

上述特征对培训师的挑战比较大，最重要的一个方面就是需要培训师在培训过程中控制好培训的进程和时间，避免因培训对象的突然提问与发言打乱培训进程。

3. 课程问题分析与培训方法的选择

（1）案例研究法。案例研究法指为参加培训的培训对象提供员工或组织如何处理棘手问题的书面描述，让培训对象分析和评价案例，提出解决问题的建议和方案的培训方法。案例研究法是美国哈佛管理学院推出的，目前广泛应用于企业管理人员（特别是中层管理人员）的培训，主要目标在于训练他们具有良好的决策能力，帮助他们学习如何在紧急状况下处理各类事件。

案例研究法通常是向培训对象提供一则描述完整的经营问题或组织问题的案例，案例应具有真实性，不能随意捏造；案例要和培训内容相一致，培训对象则组成小组来完成对案例的分析，做出判断，提出解决问题的方法。随后，在集体讨论中发表本小组的看法，同时听取别人的意见。讨论结束后，公布讨论结果，并由培训师再对培训对象进行引导分析，直至达成共识。

在运用案例研究法的过程中，培训对象参与性强，变培训对象被动接受为主动参与；将培训对象解决问题能力的提高融入到知识传授中，有利于使培训对象参与企业实际问题的解决；教学方式生动具体，直观易学，容易使培训对象养成积极参与和向他人学习的习惯。

（2）个案研究法。个案研究是案例研究法的一种特殊形式。个案研究就是指借口头、书面或影片等辅助资料，再经讨论程序，以求得到对特殊议题的确认与了解。个案研究的应用，主要在于选对适用的时机，学习解决问题的技巧或教授解决问题的程序。

个案研究法可以帮助培训对象学习分析问题和解决问题的技巧，能够帮助培训对象确认和了解不同解决问题的可行方法。

（3）辩论法。培训师可以根据培训对象对案例的不同观点组织辩论。辩论就是不同立场的参与者面对争议性的议题提出自身看法并反驳对方论点的公开竞赛。辩论的目的主要是训练培训对象的逻辑思维能力和表达与思辨能力。

通过辩论，能够充分激发培训对象参与的热情，能为培训对象提供动态学习的机会与经验，能够为培训对象提供生动、活泼、热烈的学习气氛，能够提高培训对象在具有一定压力的情形下独立思考问题和随机应变的能力。

第三节 培训成本预算与控制

一、培训成本预算

培训成本预算是指一段时期内（通常为1年），企业培训管理部门在制订年度培训计划时，对培训方案实施费用和培训管理费用的估算。

（一）企业培训成本预算的编制

企业培训成本预算是将培训管理工作进行量化，是未来培训计划实施和控制的重要依据和衡量标准，编制企业培训成本预算是为了有效地运用企业的培训资金。

1. 企业培训成本预算编制的方法

企业培训成本预算编制的方法有3种，分别是计划法、比例法和总额法，见表4-2。

表4-2 企业培训成本预算的编制方法

培训成本预算编制方法	说明
计划法	企业事先制订培训计划，并根据培训计划的要求推算出培训成本预算，再根据公司的实际承受能力，对培训成本预算进行调整
比例法	企业事先规定培训成本预算的范围，比如按公司上年度销售额的________%计算，培训管理部门再根据公司既定的培训成本预算制订培训计划
总额法	企业事先规定全年的人力资源费用总额，再由人力资源部根据战略目标及部门工作目标等分配培训费用总额

2. 企业培训成本预算编制的要求

培训管理部门在编制企业培训成本预算时不应盲目或随意，必须遵循一定的原则或要求事项，具体内容如下。

（1）遵守国家有关培训成本预算的法律、法规和企业制度。

（2）合理选择和安排培训项目，杜绝浪费资源。

（3）量入为出，根据企业的发展阶段、收入和财力安排培训项目。

（4）培训成本预算确定后，尽量减少预算调整次数，做到尽量不调整。

（5）要进行综合预算，预算内和预算外进行统筹安排。

（6）以事实为依据，不瞒报、虚报培训费用支出情况。

（7）长期培训与短期培训相结合，合理安排预算资金。

3. 年度培训成本预算编制常见问题及规避建议

企业在编制年度培训成本预算时，由于各种原因，或多或少地总会出现一些问题，其中比较常见的问题及相应的规避建议见表 4–3。

表 4–3　　年度培训成本预算编制常见问题及规避建议

常见问题	规避建议
（1）培训成本预算项目设置没有遵循组织的预算编制要求	（1）建立培训成本预算编制管理团队，成员应包括专业的财务人员、培训师、培训管理人员等，共同协商培训成本预算的相关问题
（2）企业高层管理人员培训费用与普通员工培训费用预算比例不合理	（2）根据组织年度发展目标等实际情况设置合理的培训成本预算项目
（3）培训成本预算总费用超过企业预算标准	（3）了解培训费用行情，严格培训成本预算审核，规避费用风险

（二）部门培训成本预算的编制

1. 部门培训成本预算编制的原则

各部门培训成本预算编制人员在编制部门培训成本预算时，应遵循一定的原则，具体内容如下。

（1）坚持诚实信用的原则，确保部门培训成本预算数据的真实性。

（2）严格遵守国家及组织关于部门培训成本预算编制的相关规定。

（3）坚持实事求是的原则，切实调查本部门的培训需求及其他培训相关情况。

（4）根据组织培训管理部门的预算控制金额，量入为出，合理安排部门培训预算。

2. 部门培训成本预算编制应预防的问题

部门负责人或相关人员在对部门培训成本预算进行编制时，也应注意预防以下 4 类问题。

（1）部门培训成本项目预算不够细化，培训成本预算弹性较大。

（2）部门缺少培训成本预算事项的定额标准，难以确定每项培训成本预算的合理支出定额。

（3）部门培训成本预算由部门主管根据经验编制，缺乏合理性和客观性。

（4）部门培训成本预算编制较为匆忙、随意，不符合部门的实际情况。

二、培训成本控制

培训成本是指企业在员工培训过程中所发生的一切费用，包括培训之前的准备、培训的实施过程以及培训结束之后的效果评估等各项活动的各种费用总和。

（一）培训成本核算

1. 利用会计方法计算培训成本

一般来说，我国现行会计制度要求采用会计方法核算企业培训成本，主要是按照一定的成本科目进行统计计算。有些企业按照投资内容列出 6 种成本核算项目，有些企业列出 7 种项目统计计算培训成本，分别如下。

（1）6 种成本核算项目

1）培训师的工资、保险福利及其补贴、津贴等项支出。

2）培训对象脱产学习的工资福利等项支出。

3）培训对象学习资料、教材和学习用品方面的支出。

4）教室、校舍建设等方面的支出。

5）属于固定资产标准的教学仪器、设备费用。

6）经常性培训费用支出，如讲课酬金、业务费、办公费等费用支出。

（2）7 种成本核算项目

1）培训项目开发和购置成本。

2）培训师的课酬、交通费、就餐费等费用。

3）培训设备、设施等硬件的购置和使用成本。

4）向培训师和培训对象提供的培训材料成本。

5）培训对象交通及住宿等方面的成本。

6）教学辅助人员、管理人员的工资。

7）培训对象学习期间的工资。

2. 利用资源需求模型计算培训成本

资源需求模型是一种按照培训的横向、纵向作业流程核算企业培训成本的方法。具体地说，它是从培训项目开始的准备阶段一直到项目全部终结为止，按照培训项目设计成本、培训项目实施成本、培训项目需求分析评估成本、培训项目成果的跟踪调查以及效果评估成本等科目进行成本的核算。

采用资源需求模型计算培训成本，具有如下 3 个特点。

（1）有利于比较培训项目在不同阶段所需设备、设施、人员和材料的成本支出情况。

（2）有利于分析不同培训项目成本的总体差异，为科学合理地选择培训项目提供依据。

（3）有利于对不同培训项目的不同阶段发生的费用进行对比，突出重点问题，对成本实施有效监控。

（二）培训成本审核

培训成本审核就是对培训成本的合理性进行审查，确保数据准确无误。

1. 培训成本审核流程

培训成本的审核管理程序可分为如下 4 步进行。

（1）培训部门根据组织培训计划，在收集组织内部、外培训费用数据的前提下，编制培训成本预算申请。

（2）企业组建由财务部经理、人力资源部经理等人员参与的培训成本预算审核委员会。

（3）培训成本预算审核委员会对培训成本预算申请的各项内容、费用标准等进行审核。

（4）培训成本预算申请经培训成本预算委员会审核通过后交总经理审批。

2. 培训成本审核工具表单

常见的培训成本审核管理工具有培训成本预算申请表、培训成本预算审核建议书等，表4-4为培训成本预算申请表样表，供参考。

表4-4　　培训成本预算申请表

编制部门：　　　　编制日期：_______年_______月_______日　　　　（单位：万元）

<table>
<tr><th rowspan="2">编号</th><th rowspan="2">培训类别</th><th rowspan="2">培训人数</th><th colspan="2">培训费</th><th colspan="2">差旅费</th><th colspan="2">资料费</th><th colspan="2">其他费用</th></tr>
<tr><th>总计</th><th>人均</th><th>总计</th><th>人均</th><th>总计</th><th>人均</th><th>总计</th><th>人均</th></tr>
<tr><td>1</td><td>综合管理类培训</td><td></td><td></td><td></td><td></td><td></td><td></td><td></td><td></td><td></td></tr>
<tr><td>2</td><td>核心素质能力培训</td><td></td><td></td><td></td><td></td><td></td><td></td><td></td><td></td><td></td></tr>
<tr><td>3</td><td>岗位技能培训</td><td></td><td></td><td></td><td></td><td></td><td></td><td></td><td></td><td></td></tr>
<tr><td>4</td><td>专业知识培训</td><td></td><td></td><td></td><td></td><td></td><td></td><td></td><td></td><td></td></tr>
<tr><td>5</td><td>资格认证培训</td><td></td><td></td><td></td><td></td><td></td><td></td><td></td><td></td><td></td></tr>
<tr><td>6</td><td>新员工培训</td><td></td><td></td><td></td><td></td><td></td><td></td><td></td><td></td><td></td></tr>
<tr><td>7</td><td>境外培训</td><td></td><td></td><td></td><td></td><td></td><td></td><td></td><td></td><td></td></tr>
<tr><td>8</td><td>学历教育培训</td><td></td><td></td><td></td><td></td><td></td><td></td><td></td><td></td><td></td></tr>
<tr><td colspan="2">合计</td><td></td><td></td><td></td><td></td><td></td><td></td><td></td><td></td><td></td></tr>
<tr><td colspan="3">培训成本预算审核委员会意见</td><td colspan="8">签字：　　日期：_______年_______月_______日</td></tr>
<tr><td colspan="3">人力资源总监审核意见</td><td colspan="8">签字：　　日期：_______年_______月_______日</td></tr>
<tr><td colspan="3">总经理审批意见</td><td colspan="8">签字：　　日期：_______年_______月_______日</td></tr>
</table>

（三）培训成本支出控制

培训成本支出控制，是指在培训费用支出时严格审核费用用途、培训项目是否属于计划内项目、培训费用是否在预算额度内等内容，并且要按照企业既定的培训费用申请审批流程执行，由培训管理部门提出申请，经人力资源部、财务部审核后报请总经理审批，严格做好培训成本的控制工作。

培训成本支出控制的工具之一便是培训费用申请表，见表 4-5。

表 4-5　培训费用申请表

<table>
<tr><td colspan="2">培训课程名称</td><td colspan="2"></td><td>培训时间</td><td></td></tr>
<tr><td colspan="2">培训地点</td><td colspan="2"></td><td>培训形式</td><td></td></tr>
<tr><td colspan="2">参训人员</td><td colspan="2"></td><td>所属部门</td><td></td></tr>
<tr><td colspan="2">是否为计划内项目</td><td colspan="4">是：（说明）
否：（说明）</td></tr>
<tr><td colspan="2">是否签订服务协议</td><td colspan="4"></td></tr>
<tr><td colspan="2">费用形式</td><td colspan="4">□现金　□转账　账户：________________</td></tr>
<tr><td colspan="2">费用项目</td><td colspan="4">费用额度</td></tr>
<tr><td colspan="2">培训费用</td><td colspan="4">_______元</td></tr>
<tr><td colspan="2">场地费用</td><td colspan="4">_______元</td></tr>
<tr><td colspan="2">住宿费用</td><td colspan="4">_______元</td></tr>
<tr><td colspan="2">餐饮费用</td><td colspan="4">_______元</td></tr>
<tr><td colspan="2">其他费用</td><td colspan="4">_______元</td></tr>
<tr><td colspan="2">总计</td><td colspan="2">小写：_______元</td><td colspan="2">大写：</td></tr>
<tr><td colspan="2">费用申请时间</td><td colspan="2"></td><td>费用报销时间</td><td></td></tr>
<tr><td>申请人（部门）</td><td colspan="5"></td></tr>
<tr><td>人力资源部经理</td><td></td><td>财务经理</td><td></td><td>总经理</td><td></td></tr>
</table>

第四节 培训计划的实施

一、培训前的准备工作

在培训开始实施前，培训组织人员需要做好各方面的准备工作，以保证培训课程的顺利有效开展。

（一）培训时间及人员确认

1. 培训时间确定

在确定培训时间时，由于培训人员及课程安排有所不同，因而需考虑包括培训时间长度、培训对象的工作状况等因素，并据此确定合适的培训时间。

2. 培训对象确认

企业在培训前，培训管理者应该根据确定的培训对象统计并制作名单，为后续工作做好准备。

一般情况下，培训管理者可以根据培训对象所在不同的部门和岗位制订培训对象统计表，并下发各部门；也可以通过企业内部网络传送电子版的培训对象名单，与部门确认后统计培训对象名单。

（二）发布培训通知

通常情况下，企业可以通过发送备忘录、E-mail 或正式公文的形式通知相关人员参加培训。初次发送通知的时间应视情况而定。一般来说，应该提前 10 日左右发出培训通知，以便相关部门或人员做好必要的准备工作。然后，在培训开课前的 1~2 日内，还需发送一则提示通知。

培训开课通知的主要内容包括培训日期、培训时间安排、培训目的、培训方式、培训内容简要介绍、培训对象、预期培训效果、培训支持事项和注意事项等。

培训开课通知可以作为正式文件存档，在必要时，可以作为培训考核的依据。开课通知上必须明确参加培训的人员、培训地点和时间，这样可以作为培训实施效果的考核依据。

在起草培训开课通知时，行文可以直接指向参加培训的个人，也可以直接发送至其所在部门。培训事项的说明要具体、详细、准确，不能有遗漏。表 4-6 是培训开课通知示例，仅供参考。

表 4-6　培训开课通知（示例）

培训开课通知
部： 　　我企业培训中心　年第　期　　　系列培训将于　月　日正式开始，计划于　月　日结束。拟安排以下人员参加培训。 　　1. 参训人员名单（略） 　　2. 培训时间：　年　月　日至　年　月　日。 　　3. 集合时间：　年　月　日上午 8：30—9：00。 　　4. 培训地点： 　　5. 学员须带物品：身份证、听课证、换洗衣物、洗漱用品等。 　　6. 如遇特殊情况，请联系会务负责人：　　　　联系电话：

（三）培训设备及资料准备

1. 培训设备的准备

培训设备、设施主要包括计算机，投影仪，激光笔，教具（教学模型），黑板、白板，培训师教材，录音，摄像设备，麦克风、电池，座位牌等。

设备、设施的准备应当把握 3 个原则，即不遗漏、不损坏和不陌生的“三不”原则。

（1）不遗漏。根据所需设备、设施的清单，核对应准备的设备、设施是否齐全，不存在遗漏的情况。

（2）不损坏。保证已经准备齐全的设备、设施无损坏情况，确保正常使用。

（3）不陌生。要对各类设备、设施进行试操作，能够熟练操作这些设备、设施，确保使用效果且能够满足课程讲授的需要。

2. 培训资料的准备

除了做好培训实施所需的设备、设施准备外，培训师还需做好培训资料的准备工作。

（1）培训资料的内容。培训资料包括在培训过程中要使用的以纸张、硬盘等形式存在的同授课内容相关的材料，具体包括：学员手册，视频音频资料，活动挂图，学员填写表格，其他说明性资料、讨论资料、试卷等。

（2）掌握“三全一准”原则。在准备文本材料时，应做到项目全、内容全、数量全、表达准确。

1）项目全是指根据所需文本材料的清单，确保所准备的文本材料种类齐全，无遗漏。

2）内容全是指每类文本材料的内容没有缺失，能够达到开展授课的要求。

3）数量全是指对每类文本材料的数量进行清点，确保所需的份数符合要求。例如，学员手册人手一份，应确保总份数不低于总人数，并在此基础上多准备几份以备所需。

4）表达准确是指培训师一定要认真核对文本材料的内容，确保表述准确、完整，不存在模糊不清和表达错误的情况。

二、培训运营管理

培训中的运营管理包括培训现场布置、培训课程的导入、培训现场督导管理及培训中期评估 4 项内容。

（一）培训现场布置

培训现场布置最重要的内容是确定布置形式，特别是座位的安排直接影响培训效果。

1. 培训现场布置的注意事项

（1）培训现场的大小要根据培训对象的数量和培训的方法进行考察和选择。

（2）检查灯光、空调设备是否正常运转。

（3）培训师的工作区域要有足够大的空间放置材料、媒体工具等其他器材。

（4）保证后排的培训对象可以看清屏幕和白板。

（5）检查近邻是否有干扰，如其他培训班、工作办公室等。

（6）检查休息室，饮用水、茶点等是否准备齐全。

2. 培训现场的布置形式

培训现场可用多种不同的方式加以布置，主要考虑的因素是必须满足培训效果的要求，且使培训对象感到舒服，使培训对象之间、培训对象与培训师之间能够很好地互动交流，布置形式要比较灵活。一般情况下，培训现场的布置形式主要包括圆桌式、U 形和平行式 3 种形式，如图 4-1 所示。

图 4-1　培训现场的布置形式

（1）培训计划安排需要培训对象分组时，或是培训对象较多时，应该采用圆桌式布置。此种形式便于让培训对象形成一个临时的团队进行讨论、演练或是游戏。但是此种形式易形成与培训无关的“小圈子”私下交谈，不便于培训师控制课堂。

（2）U 形式的现场布置有利于培训对象之间互相交流，培训师也可以方便地与每一位培训对象进行交谈，并进行巡视。

（3）平行式的现场布置适合非互动式的讲座型培训，培训对象比较容易阅读板书和观看投影影像。同时，此种形式可以充分地利用培训教室的空间，容纳较多的培训对象。

3. **培训现场其他内容的布置**

培训现场其他内容的布置具体包括授课工具（如纸、笔）及其他道具、横幅、桌签、电源插座、方便使用的笔记本和茶歇台等的布置。

（二）培训课程的导入

课程教学中的导入环节是整个课堂教学的有机组成部分，其重要意义不可忽视。培训课程的导入通常有以下5种方法。

1. **随意交谈法**

培训师可以利用课程开始前几分钟和培训对象随意交谈，让培训对象在不知不觉中进入新课。这种方法过渡自然，能将培训对象从无意注意引向有意注意，加深对新课的印象，有助于培养和提高培训对象运用语言进行交际的能力。

2. **温故知新法**

这种导入新的培训课程的方法，能激发培训对象的学习兴趣，使培训对象集中注意力于新的内容上。

3. **看图提示法**

看图提示法是一种利用教学挂图、自制图片或简笔画，借助投影或其他多媒体技术等现代化教学手段吸引培训对象的注意力，然后围绕图片提出一系列问题，激发培训对象的求知欲，从而将其引入课程的导入法。展示图片和提问的方式要根据课程内容和培训师的意图而定，由浅入深，突出重点。

4. **创设问题法**

创设问题是激发培训对象思维的一种有效方法，问题也会产生悬念效果。这样导入课程适当增加了趣味成分，能引起培训对象学习的欲望。

5. **多媒体导入法**

目前，可利用的电化教学手段已非常丰富，培训师在导入课程时可以有选择地使用多媒体技术，借助声音、颜色和动感画面增强教学的趣味性和吸引力。

培训过程中，培训师通过合理的过渡，激发培训对象愉快的情感，教学就能自然流畅，虽难亦易。每个环节的引入，要合情、合理、合时，还应注意以下几点。

（1）培训师要熟悉教材，把握教材中的转折点。

（2）培训师要熟悉培训对象的个性。

（3）培训师要充分利用多媒体技术或现代化教学手段。

（4）培训师的语言要有趣味，有一定的艺术魅力，能引人入胜。

（三）培训现场督导管理

在培训实施过程中，为了保证培训实施效果，企业培训部门应指定专人进行现场督导。培训现场督导人员的主要工作内容包括5个方面。

1. 做好培训主持工作

做好培训开场工作，如介绍培训师、培训日程、纪律宣导、饮食安排、培训中场休息、培训发言、培训结束致词等。

2. 协助培训师进行培训

在培训实施过程中，现场督导人员要帮助培训师下发培训资料，准备并调试培训设备，进行人员分组、数据统计等。

3. 为学员提供服务

在培训实施过程中，现场督导人员要主动听取学员提出的培训改进意见，安排好学员饮食。

4. 处理突发事件

在培训实施过程中，现场督导人员要及时处理一些突发事件，如培训师未按时到达培训场地等。

5. 维持培训现场秩序

在培训实施过程中，现场督导人员应该及时制止学员的不规范行为。

（四）培训中期评估

培训中期评估是指对培训师在培训实施过程中的培训工作开展情况进行评估，有助于人力资源部门协助培训师控制培训过程，提高培训实施的有效程度。

1. 培训中期评估的内容

培训中期评估主要包括 7 个方面内容：培训课程内容、培训进度控制情况、培训活动参与情况、培训各部分效果、培训对象学习情况、培训环境、培训组织状况。

2. 培训中期评估的工具

培训中期评估的工具为培训课程效果评估表。该表由培训对象填写，有助于准确判断培训是否符合培训对象的需求，判断培训是否切实达到拓宽员工知识范围、提高员工技能、改善员工工作态度等目的。表 4-7 为培训课程效果评估表，仅供参考。

表 4-7　　培训课程效果评估表

课程名称：　　　　课程时间：

培训师：　　　　培训方式：

评估项目		很满意（5 分）	满意（4 分）	一般（3 分）	不满意（2 分）	很不满意（1 分）
培训内容	课程内容与需求匹配度					
	课程内容编排合理性					
	理论知识讲解难易度					
	内容的互动性与生动性					
培训师	仪容、仪表整洁度					
	课程时间的掌控度					
	沟通技巧的掌控度					
	激发培训对象兴趣度					
	对培训内容熟悉度					
	对培训工具运用熟练度					
培训组织	培训时间安排合理性					
	培训现场服务水平					
	培训资料发放的及时性					
	培训工具和材料准备情况					

三、培训实施控制

企业在实施培训计划过程中，可以通过以下 4 个方面对培训计划实施进行有效控制，避免产生问题。

1. 明确培训计划实施的标准

在实施培训计划前，要明确培训的目的，并针对此目的采取可行的实施方法，对培训涉及的内容制定相应执行目标或标准，具体包括以下内容。

（1）培训对象的范围标准。如培训哪一类人员，人员的规模有多大。

（2）培训师标准。是使用内部培训师，还是聘请外部培训师，培训师应具备的能力，应做的准备工作，培训师资历要求、讲授技巧要求。

（3）培训方式方法标准。针对培训内容采取什么样的培训方式，内部培训还是外包培训，室内培训还是户外培训，讲授还是实操，小组讨论、案例研究还是角色扮演等。

（4）培训时间标准。根据企业的行业特点或经营特点，确定间隔多长时间培训一次，每次开展培训的具体课时标准。

（5）培训场地选择标准。根据培训成本预算标准、培训人数及培训内容确定培训场地选择标准，选择合适的培训场地。

（6）培训费用标准。根据年度培训费用预算及企业实际经营状况，合理分解编制月度及每次培训费用预算。

（7）培训考核标准。培训后为保证培训效果应进行及时的考核，以确保培训对象能将培训知识及时应用到实操中去，同时表明实现什么效果才能说明培训实施的有效性。

2. 对培训计划及时分解及综合平衡

年度培训计划或整体培训计划确定后要及时分解到季度、月度或部门培训计划，并由相关单位负责人提供相应的培训计划执行意见。同时，各局部性培训计划制订完毕后应统一交由人力资源部进行综合平衡。

3. 及时开展培训工作进度报告会

人力资源部每周开展培训工作组织进展工作例会，总结上周培训工作中出现的问题及经验，以方便发现问题及时解决、补救或对计划进行调整，确保年度培训计划按期完成。

4. 及时提交培训工作报告

培训负责人应在每期培训结束后，及时提交培训工作报告，明确培训进展情况和总结经验、教训。

第五节　培训风险防范

一、培训风险概述

企业在经营过程中面临着各种风险，而培训活动同样也具有风险。培训是企业人力资源管理的重要内容，它直接关系到企业的长远发展和解决现实问题的能力。而培训风险是指企业在培训过程中，由于观念、组织、技术、环境等诸多负面影响而对企业造成直接或潜在损失的可能性，这不仅造成企业在培训投入上的资源浪费，产生投资风险，同时也使企业的培训工作日益陷入边缘化的恶性循环中。从其成因来看，培训风险可分为培训的内在风险和外在风险。

二、培训的内在风险及防范

培训的内在风险，是指企业没有对培训进行合理的规划和有效的管理而导致培训的质量不高，使得培训目的难以实现，培训投资效益低下。培训的内在风险源于培训本身，具体内容如下。

（一）培训需求管理风险

1. 具体表现

做好培训需求管理是做好培训管理的第一步，但由于企业缺乏相应的培训需求管理工作程序或约束机制，可导致如下 4 项潜在风险的产生。

（1）培训需求调研实施前期准备不足或培训组织不当，导致所得到的培训调研信息不完整或不准确风险的产生。

（2）培训需求调研分析使用的方法或工具不当，导致培训需求调研结果分析不准确风险的产生。

（3）培训需求分析后，未进行培训需求确认，导致所实施的培训活动不符合企业员工的实际工作需要风险的产生。

（4）培训需求分析后，培训实施人员未及时整理相关文档资料并妥善保管，导致培训需求调研信息资料丢失风险的产生。

2. 防范措施

为了有效规避上述 4 项培训需求管理风险，企业可采取下列 4 项风险规避措施。

（1）建立岗位责任制。在培训需求调研实施前，培训需求管理各个岗位人员应根据岗位责任要求，做好充分准备，确保培训需求调研工作顺利开展，从而取得准确度较高的培训需求调研信息。

（2）建立会议讨论制。在培训需求分析实施前，培训实施管理人员应召集相关人员进行讨论，讨论的目的是找出不同类型培训需求调查对象，培训需求分析应采用何种培训需求分析方法和工具，从而提高培训需求分析结果的准确性。

（3）建立完善的培训需求管理工作流程。企业应当建立培训需求管理工作程序，明确规定培训需求管理各项工作开展的先后顺序和相应的工作标准，从而可提高培训需求管理各项工作的效率。

（4）建立培训需求管理信息资料档案管理制度。培训需求调研、分析、确认完毕后，相关人员应对培训需求调研、分析和确认过程中的相关文件资料进行及时整理，并对其进行编号、归档。

（二）场地选择布置风险

1. 具体表现

培训场地是培训实施的硬件条件之一，一个与培训主题匹配度高的场地，无疑会大大增强培训效果。因此，在培训场地选择与布置时，应避免如下 5 项风险。

（1）在选择培训场地时，未考虑培训主题的特点，导致所选择的培训场地风格与培训主题内容不符。

（2）在选择培训场地时，未考虑培训对象人数，导致所选择的培训场地过大或过小等。

（3）所选择培训场地内，相关培训设备、设施不全，导致培训活动无法顺利开展，从而不能达到预期的培训效果。

（4）选择培训场地时，未考虑培训场地与多数培训对象住所距离和交通问题，导致所选择的培训场地距离多数培训对象住所的距离过远或交通不方便。

（5）培训场地培训对象座位布局安排与培训主题特点不符，导致培训效果未达到期望要求。

2. 防范措施

为了有效规避上述 5 项风险，企业可采取下列 5 项风险规避措施。

（1）在选择培训场地前，培训场地选择实施人员首先要了解培训主题的特点和培训实施要求，然后再选择培训场地，从而有效避免培训主题与培训场地风格不符的风险。

（2）在选择培训场地时，应考虑培训对象的数量。培训对象数量较多时，尽量选择大一些的培训场地，而培训对象数量较少时，尽量选择小一些的培训场地，以便节省成本。

（3）在选择培训场地时，培训场地选择实施人员应多考察几个培训场地，其主要目的是选择出培训设备、设施较齐全的培训场地，从而更好地满足培训主题的需要，达到预期培训效果。

（4）在选择培训场地时，培训场地选择实施人员应考虑到大多数培训对象住所与培训场地之间的距离和交通便利性问题，从而可确保企业的大多数培训对象能够准时参加培训。

（5）在进行培训场地布置时，培训场地布置人员应根据培训主题的特点进行座位布局安排，以有利于实施培训，从而提升培训效果。

（三）培训现场管控风险

1. 具体表现

良好的培训现场秩序是取得预期培训效果的前提，因此，相关人员在进行培训现场管控时，应尽量避免下列 4 项风险的出现。

（1）培训现场管控人员未及时向培训对象和培训师介绍培训工作开展程序，导致整体培训工作无序开展。

（2）在培训实施过程中，培训现场管控人员所提供的服务达不到培训对象的要求（如没有准备饮用水），可能导致培训师和培训对象产生抱怨情绪。

（3）在培训实施过程中，培训现场管控人员未能及时纠正培训对象的违纪现象，可能导致培训效果不佳。

（4）培训现场管控人员未及时有效地处理培训现场的突发事件（如培训师与培训对象之间的冲突），可能导致培训活动暂停或中止。

2. 防范措施

为了有效规避上述风险，企业可采取下列4项风险规避措施。

（1）确定明确的培训实施程序。在培训正式开始前，培训现场管控人员应首先向培训对象与培训师介绍本次培训工作开展程序，以避免培训师与培训对象未按照相应的程序开展培训。

（2）做好培训实施准备。在正式培训开始前，培训现场管控人员应充分做好各项准备，如准备好培训师所需培训设备与工具，为培训对象准备服务用品（饮用水、笔、纸张等），以避免培训对象和培训师产生抱怨情绪。

（3）进行全面监控与监督。在培训实施过程中，培训现场管控人员要全面监督培训对象的课堂纪律，对于不遵守课堂纪律的培训对象，应及时进行制止，以避免影响培训效果。

（4）培训现场管控人员应及时处理培训过程中的各种突发事件，避免突发事件态势扩大，而导致的培训活动中止或暂停现象的发生。

（四）培训成本预算管理风险

1. 具体表现

编制合理的培训成本预算可以确保企业培训资金的合理利用和培训工作的有效开展。但由于企业培训成本预算管理规范和相关制度的不完善，可能会导致产生下列3项风险。

（1）企业未建立规范的培训成本预算编制工作制度，导致培训管理人员编制的培训成本预算不符合企业的实际情况，如培训成本预算指标过高或过低。

（2）培训成本预算未经适当审批或越权审批，可能导致培训成本预算审批舞弊行为发生的风险。

（3）培训成本预算执行过程中缺乏有效监控，可能导致培训成本预算执行不力、培训成本预算目标难以实现的风险。

2. 防范措施

为了有效规避上述3项风险，企业可采取下列3项风险规避措施。

（1）企业应当建立和完善培训成本预算编制工作制度。明确编制依据、编制程序、编制方法等内容，确保培训成本预算编制依据合理、程序适当、方法可行，避免培训成本预算指标过高或过低。

（2）企业应建立培训成本预算审核审批管理制度。在制度中明确规定培训成本预算审批程序、审批责任人的审批权限、审批时间要求等，确保培训成本预算审批程序合理，避免出现舞弊现象。

（3）企业应建立培训成本预算执行监督制度。该制度应明确培训成本预算执行监督责任人的监督事项、职责与权限等，确保培训成本预算目标能够实现。

三、培训的外在风险及防范

培训的外在风险是指虽然培训项目完成了预定目标，但由于各种外在因素导致企业遭受各种直接或间接损失。

（一）人才流失的风险

1. 具体表现

员工经过培训后，自身的能力和素质都有所提高，从而对知识和自我实现的追求更高，进而会产生更换工作环境的需求。企业进行培训的目的是为了提升员工能力，增加人力储备，为企业创造更高的经济效益，而培训后的人员流失，必然使得本企业的这部分培训投资无法收回，造成人力物力的巨大损失。

2. 防范措施

培训虽然存在员工流失的风险，但是同时也是吸引高素质员工的一种手段。向自发要求培训的员工提供选择性的培训，可以提高企业对高素质员工的吸引力。但是，对这部分培训，企业应适当与员工共同承担费用，或者由员工承担费用，培训后根据实际工作情况可以给员工加薪、晋升作为回报，从而降低企业的培训投资风险。

(二) 培养竞争对手的风险

1. 具体表现

企业员工培训的最终目的就是为企业所用。如果人才流失，他所流向的企业大多数都是原企业的竞争对手。由于对原企业所掌握的实际情况和新知识技能的应用，对原企业来说是一种潜在的风险。

2. 防范措施

培训不是企业一方的投资，除了企业要投入资金以外，员工还需要花费时间和精力，所以员工在培训后希望能够得到部分回报。如果企业没有给予相应的回报，员工的心可能发生变化，会通过跳槽选择更好的工作环境。因此营造良好的工作环境，提供更有挑战性的工作、提高员工薪酬福利待遇，认同员工努力培训的结果，这对于留住培训员工会起到关键作用。

(三) 专业技术保密难度增大的风险

1. 具体表现

所有企业在生产经营过程中，都有自己的管理制度和专有技术。专有技术需要通过专门的人员去操作和管理才能使之转化为生产力和具体的产品。通过培训使参与这一环节的工作人员掌握专有技术，掌握的人越多保密难度越大。

2. 防范措施

企业可以把合同管理纳入培训管理当中，因为合同是企业和员工权利的法律保障，企业加强对合同的管理，一方面可以保护企业的合法权利，使企业核心技术有所保障；另一方面也保护了员工的合法权利。如果企业和员工出现纠纷时，双方都可以通过法律解决，降低损失。

本章自测题

1. 培训计划的定义是什么？
2. 制订培训计划的原则有哪些？
3. 传统培训方法有哪些？
4. 试简述培训计划的实施控制。
5. 请简述如何进行培训成本控制。
6. 培训的内在风险有哪些？如何进行防控？

第五章　培训课程开发

学习目标

➢知晓培训课程开发的定义

➢了解培训课程开发的方法

➢熟悉培训课程开发的步骤

➢了解培训资源的内容

➢掌握培训教材和资源库开发方法

➢熟知培训师选配的标准和来源

引导案例

上海 EM 公司成立于 2008 年 12 月，主营业务方向为电子信息科技，2018—2022 年期间 EM 公司的营收业绩和市场占比在行业内遥遥领先。

EM 公司总部与各分公司内部员工以“90 后”居多，各业务部门经理平均年龄 33 岁，他们多是从一线成长起来的，业务能力强，个人风格明显，但同时也普遍存在着因为年轻而在管理经验方面欠缺、管理能力不足，缺少系统化、规范化管理技能培训的问题。

Jack是EM公司的高级人力资源顾问，他需要为EM公司设计开发中层管理人员培训课程，公司要求此培训课程设计开发方案至少满足两个要求。

要求一：

(1) 全面运用培训课程设计要素，培训课程设计开发方案科学合理。

(2) 按培训课程设计开发的程序做详细的方案说明，用人力资源培训专业知识对方案进行解释。

要求二：

在培训课程设计开发方案中挑选擅长的领域，做一份课件，并录制一份试讲视频资料。

假如你是Jack，请思考你该如何完成此次培训课程设计开发工作。

第一节　培训课程开发概述

一、培训课程开发的定义与原则

培训课程在培训活动中处于核心地位，无论培训师的资格和身份如何变化，无论培训对象的年龄和范围如何，培训活动总是凭借着特定的培训内容而进行。而培训课程正是教学内容的主要承担者，它能够将培训师和培训对象连接起来，使培训活动得以发生。

（一）培训课程开发的定义

培训课程开发是一种运用系统方法分析社会、企业和人的发展需求，根据一系列的需求，对培训课程的实质性结构、课程基本要素的性质，以及这些要素的组织形式或安排的设计。在日常培训工作中，培训课程开发既包括一项制订好了的培训课程计划，也包括这项计划中具体内容的确定。

培训课程开发是企业在设计培训课程、组织授课指导方面所做的一切工作，是一个可持续发展而且可以变通的过程。培训课程开发探讨的是课程的形成、实施、评价和改变课程的方式和方法，它是确定课程、改进课程的活动和过程。

（二）培训课程开发的原则

企业要严格根据培训课程开发所界定的规格、职业、岗位职责等，科学合理地进行课程开发。其中，在培训课程开发过程中必须注意六大原则。

1. 目标导向性原则

必须以企业制定的培训目标为课程开发活动的准则与导向，以防止课程开发活动偏离企业的发展目标。

2. 公正与对话原则

由于每位员工都有平等的接受培训的权利，都有各自不同的特性、兴趣、能力和学习需求，所以企业应关注员工的不同特性和需求差异，有针对性地为其设计、开发、实施培训课程。另外，在理解的基础上进行对话是企业有效进行课程开发的内在要求，通过培训师与培训对象之间、培训师与培训师之间的有效沟通，可以使培训课程开发更有成效。此时，企业还应提供一种有效培训，反对排斥和歧视培训对象。

3. 协调性原则

课程开发，不仅会引起企业各部门某种程度的变革，还会触及企业原有的培训体系的方方面面。在课程开发中应做好以下两个方面的协调工作。

（1）课程开发必须在企业计划框架内、立足于弥补企业层面课程缺失的基础上，谋求企业层面课程和部门层面课程的协调一致。

（2）协调课程开发过程中企业高层领导、部门领导、培训师、培训对象等主体的观点，避免彼此间的冲突与抗衡，避免将培训课程变为个人本位的课程。

4. 实践性原则

企业中实现能力培训的一个重要支撑点是实践教学，因此，在设置培训课程时既要充分体现各岗位职责中所需要的实践环节和内容，又要体现交叉复合岗位的实践内容和形式，还要体现各种实践的可操作性。

5. 超前性原则

企业培养人才必须以市场为导向，这就要求课程开发者必须对国家经济发展趋势、行业发展趋势、企业发展战略、企业人员职业生涯规划等方面做出准确分析和预测，为超前开发课程提供可靠的依据。

6. 尊重成人培训对象认知规律性原则

培训课程开发要符合成人培训对象的认知规律。企业培训课程的培训对象都是成人，因此教学内容的编排、教学模式的选择、培训师的选配、教材的开发等都要以成人学习的特点为出发点，形成符合培训对象特点的合作学习方式。

二、培训课程开发的方法

培训课程开发的方法主要有 4 种，分别是 ISD 模型课程开发法、HPT 模型课程开发法、ADDIE 模型课程开发法、CBET 模型课程开发法。

（一）ISD 模型课程开发法

ISD（Instructional System Design）模型，即教学系统化设计，它是以传播理论、学习理论、教学理论为基础，运用系统理论的观点和知识，分析教学中的问题和需求，并从中找出最佳答案的一种课程开发方法。

1. ISD 模型课程开发法适用范围

ISD 模型在正规的学校教育、全民的社会教育和继续教育以及工业、农业、金融、军事、服务等各行业、各部门的职业教育和培训领域中得到了广泛的应用。在培训课程开发方面，ISD 模型主要应用于知识与技能方面的培训课程开发。

2. ISD 模型课程开发过程要素

在运用 ISD 模型课程开发方法之前，使用者应仔细观察培训对象的工作过程，然后通过对其工作过程的分析，设计出能够提高其工作技能的、综合的、有效的“药方”。ISD 模型课程开发方法的过程要素主要包括培训需求调研与分析、培训内容分析、培训对象分析以及确定培训课程目标、制定培训策略等。

（1）培训需求调研与分析

1）培训需求分析时机选择

①企业的现行培训传递效率低，培训效果较差。

②现行培训缺乏吸引力，影响培训对象的学习动机、兴趣和坚持性。

③企业培训引入新的目标。

④企业的培训对象发生变化。

2）培训需求分析方法选择。培训需求分析，主要是从培训对象现状与期望状况之间的差距中导出培训需求的过程。在运用 ISD 模型课程开发方法进行培训课程开发的过程中，培训需求分析的方法主要包括内部参照需求分析法、外部参照需求分析法和内外结合需求分析法。

①内部参照需求分析法。培训对象所在企业内部用已经确定的培训目标或工作要求，对培训对象的培训期望状况与他们的培训现状进行比较，找出两者之间存在的差距，从而确定培训需求的一种分析方法。

②外部参照需求分析法。企业根据外部社会或职业的相关要求，确定培训对象的培训期望状况，以此为标准来衡量培训对象的培训现状，找出两者之间的差距，从而确定培训需求的一种分析方法。

③内外结合需求分析法。企业根据外部社会要求调整和修改企业已有的培训目标，并以修改后的培训目标提出的培训期望与培训对象学习现状相比较，找出两者之间的差距，从而确定培训需求的一种分析方法。

（2）培训内容分析。培训内容分析是指围绕培训目标，确定培训内容的范围、知识深浅和技能复杂的程度，揭示培训内容各部分之间相互联系的过程。

一般情况下，培训内容可分为事实、概念、原理、技能和问题解决 5

类，具体内容见表 5-1。

表 5-1　　培训内容分类说明

内容分类	具体说明
事实	一些要素的名称以及可确定的事件等如姓名、时间、地点
概念	将具有同样特征的事物进行归类，用来表征这种事物的属性以及名称的名词
原理	把若干个概念组合在一起，用来陈述事物之间的因果关系和规律
技能	一系列动作的连锁化，如语言、智力、手工、机械操作和综合分析之间的连接等
问题解决	发现问题、提出假设、收集事实、做出解释论证的程序和方法

（3）培训对象分析。培训对象分析的目的是为培训课程内容的选择和组织、培训目标的确定、培训活动的安排、培训策略的采用等提供可靠的依据。培训对象分析的内容主要包括一般特征分析、学习风格分析和初始能力分析 3 个方面，具体内容见表 5-2。

表 5-2　　培训对象分析的内容

培训对象分析内容	培训对象分析内容说明
一般特征分析	一般特征分析是对培训对象的年龄、性别、心理、学习动机、性格、生活经验及社会背景等诸多方面进行了解，分析其对培训效果产生的间接影响
学习风格分析	（1）学习风格是指对培训对象感知不同的刺激，并对不同的刺激做出反应这两个方面产生影响的所有心理特征 （2）培训对象的学习风格可以从学习条件（感观、感情）、大脑功能（抽象思维、形象思维）、认知方式（场独立与场依存、沉思型与冲动型）、人格因素（控制点、焦虑水平）等方面进行分析
初始能力分析	（1）初始能力是培训对象已经具备的有关知识与技能，以及他们对这些培训内容的认识和态度 （2）初始能力分析主要包括以下 3 个方面： 1）预备技能分析：了解培训对象是否具备了接受新知识和技能所必须掌握的知识和技能 2）目标技能分析：了解培训对象是否已掌握了培训目标中要求掌握的知识和技能 3）态度分析：培训对象对所学培训内容是否存在偏爱或误解

（4）确定培训课程目标。培训课程目标是指培训对象在知识、情感和技能等方面要达到的标准。在培训课程设计中，培训课程目标具有重要的作用，培训课程目标是选择培训课程内容和实施培训课程评价的依据。

在确定培训课程目标时，课程开发人员应遵循SMART原则。

S（specific），明确性：用具体的语言清楚地说明要达到的行为标准。

M（measurable），可衡量性：课程目标最好有一些定量的评价指标，作为衡量其是否能够达到的依据。

A（achievable），可达到性：根据培训对象的素质、经历等情况，以实际工作要求为指导，设计切合实际、能够达到的目标。

R（realistic），实际性：在目前的条件下，课程目标应可行、可操作。

T（timed），时限性：培训课程目标应该是有时间限制的，因为没有时间限制的目标没有办法考核或考核结果不公正。

（5）制定培训策略。培训策略主要包括培训教学活动程序、培训方法、培训教学组织形式、培训学习内容的传递顺序和培训教学媒体5个要素，是对完成特定培训课程目标而采用的培训活动顺序、授课方法、培训组织形式和培训媒体等因素的总体考虑。

1）培训策略基本类型。培训策略的基本类型主要包括替代性培训策略、生成性培训策略和指导性培训策略。

①替代性培训策略。替代性培训策略在传统培训中比较常用，它更多地倾向于由培训师提出培训课程目标，组织、提炼培训内容，安排整个培训活动过程，指导培训对象进行学习等。替代性培训策略实施中，培训对象处于被动地位。

②生成性培训策略。生成性培训策略是指培训对象自己生成课程目标，并让他们自己组织培训课程内容、安排培训顺序等，这种策略鼓励培训对象按照个人特有风格开展学习。也就是说，培训对象自己安排和控制培训过程，在生成性培训策略实施过程中处于主动地位。

③指导性培训策略。指导性培训策略是指培训对象在培训师的指导

下，通过学习培训教材，借助相关资料及培训实践，运用思考、分析、探究及归纳等方法获取知识、掌握基本技能的一种培训模式，它是生成性培训策略和替代性培训策略的一种优化组合。

2）制定培训策略注意事项。为了保证培训策略的有效性，企业在制定培训策略时要注意3个方面的事项。

①指向性。培训策略是为培训课程服务的，是为达到一定的培训课程目标和培训效果而制定。培训策略不能主观随意地制定，而要指向具体的培训课程目标。

②机构功能整合性。培训各个过程之间相互联系、相互作用，其中任何一个子过程发生变化都会牵涉到其他过程。在制定培训策略时，必须着眼于培训的全过程，考虑其中各个要素，在此基础上对培训进程进行全面安排，并在实施中对培训策略进行反馈和调整。

③可操作性。任何培训策略都应是针对培训课程目标的具体要求形成的，并具备相应的方法和技巧。培训策略应是达到培训课程目标的具体实施计划和方案，并可转化为培训师外部动作，最终实现培训课程目标。

（二）HPT模型课程开发法

HPT（Human Performance Technology），即绩效技术模型，它通过确定绩效差距，采取有效益和效率的干预措施，获得所希望的人员绩效。该模型强调对低成本、高效益和高效率解决问题的方法选择。

1. HPT模型课程开发法适用范围

在企业培训课程开发方面，HPT模型的应用范围要广一些，它可以应用于未达到个人绩效期望或组织期望的任何情形，即知识类、技能类和态度类的培训课程开发。

2. HPT模型课程开发法运用须知

（1）HPT课程开发流程注意事项

1）明确绩效分析阶段主要任务。HPT课程开发的首要步骤是进行绩效分析。在进行绩效分析时，课程开发人员应当明确绩效分析阶段的主要任务。

①通过组织分析明确组织前进方向，即期望达到的绩效。

②通过环境分析明确组织的实际绩效水平，即组织的实际绩效。

③确定期望的绩效状态与目前所实现的绩效状态之间的差距。

2）绩效问题原因分析。产生绩效差距的原因可以分为内部原因和外部原因，其内部原因涉及工作人员的知识、技能或工作动机等方面，外部原因涉及组织系统、激励措施、工作工具、物力环境等方面。

课程开发人员应注重对产生绩效差距的原因进行有效分析，明确其是因缺少环境支持所致，还是因缺少行为支持所致。

3）干预选择与设计。干预的选择与设计是绩效改进最重要的一个环节，它是基于绩效分析和原因分析而进行设计和开发的方法，用于减少或消除员工实际绩效与期望绩效之间的差距，其主要目的也是为了改进绩效。

按照不同的分类方式或标准，干预可分为两类，即教学（培训）干预和非教学（培训）干预。有时绩效问题的干预措施可能有很多种，这就要求培训课程开发人员在制定与选择干预措施或方法时要注重结果导向，讲求成本—效益原则，能够整体性地解决问题。

4）干预实施与变革。为了顺利实施干预措施，企业相关人员必须了解变革管理的推动技巧，并在干预过程中提供相关的咨询服务，建立沟通渠道、网络关系及合作机制等，以使员工能够明确了解这些干预措施的目的和影响，并能由企业取得有关资信和协助。

5）HPT 课程设计评价。HPT 课程设计评价贯穿于绩效改进的全过程，其最终目的在于指导和影响决策。国际绩效改进协会（ISPI）提出的 HPT 模型将评价分为 4 种类型，即形成性评价、总结性评价、确证性评价和元评价，其具体内容见表 5-3。

表 5-3　HPT 课程设计评价类型

评价类型	具体说明
形成性评价	形成性评价是诊断性、过程性的评价，其主要应用在绩效分析、原因分析、问题解决方案的选择和设计等环节

续表

评价类型	具体说明
总结性评价	总结性评价关注于执行改善方案的即时效果，主要对员工的即时反应和即时能力进行评价
确证性评价	确证性评价是建立在形成性评价和总结性评价基础之上，用以解释和识别长期、持续的效果，用于对持续工作能力（工作转换）、持续效力（组织冲突）、投资回报率等进行评价
元评价	元评价是对形成性评价、总结性评价和确证性评价过程和结果的评价与反思，并对其中的经验和教训进行总结

（2）HPT 课程开发方法应用注意事项。企业在应用 HPT 模型开发培训课程时，课程开发人员需要注意以下事项。

1）明确绩效问题。企业运用 HPT 模型进行培训课程开发，要弄清楚绩效问题，即要弄清实际绩效与期望绩效之间的差距。

2）干预选择或设计时要综合考虑。企业在进行干预选择或设计时，应进行全面综合考虑。当发现员工技能或知识不足时，培训是首选的干预方式，但如果将激励（对注重技能或知识提高的员工进行奖励）与培训结合起来，培训的效果就会更好一些，因为自觉主动学习与被动学习相比而言，主动学习更有助于知识的记忆和掌握。

（三）ADDIE 模型课程开发法

ADDIE 是 Analysis（分析）、Design（设计）、Development（开发）、Implementation（实施）、Evaluation（评估）5 个英文单词的首字母组合。该模型是一种交互式的课程设计程序，任何一处的形成性评估都将引起课程开发者返回前面的阶段，每一阶段形成的结果都是另一个阶段开始新内容的条件。

1. ADDIE 模型课程开发法适用范围

作为一种“通用教学设计模型”（Genetic Instruction Design Model），ADDIE 模型代表教学设计过程的一系列核心步骤，它以培训教学目标为首位，体现出培训教学活动的过程：分析考察培训的需求、设计学习或培训策略、开发编写培训材料、实施培训活动、进行总结性评估和形成性评估。

ADDIE 模型是从 ISD 模型中衍生出来的，因此，在培训课程开发方面，ADDIE 模型的应用范围与 ISD 模型的应用范围基本一致，主要应用于知识与技能方面的培训课程开发。

2. ADDIE 模型课程开发法运用须知

（1）ADDIE 课程开发流程注意事项

1）分析阶段。分析阶段是整个培训过程的首要环节，是确定培训目标、设计培训计划的前提，也是开展培训评估的基础。

课程开发人员在分析阶段需要进行培训需求分析、培训对象分析、现有培训资源分析、培训内容分析、培训环境分析等。同时，培训课程开发人员可以通过问卷、座谈、电话访谈等方式对培训需求进行分析。

2）设计阶段。设计阶段以前期分析阶段的分析结果为基础，主要内容包括确定培训课程体系与培训实施策略、选择具体的媒体形式等。对于培训课程的设计，培训课程开发人员应考虑 7 大因素，具体内容如图 5-1 所示。

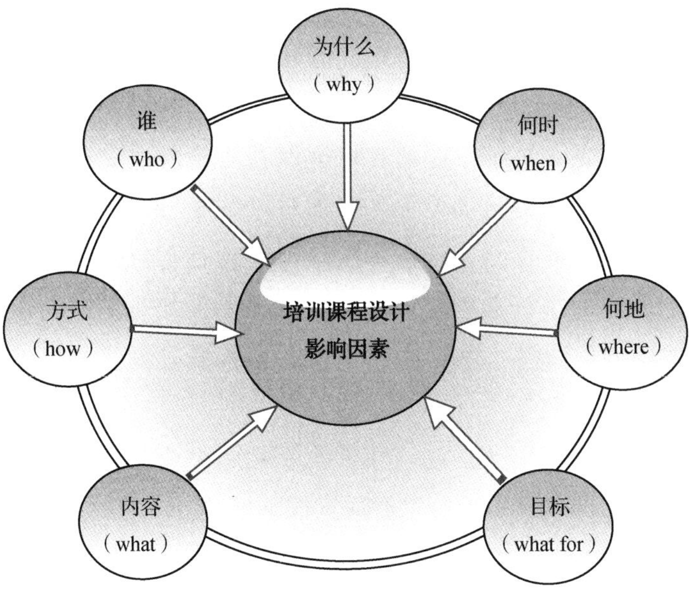

图 5-1　培训课程设计影响因素

3）发展阶段。ADDIE 培训课程开发方法的发展阶段，需要在分析设计的基础上，根据培训对象特点和培训内容的要求选择培训师，开发、编写培训资料，选择培训教学媒体。

培训师可以根据需要随时与培训对象进行沟通交流，以保证培训内容的有效性和针对性。此外，课程开发人员还应编制培训评估问卷与座谈提纲，在培训结束后对培训对象进行总结性评估，对培训的效果、存在的问题以及培训对象的建议进行调查。

4）执行阶段。执行阶段主要是通过各种不同的培训策略和形式向培训对象传递培训课程的内容。

实施培训课程时，要确保培训内容符合分析阶段分析出的培训对象的培训需求，特别注重对培训对象进行方法论的指导以及采取多样化的培训形式，从而实现培训教学活动从培训课堂到实际工作的延伸。

5）评估阶段。评估阶段贯穿于培训教学设计过程的始终，并非完全独立于其他阶段。评估可以分为过程性评估和总结性评估两种。

①过程性评估。过程性评估在 ADDIE 模型中的其他各个阶段内以及各阶段之间进行，培训课程开发人员通过调查问卷、面谈或访谈等形式收集数据，在后期环节中不断修正完善培训教学设计方案，凸显 ADDIE 模型的内省循环特征。

②总结性评估。总结性评估在培训课程实施阶段完成后进行，课程开发人员就知识传递、培训效果、培训对象态度与行为改变等方面进行考察和跟踪，依据调查结果确定本次培训活动是否有效、培训目标能否实现、是否修正并继续沿用培训过程中所采用的培训策略，以强化 ADDIE 模型的序列化调整，并凸显出 ADDIE 课程开发方法的程序化和操作性。

（2）ADDIE 课程开发方法应用注意事项。企业在应用 IDDIE 模型开发培训课程时，课程开发人员需要注意以下事项。

1）把握教学设计理论、教学设计模型（ISD 模型）与 ADDIE 模型三者间的关系。从 20 世纪 70 年代开始，教学设计领域采用系统方法构建教学设计模型，如 Kemp 模型、Dick-Carey 模型、Smith-Ragan 模型等。

教学设计模型基于教学设计理论，是教学设计理论的精简形式，同时它为培训教学活动过程提供了可视化的途径，具有可操作性强的特点。

虽然以上各种教学设计模型的要素排序和侧重点不尽相同，但它们体现出共同的教学设计特征，即都有分析、设计、开发、实施、评价 5 个阶段。教学设计理论、教学设计模型和 ADDIE 模型三者之间的关系如图 5-2 所示。

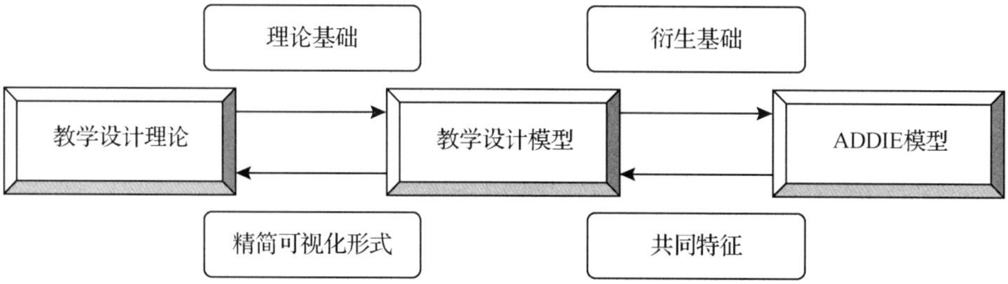

图 5-2 教学设计理论、教学设计模型与 ADDIE 三者之间的关系

2）正确理解 ADDIE 模型中的“评估”。ADDIE 模型中的评估其实是贯穿于整个培训过程的，评估包括形成性评估和总结性评估。

①形成性评估是在分析、设计、开发、实施阶段内及各阶段之间进行的。

②总结性评估是在培训实施阶段完成后进行的，可以通过问卷调查、座谈、培训对象的培训练习题目完成情况等确定本次培训活动是否有效及培训目标的实现程度，并据此调整培训方案。

（四）CBET 模型课程开发法

CBET 模型（Competency Based Education and Training Model），即能力本位教育培训模型，它是以某一个工作岗位所需的能力作为开发课程的标准，并以使培训对象获得这种能力作为培训的宗旨来实施培训的一种培训课程开发模型。

1. CBET 模型课程开发法适用范围

能力可以是动机、特性、技能、人的自我形象、社会角色的一个方面或所使用的知识整体。所以，能力是履行职务所需的素质准备。通过培训，可以使人的潜能转化为能力。

能力本位，是指从事某项工作所必须具备的各种能力系统，一般由7~12项综合能力构成，而每一项综合能力又可分为若干专项能力，每个专项能力又由知识、态度、经验和反馈构成。

CBET模型是在20世纪70年代美国休斯敦大学著名的教育心理学家布鲁姆（Benjamin Bloom）提出的掌握性学习模式和反馈教学原则的基础上开发出的一种新型突出能力培养的模型。CBET模型主要应用于企业技能类培训课程的开发。

2. CBET模型课程开发法运用须知

（1）CBET课程开发流程注意事项

1）成立培训课程开发小组。在应用CBET课程开发方法之前，企业相关人员要根据开发课程的类型，召集一些在企业中长期从事某岗位工作、具有丰富实践经验的人员和相关专家组成培训课程开发小组。

2）培训课程调研与分析。培训课程开发小组进行某岗位培训课程开发调研，调研的对象就是任职于该岗位的工作人员，调研的目的是了解该岗位需要具备哪些能力。

3）确定综合能力。培训课程开发小组依据调研讨论情况和某项职业能力的国家标准，确定培训课程的综合能力，一般某岗位的综合能力可分为7~12项。

例如，可将财务会计岗位的综合能力分为出纳岗位能力、材料核算员岗位能力、固定资产核算员岗位能力、工资核算员岗位能力、税金核算员岗位能力、收入费用利润核算员岗位能力以及报表编制员岗位能力7项能力。

在确定综合能力的过程中将会用到DACUM分析法（Developing A Curriculum），它是通过职业分析（任务分析）确定某岗位所需要的各种综合能力及相应的专项技能的系统方法。

4）分解综合能力。确定综合能力后，培训课程开发小组成员通过深入分析将每项综合能力分解为多项专项能力，通常一项综合能力包含6~30个专项能力，且在DACUM分析表中以从简到繁、从易到难的顺序横向排列。

例如，出纳岗位能力可以分为填制各种结算单据、办理款项结算、填制会计凭证、登记日记账、核对银行账单、编制银行存款余额调节表6项专项能力。以下是财务会计培训课程的DACUM分析表，具体内容见表5-4。

表5-4 财务会计培训课程DACUM分析表（示例）

综合能力	专项能力1	专项能力2	专项能力3	……
出纳岗位能力	填制各种结算单据	办理款项结算	填制会计凭证	……
材料核算员岗位能力	填写材料验收单、领料单	登记材料培训明细账	材料盘点	……
固定资产核算员岗位能力	建立固定资产卡片账	计提折旧	登记固定资产卡片账	……
……	……	……	……	……
G	G1	G2	G3	Gn

5）分析专项能力。培训课程开发小组做出DACUM分析表之后，应将每一个专项能力分解为学习步骤、必备知识、所需材料、特殊技巧、工作态度、注意事项等。例如，对出纳岗位能力的专项能力“填制各种结算单据”进行分析，其具体内容见表5-5。

表5-5 填制各种结算单据专项能力分析（示例）

项目	内容说明
学习步骤	（1）熟悉各种结算方式的原始凭证 （2）识别各种结算单据 （3）明确填写要求 （4）掌握填写方法
必备知识	大写数字的正确书写，行书或楷书的正确使用，各种印鉴的使用
所需材料	借款单、现金收款收据、现金交款单、销售发票、现金盘点报告表、差旅费报销单、进账单、增值税专用发票、现金支票、转账支票、汇兑、委托收款、托收承付、商业汇票、银行汇票委托书、银行本票委托书等结算单据
特殊技巧	（1）先收款再开发票，以免漏收，并及时加盖现金收讫印鉴 （2）骑缝章要加盖在正联与存根联中间
工作态度	认真、细心、不存侥幸心理
注意事项	不得擦、刮、挖、补、撕填错的财务单据

6）开发培训课程。依据 DACUM 分析表的分析结果，设计和开发培训课程内容，编制培训课程标准。其主要内容有如下 6 个方面。

①培训课程内容的选择应突破内容理论化的局限，围绕工作任务，以技术实践知识为主的选择标准进行选择。

②课程内容顺序的安排应突破知识系统化的逻辑限制，以任务的难易程度进行排序。

③课程目标从“掌握……知识，具备……能力”的模糊表述转向“能用……知识做……事项”的具体要求。

④培训方法方面以项目技能培训方法为主。

⑤培训评价方面以培训对象对所学知识技术的实际应用即技能为依据。

⑥进行能力本位评估。当培训对象学习完某项培训课程或具备了某项专项能力之后，企业人力资源部可以对培训对象进行考核评估，具体的考核方法应根据培训课程的特征和培训对象的特征进行选择。

（2）CBET 课程开发方法应用注意事项。CBET 模型主要是围绕从事岗位工作所要求的知识、技能、能力来组织培训课程的。企业在应用 CBET 模型开发培训课程时，课程开发人员需要注意以下事项：

1）正确理解职业能力。CBET 模型中的职业能力不再被简单地理解为操作技能或动手能力，而是包括知识、技能、经验和态度等胜任职务所需的全部内容的综合能力。

2）确定与职业有关的各项能力。在培训课程开发之前，要确定与职业相关的各项能力，主要包括相关知识、技能和工作态度等。

3）将能力标准完全转化为课程目标。因课程开发人员的认识不足，导致其设计的培训课程内容与能力标准联系不大，即能力标准不能完全转化为培训课程目标。因此，在开发某职业培训课程前，课程开发人员必须全面认识该职业所要求的能力标准。

4）培训之前向培训对象说明应掌握的能力及考核标准。一定要使培训对象在培训开始之前就能够清楚地知道他应该掌握的能力及考核标准。

三、课程开发的注意事项

在开发培训课程时，课程开发人员应明确培训的目的，并确定培训课程的目标、范围、对象和内容等。

培训课程开发的具体注意事项一般有以下 5 项。

（1）课程开发人员应对企业的独特文化、组织结构、企业在行业内的竞争状况、培训背景等有一定的了解。

（2）课程目标应与企业的战略目标、部门的发展方向等相一致。

（3）课程内容应有核心的理论框架，它与培训活动的编排应切实保证课程的相关性、有效性。

（4）根据主客观条件的变化，听取领导、专家、培训对象的意见，对课程进行修改、完善。

（5）培训课程开发应将切实满足企业内部员工职业发展的需求作为目标之一。

第二节 培训课程开发的步骤

培训课程开发的步骤包括培训项目计划、培训课程分析、信息和资料的收集、课程模块的设计、课程内容的确定、课程演练与试验、信息反馈与课程修订 7 个程序。

一、培训项目计划

培训项目计划是实施培训课程的基础，它主要包括企业培训计划、课程系列计划、培训课程计划 3 个层次。

（1）企业培训计划，是指根据企业培训需求分析结果，对培训项目的目标、对象、内容、期限、注意事项、实施方法等主要工作事项所进行的统一安排。

（2）课程系列计划，是指按照一定顺序组合起来的、目标一致的课程组合。如某企业为了提升整体经济效益，根据管理职能的不同，设置了许多相关联的、不同系列的面授课程，如生产管理课程系列、财务管理课程系列等。

（3）培训课程计划，是课程系列计划的一部分，是指对某一课程的详细描述。它主要包括培训范围的确定、培训师的确定、培训对象的确定、培训课题的界定、课程开发费用的预算等。

二、培训课程分析

培训课程分析是培训项目的调查和研究阶段，目的是确定培训对象必须掌握的一些知识和技能。培训课程分析主要包括课程目标分析和培训环境分析。

（一）课程目标分析

课程目标主要为受训者提供学习的方向和学习过程中各阶段应达到的标准，由于培训的需求是不断变化的，课程目标在企业发展的不同阶段、同一企业的不同部门中也有所不同。课程目标常常是联系课程内容，以特定的行为术语进行表述的，属于认知范围。如在一些教学大纲中，往往会标记“了解”“熟悉”“掌握”“重点记忆”等认知指标。

1. 培训对象分析

培训对象分析是指通过问卷调查法、现场观察法、访谈法等了解培训前培训对象的知识、技能和能力水平的过程，分析结果可以汇总成一个培训对象分析报告表，见表5-6。

表5-6　　培训对象分析报告表

姓名：	所在部门：	所在岗位：	日期：
分析总结			
1	知识与技能	主要介绍培训对象目前掌握的知识和技能，内容应详尽到每项工作和任务的名称，工作中所需工具、器材等设备的名称也应列明	
2	心理品质与能力素质	主要介绍培训对象目前的人格、态度、一般能力和特殊能力等	
3	特殊因素	主要介绍可能影响培训内容的文化因素、环境因素、语言因素等	

2. 任务分析

任务分析是指分析培训对象所在岗位或目标岗位对就职人员的知识、技能和能力水平的要求的过程，分析结果可以汇总成一个任务分析报告表。

3. 课程目标分析

课程目标是指培训对象在学习培训课程后，所能达到的知识、技能和能力水平。

（二）培训环境分析

培训的实施环境会影响到课程内容的设计和教学方法的选择。培训课程实施的环境分析是指对开展培训的环境与条件进行的分析，主要包括以下 8 项内容。

（1）实际环境分析，包括对培训地点和培训设施的分析，如针对培训项目，对培训中所需要的教室、休息室、空调、网络设施、餐饮设施等方面的分析。

（2）限制条件分析，主要分析培训课程进度安排、教学设施、培训成本、培训师等课程要素的局限性，以使培训过程中所必需的资源可以及时到位、使用。

（3）引进与整合，主要是对将课程引进并整合到现有培训课程体系中的步骤、策略等进行说明。

（4）器材与媒体可用性，主要是对课程开发、交付中所需的器材和媒体进行说明。

（5）先决条件，主要是对培训对象在参与培训前所必备的许可证、资格证书、工作经验等进行说明。

（6）报名条件，一是要明确鼓励培训对象报名的要求，如带薪脱产培训、培训纳入绩效考核等；二是明确阻碍培训对象报名的要求，如周六培训、在按时完成现有工作的同时接受培训等。

（7）课程报名与结业程序，主要说明报名必须遵循的程序、规范和培训对象完成培训课程的记录等。

（8）评估与证明，评估主要是指评估学习方式，如测试、评分、评估报告等；证明主要是指证明培训绩效的方式，如颁发荣誉证书、发给个人佩戴的特殊卡片等。

三、信息和资料的收集

培训课程目标确定后，需要开始收集与课程内容相关的信息和资料，一般可以通过以下途径进行收集。

（1）咨询培训对象、客户和相关专家的意见。可以通过采访或答疑等方式向可能的培训对象、客户、相关专家进行咨询，这不仅可以收集到很多有价值的意见或建议，还能够激发他们对培训的兴趣，使其更积极地参与到培训中来，这有利于培训目标的实现。

（2）企业现有资料利用。培训课程设计人员要对企业内部现有的与课程开发相关的所有资料进行分析，包括学习资料、视听资料等。

（3）借鉴其他培训课程。在开发培训课程之前，可以先了解一下企业内外部是否已有开发出的相关或类似课程可以借鉴使用，如通过网络检索、查看培训出版物或杂志等方式来了解。

（4）专业的外部培训机构资料。当培训课程的难度较大或者专业壁垒较高时，企业人力资源部门和相关业务部门无法提供培训课程的资料，培训负责人员应对市场进行调查，寻找专业的外部培训机构，购买或定制符合企业培训课程要求的资料和信息文本。

四、课程模块的设计

由于培训课程涉及很多方面，因此可以将其划分为不同的模块来分别设计。具体的课程模块设计包括课程目标模块设计、课程内容模块设计、课程导入模块设计、课程评价模块设计等。

（一）课程目标模块设计

课程目标是指培训对象在知识、情感和技能等方面要达到的标准。在课程设计中，课程目标模块具有重要的作用，因为它是选择课程内容和实施课程评价的依据。

1. 课程目标模块的构成

课程目标一般由 3 类目标组成，即认知目标、情感目标和技能目标。每个目标又可分为若干层次。

（1）认知目标。认知目标是指培训对象对知识基本概念理解能力所要达到的水平，又可分为 6 个层次，见表 5–7。

表 5–7　认知目标层次

层次	层次含义说明
记忆	主要指记忆知识，对学过的知识和有关信息能够识别和再现
理解	能掌握所学的知识，抓住事物的实质，并能够用自己的语言解释信息
应用	培训对象将所学知识应用到新的情境中
分析	将所学的知识分解，找出组成的要素，并分析其相互关系
综合	与分析相反，将知识各个组成要素进行重新组合，形成一个新的整体
评价	根据一定标准对事物进行价值判断，如判断一个市场调研报告的真实性

（2）情感目标。情感目标主要是指培训对象在思想、观念以及信念上应达到的水平，又可分为 4 个层次，见表 5–8。

表 5–8　情感目标层次

层次	层次含义说明
接受	培训对象愿意注意特殊的现象或刺激，如参加课程活动、班级活动等
反应	培训对象不仅注意到了某种现象，而且主动参与，做出反应，如完成培训师布置的练习、任务，参加小组讨论等
领悟	培训对象将特殊的对象、现象或行为与一定的价值标准相联系，如在讨论问题时，提出自己的观点。培训对象通过价值评价，逐渐形成个人稳定的价值观念

（3）技能目标。技能目标是指培训对象通过培训后，其对所学知识和技能的操作应用水平，可分为 3 个层次，见表 5–9。

表 5-9　　技能目标层次

层次	层次含义说明
模仿	培训对象按照指示或在培训师的指导下，完成某项技能的应用或完成某项具体操作
操作	培训对象在没有人指导的情况下，独立完成某项技能的应用或完成某项具体操作
创造	培训对象将所学技能运用到新的领域中，或是培训对象对技能本身进行改进以使其更好地被应用

2. 课程目标的制定原则

在制定课程目标时，课程开发人员应遵循 SMART 原则，其主要内容见表 5-10。

表 5-10　　制定课程目标的 SMART 原则

原则	原则说明
S（specific）	明确性：用具体的语言清楚地说明要达到的行为标准
M（measurable）	可衡量性：课程目标最好应有一些定量的评价指标，作为衡量其是否达到的依据
A（achievable）	可达到性：根据培训对象的素质、经历等情况，以实际工作要求为指导，设计切合实际、可达到的目标
R（realistic）	实际性：在目前的条件下，课程目标是否可行、可操作
T（timed）	时限性：目标是有时间限制的，因为没有时间限制的目标没有办法考核，或考核的结果不公正

3. 课程目标描述

在培训课程设计中，课程目标描述是较为重要的一步。下面给出了描述课程目标的常用动词和课程目标描述应用举例。

（1）描述课程目标常用动词。课程开发人员在进行课程目标描述时，要做到描述准确、清晰和通俗易懂。表 5-11 给出了描述认知目标、情感目标和技能目标的一些常用动词。

表 5-11　　描述课程目标的常用动词

课程目标名称	层次	常用描述动词
认知目标	记忆	确认、定义、分类、配对、列举、陈述、说明、复述等
	理解	解释、说明、阐明、分类、归纳、概述、判断、区别、提供、估计、推断等
	应用	使用、解决、计划、撰写、总结、推广、证明、评价等
	分析	运用、叙述、举例、区别、认出、判断等
	综合	联合、组成、创造、计划、归纳、重建、总结等
	评价	比较、分辨、指出等
情感目标	接受	经历、感受、参与、尝试、寻找、讨论、交流、合作、分享、参观、访问、考察、接触、体验等
	反应	遵守、拒绝、认可、认同、承认、接受、同意、反对、愿意、欣赏、称赞、重视、采用、采纳、支持、尊重、爱护、珍惜、蔑视、怀疑、抵制、克服、拥护、帮助等
	领悟	形成、养成、具有、热爱、树立、建立、坚持、保持、确立、追求等
技能目标	模仿	模拟、重复、再现、例证、临摹、扩展、缩写等
	操作	完成、表现、制定、解决、拟定、安装、绘制、测量、尝试、试验等
	创造	联系、转换、运用、改进等

（2）课程目标描述实例。某企业设计了一门课时为 16 小时的“如何制定战略”培训课程，其培训对象为企业的部门经理。该课程的目标描述主要有如下 3 点。

1）复述制定清晰、合理战略所需的思考/行为风格的概念。

2）运用制定战略所需要的工具、技巧和步骤。

3）根据提供的资料，可以制定有效的战略并撰写报告书。

（二）课程内容模块设计

课程内容是培训课程的核心要素，所以，课程开发人员在设计课程内容模块时，要以课程目标为依据。

1. 课程内容选择标准

培训课程内容选择标准主要有如下 4 个方面。

（1）充分体现提高培训对象整体综合素质的目的。

（2）充分体现课程目标的要求。

（3）真正适应培训对象的发展。

（4）充分反映最新的理论成果。

2. 课程内容选择步骤

在选择课程内容时，主要有如下三大步骤。

（1）步骤 1：根据课程目标要求，把培训对象需要学的全部知识、技能等内容列出来。

（2）步骤 2：确定培训课程中不可缺少的部分，即培训对象必须了解的内容。

（3）步骤 3：选择一些可以扩充培训对象知识面的内容。

3. 课程内容单元划分

为了便于培训对象能够在较短的时间内掌握培训课程内容，把全部课程内容单元化是至关重要的。在将培训课程内容单元化的过程中，课程开发人员要注意如下两个方面问题。

（1）划分的课程单元排列要遵循课程内容逐步展开的逻辑顺序。

（2）课程单元要相对独立，以便于更改。

4. 课程内容单元编排顺序

课程开发人员将课程内容划分单元后，要安排这些课程内容单元的先后顺序。在安排课程内容单元顺序时，可参照如下 3 条原则。

（1）从简单到复杂。从容易理解的现象或事物入手，引导培训对象逐渐理解复杂的现象或事物。

（2）按照客观事物发展顺序。编排课程单元内容时，需要按照事物本身发展的顺序进行。

（3）从已知到未知。让培训对象先接触熟悉的话题，当他们的理解能力达到一定水平之后，再学习较为陌生的内容。

（三）课程导入模块设计

课程导入是影响培训课程质量的重要因素，恰当的课程导入能激活培训对象的思维，调动其学习的热情。

1. 课程导入模块设计方法

课程导入模块设计需要根据不同的培训课程特点选择合适的导入方法。一般常用的课程导入模块设计方法有 7 种，见表 5-12。

表 5-12　　课程导入模块设计方法

课程导入模块设计方法名称	课程导入模块设计方法说明
忆旧引新导入	该方法是以培训对象已有知识为基础，引导他们温故而知新，通过提问、练习等，提出新旧知识的联系点，然后从旧知识自然过渡到新知识
设疑导入	该方法是根据课程要讲授的内容，向培训对象提出有关的问题，以激发他们的求知欲
开门见山导入	该方法是在培训开始时，培训师先列举出课程要达到的课程目标和要求，以求得培训对象的配合与支持
讨论导入	该方法是在培训课程一开始，培训师就组织培训对象对课程所涉及的重要问题进行讨论，这种方法可以启发培训对象的思维，集中他们的注意力
游戏导入	该方法是在培训课程一开始，培训师先组织培训对象做游戏，然后再导入对新知识的学习，这种方法可以激发培训对象参与培训课程的热情
案例导入	该方法是在培训课程一开始，培训师通过引用一个现实案例导入所要培训的课程内容，这种方法可以增加培训对象的学习兴趣
影片或录像导入	该方法是在培训课程一开始，培训师让培训对象观看某一影片或录像，从而导入所要培训的课程内容，这种方法能够集中培训对象的注意力

2. 课程导入模块设计要求

课程导入模块设计方法多种多样，但不管采用什么方法导入，其关键是要根据培训对象的心理特点以及课程特点，营造最佳的课堂氛围和环境，最终激发培训对象内在的学习激情，充分发挥他们的主观能动性，促进培训对象自主学习的目的。

（1）课程导入要服务于课程目标。课程导入一定要根据既定的课程目标进行设计，它必须服务于课程目标，以便于课程目标的实现。

（2）课程导入要服从于课程内容。课程导入应是课程内容的必要知识准备和补充，或是课程内容的重要组成部分，或是有利于教学内容的学习与理解内容。因此，课程导入要服从于课程内容。

（3）课程导入必须符合培训对象的实际。培训对象是培训活动的主体，课程内容的好坏要通过培训对象的学习来体现。因而课程导入设计要从培训对象的实际出发，既要考虑他们的知识能力水平，又要考虑其学习特点。

（4）课程导入要考虑课程类别的需要。不同类型的培训课程，其导入方法有所不同，课程开发人员在选择课程导入方法时，要考虑课程的类别。

（5）课程导入要简洁多样。课程导入内容设计要简洁，课程导入时间一般控制在3~5分钟，若导入时间过长会导致“喧宾夺主”的现象发生。

（四）课程评价模块设计

课程评价是在课程实施完毕后，对课程全过程进行总结性的检验和判断。课程评价的重点在于确定培训课程是否达到了预期的培训效果，以及培训对象对课程的满意程度。

1. 课程评价模式

课程评价模式主要是根据培训的目的和要求，运用一定的评价指标和评价方法对课程实施全过程或课程实施的某个阶段进行的评价。常用的课程评价模式主要有以下 4 种。

（1）目标评价模式。20 世纪 30 年代，泰勒（Tyler）提出了目标评价模式。他认为课程评价就是对课程在何种程度上实现了课程目标的评价，其课程评价有如下七大主要步骤。

1）确定目标。对课程需求进行分析，确定课程目标，并对课程目标是否符合培训对象的需求进行分析。

2）目标分类。对课程目标进行分类，通常情况下，课程目标可分为认知目标、情感目标和技能目标三大类。

3）界定目标。界定目标，即用具体的动词描述课程目标。在描述课程目标时，要具体，不能抽象模糊。

4）确定评价情境。所谓情境，就是为了实施课程，需要配置相关的培训资源，如培训课程所需要的授课工具、场所等。

5）选择评价方法。评价方法主要有调查问卷法、测试法、观察法等。

6）收集培训对象的资料。通过上述评价方法，收集培训对象表现的资料，并进行汇总。

7）确定目标的实现程度。将培训对象的表现与课程目标要求进行比较，以确定培训课程目标的实现情况。

（2）差距评价模式。20 世纪 60 年代，普罗佛斯（Provus）提出了差距评价模式。该模式主要体现在“差距”上，即比较设计的课程目标与实际达到的课程目标二者之间的差距，并以此作为改进课程的依据。差距评价模式主要包括以下 5 个阶段。

1）设计阶段。制定课程的一系列目标或标准，主要包括课程计划目标，实现这些课程计划目标所需的人力、物力，培训师和培训对象为达到目标所从事的活动。

2）配置阶段。为了实施培训课程，必须要求有相应的资源配置和前提条件，包括授课工具、培训对象的能力、培训师的资格等。

3）过程阶段。检查课程计划实施过程中的各种因素与预定的计划标准的差距，了解培训活动是否产生了预期的结果。

4）成果阶段。评价课程的最终结果是否与预期目标存在差距，找出形成差距的原因。

5）成本—效益阶段。通过比较分析，说明课程花费与收益是否相称，通过适当调整课程，以消除差距。

（3）柯氏四级评价模式。柯氏四级评价模式是企业在实践中应用最广的一种评价模式，它是将培训课程评价分成四个级别，分别为反应评价、学习评价、行为评价和结果评价。

这四级评价之间不是一种并列的关系，而是层层递进的关系，当从一个级别进入另一个级别时，评价的程序和内容都会变得复杂一些。在实施评价的过程中，实施人员不能凭借自己的理解，想当然地随意跨越或省略某个级别。这四级之间的关系如图 5-3 所示。

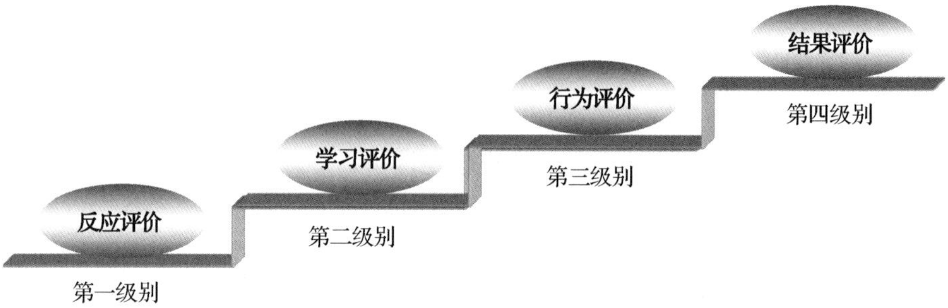

图 5-3　柯氏四级评价模式示意图

柯氏四级评价模式四个级别的内容见表 5-13。

（4）CIPP 课程评价模式。CIPP（Context-Input-Process-Product）课程评价模式，可译为“背景—输入—过程—成果”模式，该模式是由美国的斯塔弗尔比姆（Daniel Stufflebeam）在 20 世纪 60 年代提出的。CIPP 课程评价模式强调评价在各个阶段的使用，目的就是及时发现问题并进行改善。

21 世纪初，斯塔弗尔比姆对 CIPP 课程评价模式进行了完善，将成果评价具体分解为影响（impact）、成效（effectiveness）、可持续性（sustainability）和可应用性（transportability），如图 5-4 所示。

CIPP 课程评价模式各个阶段的具体说明见表 5-14。

在 CIPP 评价模式各个阶段中，评价实施人员需要进行的活动见表 5-15。

2. 课程评价要素

课程评价要素主要有 9 方面，见表 5-16。

表 5-13　　柯氏四级评价模式比较

评价级别	名称	评价内容	实施方法	优势	劣势	改进策略
第一级别	反应评价（培训对象的反应）	主要是对培训课程内容、培训师、授课方法、授课材料、授课工具、设施、场地等的评价	调查问卷法、小组座谈法、四分法（极好、好、一般、差）、五分法（极好、很好、好、一般、差）	操作性强，是最基本、最普遍的评价方法	可能会出现以偏概全、主观性强、不够理智的现象	强调评价的目的，要求培训对象配合；将课程评价与培训师评价分开；结合使用调查问卷、面谈、座谈等方法；培训对象进行自我评价
第二级别	学习评价（学习的效果）	培训对象掌握了多少知识和技能，例如培训对象吸收或者记住了多少课程内容	在反应评价基础上，要求运用所学的知识解答试题，进行现场操作。对于专业性岗位课程，要求培训对象提出改善方案并执行	对培训对象有压力，能使他们更认真地学习；对培训师有压力，能使他们更负责、更精心地准备培训课程	压力大，可能导致课程学习报名不太踊跃；评价前需要让培训对象知道测试的规则	针对不同的培训课程采用不同的评价方法
第三级别	行为评价（培训对象行为的改变）	培训后的跟进过程。培训对象培训后工作行为和在职表现的变化	主管、同事、下属、客户通过观察进行评价，培训对象自我评价。这些评价需要借助调查问卷和评价表实现	可以直接反映培训效果；能够让高层领导看到培训的效果，进而支持培训工作	耗费时间和精力；调查问卷设计较难；需要占用相关人员较多的时间，不容易得到配合；培训对象行为易受其他因素的影响	选择适合进行行为评价的培训课程；选择合适的评价时间；充分利用专业培训师和咨询企业的力量
第四级别	结果评价（培训产生的效果）	培训课程是否对企业的经营结果产生了直接的影响，如操作技能培训所带来的次品率的下降	通过一些指标进行衡量，如事故率、次品率、生产率、员工流动率以及客户投诉率	详细的、令人信服的调查数据，能够打消高层领导对培训的疑虑，从而把有限的培训资源投入到最能为企业创造经济效益的课程上来	需要时间，在短期内很难得出结果；对这个级别的评价，缺乏必要的技术和经验；简单的数字对比意义不大	必须取得企业管理人员的支持，得到培训的相关数据；分辨哪些结果与要评价的课程有关系，并分析在多大程度上有关系

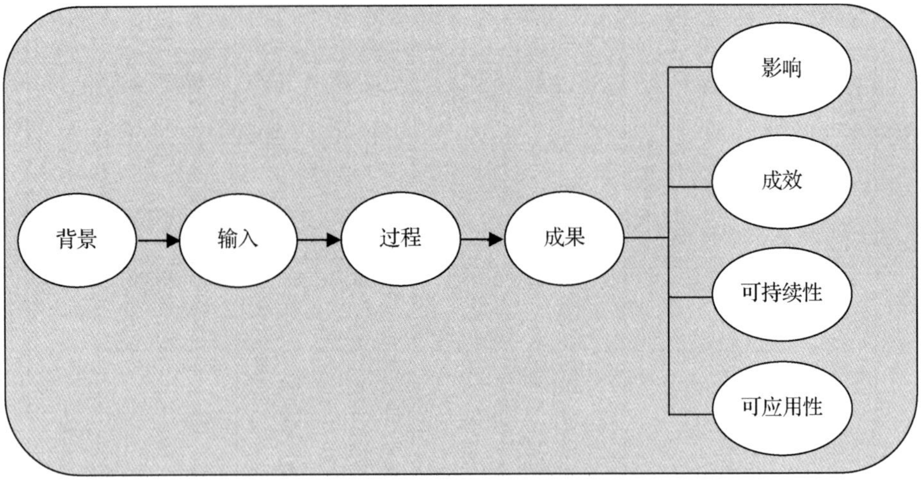

图 5-4　CIPP 课程评价模式结构示意图

表 5-14　　CIPP 课程评价模式阶段说明

阶段		阶段说明
背景评价阶段		背景评价是对课程培训需求、资源等的评价
输入评价阶段		输入评价旨在确定如何运用培训资源以实现培训目标，并对课程的设计和实施计划、课程计划实施预算以及其他可供选择的课程设计和课程开展计划等进行评价
过程评价阶段		过程评价就是通过描述实际过程来确定或预测课程计划本身或实施过程中存在的问题，为计划的设计和实施者提供定期反馈
成果评价阶段	影响评价	影响评价是针对课程实施对培训对象的影响程度进行评价。影响评价相对于成效评价而言，更侧重在感受和体验上的评价
	成效评价	成效评价是对培训效果在企业绩效的表现程度进行评价，侧重于可量化的、可观察的行为和数据的改变
	可持续性评价	可持续性评价就是对培训实施的成功做法和经验的总结，即将相关做法和经验制度化
	可应用性评价	可应用性评价就是评价在何种程度上课程设计方案可以被成功地应用于其他课程的开发

表 5-15 CIPP 评价模式各阶段需要进行的活动

<table>
<tr><th>阶段</th><th colspan="2">需要进行的活动</th></tr>
<tr><td>背景
评价阶段</td><td colspan="2">（1）收集信息
（2）判断培训课程的设计是否充分满足了培训需求
（3）针对评估结果提出具体的改进措施</td></tr>
<tr><td>输入评价阶段</td><td colspan="2">（1）收集和分析相关信息
1）评价培训课程策略，分析它与培训对象需求的吻合程度和可行性程度
2）分析它与已有的研究和文献结论的吻合程度
3）分析它相对于其他培训课程策略的优势和不足
4）分析培训预算能否保证完成预定工作
5）评价培训计划和日程安排，判断已有安排是否充分、可行，是否有可改进之处
（2）撰写输入评价草案报告，并组织培训课程开发人员及培训对象等就课程内容进行讨论
（3）完成输入评价报告，提出具体的改善措施</td></tr>
<tr><td>过程评价阶段</td><td colspan="2">（1）对课程的实施状况进行观察、跟进，以图像或者录音的方式记录并撰写课程进展报告
（2）与方案的参与人员紧密合作，记录方案实施中的事件、问题、费用以及资源分配
（3）定期访问培训对象、课程开发人员以获取有关课程实施的资料
（4）针对评价的结果提出具体的改善措施</td></tr>
<tr><td rowspan="2">成果评价阶段</td><td>影响评价</td><td>（1）通过访问培训对象，了解课程开展对他们的知识、技能、态度等的受益程度
（2）通过对培训对象所在的企业进行访问，掌握培训对象的学习效果对企业的影响程度
（3）判断课程计划在何种程度上，恰当地满足了培训对象及其所在企业的需求</td></tr>
<tr><td>成效评价</td><td>（1）通过与培训对象所在部门的领导访谈，了解他们对培训所产生的正面效果和负面影响的看法
（2）选择部分培训对象进行深度个案研究，以便寻找培训成效的客观证据，鉴别和证明培训对培训对象的具体影响程度，包括积极作用和负面影响</td></tr>
</table>

续表

阶段	需要进行的活动	
成果评价阶段	可持续性评价	（1）访问课程开发人员，就能够使课程可持续地实施下去的那些成功之处，听取他们的观点和看法 （2）访问课程培训对象，就能够使课程可持续地实施下去的那些成功之处，了解他们的观点和看法 （3）获取和检讨课程的计划、预算、人员安排和其他信息，评价课程设计方案可持续实施的概率 （4）定期回访。通过回访，评价培训实施的成功之处以及可持续实施的可能 （5）通过讨论会，对可持续性评价观点进行分析，判断是否有必要进行追踪研究以评估长期的效果 （6）撰写可持续性评价报告，发送给委托人和相关利益者
	可应用性评价	（1）访问课程设计者、培训主管及相关人员，从中鉴别出方案的实际和潜在的使用者 （2）调查有代表性的课程设计方案采用者，要求他们仔细阅读课程设计的描述性资料和汇总的评价观点，判断该课程设计方案的可推广性 （3）综合分析课程设计方案的质量、重要性以及可复制性

表 5-16　　课程评价要素

评价要素	评价要素细化说明
课程需求分析	（1）课程需求分析是否充分 （2）课程需求分析对于认知、情感和精神方面的判断是否正确
课程目标	（1）课程目标同课程内容是否匹配 （2）课程目标是否全面、准确地反映培训对象的需求
课程整体设计	（1）课程整体设计是否与课程需求相关并保持一致 （2）课程各个单元之间是否存在交叉和重复的情况 （3）课程各个单元讲授时间安排是否合理
课程单元授课目标	（1）课程单元授课目标是否与课程目标一致 （2）课程单元授课目标描述是否准确

续表

评价要素	评价要素细化说明
课程单元设计	（1）课程单元材料的准备是否充分 （2）课程单元的讲授方法是否恰当 （3）课程单元讲授时间的安排是否合理
授课方式	（1）授课方式是否能够切合课程内容的需要 （2）授课方式是否能够调动培训对象的积极性，使其更好地接受授课内容
授课时间	授课时间是否符合培训对象和课程内容的特征
课程培训师	（1）能否驾驭课程内容 （2）沟通技巧是否熟练 （3）仪容仪表是否得当 （4）是否能激发培训对象的学习积极性 （5）授课工具是否运用熟练
课程实施组织	（1）课程实施时间安排是否合理 （2）课程现场服务水平是否达到要求 （3）课程材料和培训课程通知下发是否及时 （4）授课工具准备是否完备

3. 课程评价方法

在课程评价过程中，一般采用定量评价法和定性评价法。

（1）定量评价法。常用的定量评价法主要包括舍贝克（Sheppeck）和科恩（Cohen）的效用公式、收益分析公式。

1）舍贝克和科恩的效用公式

培训效益=（$E2-E1$）$\times P\times Y\times V-C\times P$。在该公式中，字母含义说明如下：

$E1$ 表示培训前每个培训对象一年产生的效益。

$E2$ 表示培训后每个培训对象一年产生的效益。

P 表示培训对象的人数。

Y 表示培训效益可持续的年限。

V 表示工作价值，即对工作成绩的货币计算。

C 表示每一位培训对象所花费的培训费用。

2）收益分析公式

培训效益 = $(Y \times P)(Dt \times SDy)(1+V)(1-Tax) - (N \times C)(1-Tax)$。在该公式中，字母含义说明如下：

Y 是培训课程产生收益的时间期限。

P 是在考虑的时间范围内，最终留在企业的培训对象的人员数量。

Dt 是培训对象和未参加培训人员的工作成绩差异。

SDy 是未参加培训人员工作成绩的标准偏差。

$1+V$ 和 $1-Tax$ 分别用来调整易变的培训花费和企业税率的影响，这可以用会计的方法计算出来。

C 是每个培训对象培训中的所有花费，包括直接成本和间接成本。

N 是参加培训的培训对象人数。

在实际工作中，由于培训课程评价人员无法获得一些具体的数据，如培训效益可持续的年限、工作成绩的货币价值等，因此，培训课程定量评价法应用较少。

（2）定性评价法。定性评价法主要有 3 种，即现场评价法、测试比较法和观察比较法，每种方法的说明和适用范围见表 5-17。

表 5-17　　定性评价法

评价方法	评价方法说明	适用范围
现场评价法	（1）培训课程结束后，企业人力资源部针对培训内容、培训师授课技巧、课堂气氛、培训组织工作等要求培训对象进行现场评价 （2）这种评价方法通常采用调查问卷的形式，因为调查问卷简单实用，可以在较短的时间内对培训课程效果作出定性评价	适用于培训内容属于普及性的培训课程评价

续表

评价方法	评价方法说明	适用范围
测试比较法	（1）企业人力资源部在培训开始和结束时分别用难度相同的测试题对培训对象进行测试，把两次测试结果进行比较 （2）若培训对象在培训结束时的测试成绩明显好于培训开始时的测试成绩，则可认定培训课程效果是明显的 （3）若培训对象在培训结束时的测试成绩与培训开始时的测试成绩没有较大变化，则可认定培训课程效果不明显	适用于培训内容知识性较强且需要培训对象理解和领会消化的技术类、管理类、计算机类的培训课程评价
观察比较法	（1）培训结束一段时间后，人力资源部的相关人员或培训对象的直接上级实地观察培训对象在工作热情、工作态度、责任心、工作效率等方面是否有明显改善 （2）若培训对象在以上方面有明显改善，则可认定培训已产生了效果 （3）若无明显改善，则可认定培训的效果不明显或无效果	适用于各类培训课程的评价

需要注意的是，课程设计中不同的模块是相互联系的，决不能脱离“整体”这一概念，而单独对某一模块进行设计。

五、课程内容的确定

培训课程内容的确定一般包含两个步骤：选择课程内容和编排课程内容。

（一）选择课程内容

课程内容的选择是设计课程的重要问题，由于一门培训课程不可能涉及所有的问题，所以在选择课程内容时，应坚持“缺少什么培训什么，需要什么培训什么”的原则。在选择课程内容时应满足以下要求。

（1）根据培训要求，确定课程内容、难度、时间三要素的组合方式。

（2）使培训对象掌握生产技术和技能，充分体现培养、提高培训对象整体素质的目的。

（3）适应多元化的培训对象背景，选择不同难度的课程内容进行课程水平的多元性组合。

（4）满足培训对象时间方面的要求，开发具有不同时间跨度的课程组合，以达到真正适应培训对象发展的目的。

（二）编排课程内容

在编排课程内容前，培训部相关人员应明确区分哪些内容是培训对象必须知道的信息，哪些内容适合于实践活动，哪些内容应进行详细解释，哪些内容应先介绍等。

在编排课程内容时主要根据培训对象的学习特点，遵循以下原则。

（1）课程内容从简单到复杂、由易到难进行设计。

（2）从已知到未知。让培训对象先接触熟悉的话题或知识，当他们理解力达到一定程度后就比较容易接受陌生的话题或知识。

（3）采用本企业已有的比较合理的编排模式，这些模式可以是按时间顺序编排、按培训中的不同主题编排或按学习风格编排等。

六、课程演练与试验

课程演练与试验的目的在于对课程内容进行实操性演练，以判断课程体系的设计与开发是否达到预期的培训目标。

为了做好充分准备，在培训课程设计完成后，有时还需要对培训活动按照设计进行一次全面的演练与试验。演练与试验中不仅包括培训内容、活动和教学方法，还包括培训的后勤保障等方面的工作，可以说，演练与试验是对前一段工作的一次全面检阅。下列为某企业为培训师制定的课程试讲演练方案，以更好地明确课程试讲的操作要点。

<table>
<tr><td rowspan="2">方案名称</td><td rowspan="2">××企业课程试讲演练方案</td><td>编号</td><td></td></tr>
<tr><td>受控状态</td><td></td></tr>
<tr><td colspan="4">一、培训试讲的形式
本次课程试讲采用小规模内部试讲的形式，培训师按照正式授课的要求开展试讲，并参与课程内容、讲授形式等方面的质量评估与讨论。
二、培训试讲的参加人员
本次课程试讲的参加人员为内部培训师、参训员工代表、外部聘请的培训课程开发专家、人力资源部经理。若授课对象包含不同部门和不同层级的员工，则应有针对性地选取参训员工代表进行多次试讲。
三、培训试讲的形式、时间和内容
1. 培训试讲的形式
按照参加试讲的人数、试讲场地、试讲时间的不同，可以将培训试讲分为个别试讲、小组试讲、分散试讲、集中试讲、课程试讲、现场试讲。本次试讲参加人数较多、试讲场地较大，因此选用集中试讲的形式。
2. 培训试讲的时间和内容
试讲人员准备40分钟的培训课程内容，同时，根据试讲参加人员的数量对培训时间进行调整。试讲内容的选取应遵循自愿原则，在试讲前应与人力资源部进行协调，避免产生试讲内容重复的现象。
四、培训试讲评估要求
试讲参加人员在本次试讲评估活动的实施过程中，应履行以下3点要求：
（1）实事求是，准确无误地提出试讲中存在的问题和不足之处。
（2）在评估时应挖掘问题的内在原因，并提出改善意见，明确试讲人员今后工作改进的方向。</td></tr>
</table>

（3）在评估过程中应避免主观因素的干扰，客观反映试讲情况。

五、培训试讲评估实施

培训试讲的参加人员应关注以下4个方面的内容，即培训试讲的评估内容，每项评估内容分为5个评价等级，包括非常好、较好、一般、差、较差，每个等级对应的分值为25分、20分、15分、10分、5分。

1. 授课风格是否恰当

按照表达程度和情感程度，培训师的授课风格可以分为支配型、分析型、和蔼型和表现型，培训试讲参加人员关注培训师是否根据授课对象选择恰当的授课风格。

2. 授课逻辑是否严谨

培训试讲参加人员考查培训课程的内容是否具有严谨的逻辑性，章节内容衔接是否紧密，课程单元设计是否按照不同的培训需求设定核心单元、选修单元和必修单元。

3. 课程时间是否合理

培训试讲参加人员考查培训课程的时间分配是否合理，包括是否按照课程内容的重要性进行授课时间划分，是否合理划分互动环节、案例分析环节时间等。

4. 课程内容选择是否合理

培训试讲参加人员考查培训课程内容的选择是否与企业发展战略相匹配，是否与参训员工需求相匹配，培训师是否根据参训员工学习能力、教育背景的不同，适当调整授课内容。

培训试讲结束后，由培训试讲参加人员实施评估，评估得分81～100分为试讲效果较好、60～80分为试讲效果较差、低于60分为试讲效果不合格。

六、培训课程研讨实施

在培训课程试讲完毕后，由培训试讲的参加人员提出改进意见，

由人力资源部对意见进行汇总后进行课程改进。在听取意见的时候，应充分考虑企业对培训的要求。					
编制人员		审核人员		审批人员	
编制时间		审核时间		审批时间	

在演练与试验阶段，可以邀请企业领导、员工代表、有关专家等作为听众，在演练结束后，通过头脑风暴法、问卷调查法等向各位听众收集意见或建议。表 5-18 是课程演练与试验反馈调查表，供读者参考。

表 5-18　　课程演练与试验反馈调查表

评分式评价采用的问题

根据课程演练与试验，对下列问题进行满意度打分：5 分代表“非常满意”，4 分代表“满意”，3 分代表“一般”，2 分代表“不满意”，1 分代表“非常不满意”，请用“√”勾出你的评分项。

序号	问题	评分				
		1 分	2 分	3 分	4 分	5 分
1	本课程对于训练你的……（工作现场操作能力、团队精神等）有多大的价值					
2	本课程组织得好不好					
3	课程目标的明确程度如何					
4	课程资料在多大程度上符合你的实际情况					
5	课程中的案例研究、举例、练习题等是否切实有效					
6	课程教材在培训期间的用途多大					
7	培训师在课程内容方面的知识水平如何					
8	培训师与你在培训中的互动效果如何					
……						

七、信息反馈与课程修订

培训课程相关负责人在课程演练与试验结束后，以及在培训项目开展的过程中，要及时检查培训课程目标，通过面谈、信息调查等方式收集各方面的信息反馈结果，根据培训对象、企业领导及相关专家的反馈意见对培训课程及时进行修订。

课程修订包括对课程内容的修订、对课程培训风格的修订等。

1. 对课程内容的修订

在修订课程内容时，有时需要对一小部分课程内容做出调整，有时则需要对整个培训课程进行重新设计，但课程内容的调整应视存在的问题而定，切忌根据没有被认同的意见对课程做出改变。

2. 对课程培训风格的修订

培训师的培训风格对于培训效果有很大的影响，有些培训师在培训中会表现出“激情四溢，掌控全场”的培训风格，有些是“和风细雨，循循善诱”的培训风格，有些则是“逻辑严谨，案例丰富”的培训风格。当反馈的信息显示培训风格与实际培训需求不符时，培训师应立刻调整自己的培训风格。

课程实训

结合本节内容的学习，请尝试制作“基于工作过程的培训课程设计”。

实训指导：

工作过程是指工作事项的活动流向顺序，包括工作环节、步骤和程序。基于工作过程的培训有助于培训对象明确工作流程、明确工作中的关键事项和常用工具。

基于工作过程的培训课程体系在设计过程中，应着重考虑该课程体系是否针对工作步骤、程序进行设计，是否能够模拟实际工作环境，为企业打造科学、完善的工作流程。

下表为按照工作过程设计的培训课程体系，供读者参考。

基于工作过程的培训课程体系设计表

部门	工作过程 序号及名称	课程设计内容	部门	工作过程 序号及名称	课程设计内容
市场营销部	（1）目标定位 （2）锁定目标 （3）产品沟通 （4）强化信任 （5）满足需求等	（1）客户群分析 （2）与客户接触的技巧 （3）营销战略与控制 （4）如何与客户高效沟通 （5）如何签订销售合同	产品研发部	（1）概念开发和产品规划阶段 （2）详细设计阶段 （3）小规模生产阶段 （4）增量生产阶段等	（1）产品战略及规划 （2）研发质量管理 （3）产品中试管理 （4）市场管理及产品规划
采购部	（1）明确采购需求 （2）选择供应商 （3）发出订购单 （4）供应商交货 （5）进料入库等	（1）市场及需求分析 （2）采购洽谈策略与技巧 （3）如何进行订单管理 （4）如何维护忠诚供应商 （5）如何做好进料质量检查及入库工作	生产管理部	（1）制订生产计划 （2）实施生产计划 （3）产品入库前检验 （4）产品保存管理等	（1）如何制订生产计划 （2）如何提高生产效率 （3）产品质量检验标准 （4）常见产品保存危害预防
财务部	（1）填制记账凭证 （2）登记日记账 （3）登记分类账 （4）编制资产负债表、现金流量表和利润表等	（1）财务规章制度详解 （2）如何编制财务报表 （3）会计月末工作实务	人力资源部	（1）组织结构设置 （2）工作分析 （3）定岗定编 （4）招聘管理 （5）绩效管理 （6）薪酬管理 （7）员工培训管理 （8）员工关系管理等	（1）构筑、完善组织结构 （2）如何设置高效的组织结构 （3）如何甄别应聘者简历是否造假 （4）如何优化员工配置

第三节　培训资源开发

一、培训资源的内容

培训资源的内容涉及培训教材、培训资源库、培训手段、培训师、辅助性材料等，其中前三项内容会在下面的小节中有具体的描述，此处专门介绍培训中的辅助性材料。培训的主要目的是使培训对象理解、记住所学习的知识和技术，为了达到此目的，必须通过各种辅助性材料，让培训对象能够看、听，并同时鼓励他们参与到课程中。

1. 印刷材料

在培训中，印刷材料是最常用、最便宜的教学材料，培训中使用的印刷材料主要有工作任务表、岗位指南、培训对象手册、测验试卷等。

（1）工作任务表。工作任务表中明确描述了培训工作各个阶段的具体任务，如在培训前一天向培训对象发放培训大纲、PPT 幻灯片文本等，在培训课程完成时向培训对象发放问卷调查表等。

（2）岗位指南。岗位指南是对最常用、最关键任务的具体描述，能够使包含许多复杂步骤的任务简单化。岗位指南在培训中能够使培训师对理想的操作做出界定，进一步明确培训目标，还有助于培训对象记忆在培训中学到的相关操作规程。

（3）培训对象手册。培训对象手册是培训中的指导和参考材料，如测试题、调查问卷等。

（4）测验试卷。在培训开始时可以利用测验试卷，使培训师了解培训对象的知识和经验水平，在培训结束时也可以进行试卷测验，并通过前后两次的测试分数差别，使培训师和培训对象知道他们对知识的掌握程度。

在准备印刷材料时，应注意印刷材料与培训流程、培训目标、培训中的幻灯片等保持一致。

2. 视觉材料

视觉材料主要包括幻灯片、场景、图形、图表、标语、照片、录像片等。一个好的视觉材料需要符合以下要求：视觉材料中的字体要适中，视觉材料应是醒目的，视觉材料应是美观的。

3. 听觉材料

听觉材料主要包括令人感兴趣的词汇、声音、重音、故事、对话等。准备听觉材料时应注意以下 4 点。

（1）音调。注意音调的高低起伏、抑扬顿挫以增强听觉效果。应避免使用平铺直叙、过于呆板的音调。

（2）节奏。节奏高低起伏、张弛得当，有利于集中培训对象的注意力，提高培训效果。

（3）音量。音量应适中，音量太大，会令人情绪不安，听力敏感性降低；音量太小，会影响收听效果。

（4）发音。发音准确、清晰。

二、培训教材的开发

开发一套合适的培训教材，是培训效果得以实现的重要环节。培训课程的教材建设是指组织编写一套适合培训对象实际的、先进的、实用的教材。培训教材不等于教科书，培训教材是培训师从事培训工作、培训对象进行相关学习时所用的材料的总和。

（一）培训教材的类型

按照培训教材使用的媒体传输途径分，培训教材可以分为视觉媒体教材、听觉媒体教材、视听媒体教材。按照培训师授课选择的形式分，培训教材可以分为讲授法培训教材、研讨法培训教材、案例法培训教材、角色扮演法培训教材等。

（二）培训教材开发的原则及依据

企业在开发培训教材时应符合与时俱进、不断发展、不断出新的要求，并坚持以下原则和依据，如图 5-5 所示。

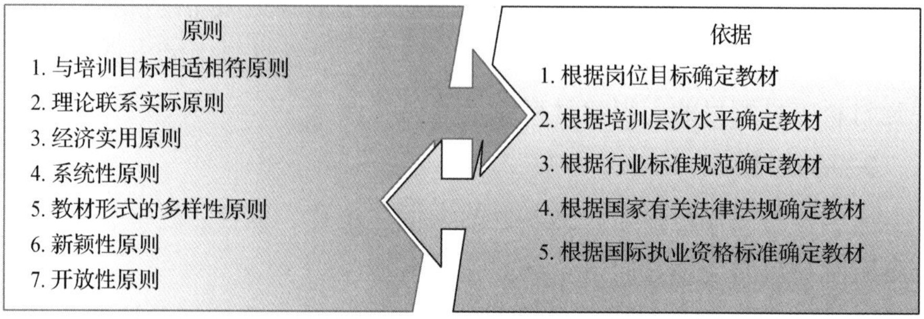

图 5-5　培训教材开发的原则及依据

（三）培训教材开发方法

课程内容的制作主要是对课程教材进行制作，教材制作的方式主要有以下 4 种。

1. 购买现成教材

企业可以选择到市面上购买教材作为培训资料，在选择教材时应注意，不一定冠有“××培训方案”的就一定适用，有时就某一方面的问题编写的书往往有更好的效果，如《把信送给加西亚》一书被许多企业作为培养员工敬业精神的优秀培训教材。

2. 改编教材

由于地域、行业、个体的差异性，很难找到符合企业实际状况的现成教材，此时就需要企业相关人员在收集较相近的培训教材、借用现有素材后，根据企业的发展目标、培训对象实际需求等对相关教材进行必要的修改。

3. 自编教材

企业也可以聘请外部培训机构或专家，根据企业的实际情况来自编教材，制作幻灯片等辅助性教材。

4. 补充或充实现有教材

企业可以通过对现有教材的整理，将与培训相关的、有意义的材料引入现有的培训教材中。对现有培训教材的补充或充实应具备企业特色，使教材既服务和充实教学工作，又增添培训对象的培训体验。

三、培训资源库的开发

培训资源主要是指数字化和电子化的培训资源和信息，培训资源库是培训资源整合和优化的产物。培训资源库既要有丰富的培训资源内容，又要有齐全的管理功能，实现资源的共建共享，为企业的培训服务。

从企业培训资源库的内容看，培训资源库的体系结构包括对媒体素材库、培训课件库、试题库、案例库、培训工具库、文献资料库、索引目录库和访问记录等内容的管理。

（一）培训资源库的开发原则

培训资源库的开发应以培训需求为前提，以系统理论为指导，遵循企业的规章制度和国家颁布的相关技术规范，在企业范围内实现资源的共享与开放。

（二）培训资源库的开发观念

1. 动态平衡观

培训资源的开发并不是一步到位的，而是一个“缺失、供给、平衡……缺失、供给、平衡……”不断循环的动态过程，它和整个企业培训体系的建设、发展是相辅相成的。

2. 需求观

培训资源库无论在内容还是在功能上都应充分考虑培训的需求，使培训对象、培训师和其他与培训相关的工作者能方便、及时地获取所需信息，使其具有可利用性。

3. 开放观

在企业内部，不同部门的业务特点差别大，资源组合错位，部门间的培训资源具有很强的互补性和动态交流的必然性，因此，为实现企业效益的整体提高，要采用必要的培训资源流通手段，实现资源在一定程度上的开放性。

4. 系统观

要综合企业规章制度、硬件配置、人力统筹等各因素之间的复杂关系，不仅要处理好培训资源库系统各子模块之间的结构关系，还要正确处理其与企业培训体系这个大系统中其他子系统之间的关系。

（三）培训资源库的开发过程

培训资源库的开发过程主要包括以下 7 个步骤。

（1）内容规划。确定培训资源库建设的具体内容，确定培训资源的范围，按培训大纲和培训课程目录的顺序划分各培训系列要建设的资源的详细内容。

（2）确定标准。根据企业内培训管理标准、培训系统架构标准、培训开发环境标准等来确定培训资源库建设标准，标准必须细化到对培训资源每个属性的具体要求，以便于操作。

（3）编制评价指标。编制培训资源的评价指标，有利于保证培训资源的质量，它还会作为后期培训资源开发专家组对征集上来的资源进行审查、分类的依据。

（4）培训资源开发培训。对培训资源建设有关的人员进行有针对性的培训，使各部分人员掌握培训资源开发中的技术细节，明确培训资源开发项目的目的、整体实施计划等。

（5）培训资源征集。分配培训资源征集任务，并向企业各部门下发。

（6）培训资源审核。由培训资源开发专家组按照已定的培训资源评价指标对征集到的培训资源进行审核、筛选、优化、整合，并确定培训资源的等级和价格。

（7）培训资源入库。利用计算机网络技术，批量或逐个将培训资源存入数据库中，在入库时，需要对培训资源的所有属性进行预校验，确保培训资源库中数据的精确性。

四、培训师的选配

培训师的选配是培训项目取得成功的关键，培训部负责人应根据培训项目的要求选择既有专业知识又有丰富实践经验的培训师。

（一）培训师选配的基本标准

企业在选择培训师时应具有明确的标准，以保证培训效果。

（1）有教学愿望。由于培训比一般的教学活动要求更多的协助性、灵活性，因此发自内心地希望培训对象能不断进步，并愿意为此提供全力的帮助，便是一个优秀培训师的首要素质。

（2）实战经验丰富。培训师必须具备足够的实战经验，能够全方位融合理论知识与管理实践，从而真正帮助企业解决实际问题。

（3）具有独立的课程开发能力。培训师必须具有独立的课程开发能力，能够根据企业的实际需要和培训对象的实际工作能力，开发并完善其培训课程，使所传授的知识和技能保持实用性、先进性。

（4）授课能力较强。培训师应具有出色的表达和演绎能力，良好的解答问题和辅导能力，以及耐心、宽容、无偏见的性格，能够最大限度地吸引培训对象的注意力。

（5）客户反馈良好。对接受过培训师培训的企业进行调查，了解培训师所授课的实用性、培训效果等，只有得到客户认可的培训师方可列入候选名单。

（二）培训师选配的来源

培训师主要有两大来源，即企业外部聘请和企业内部开发。

1. 外聘培训师

主要途径：从大中专院校聘请培训师，聘请专职培训师，从顾问公司聘请培训顾问，在网络上寻找并联系培训师。

优点：选择范围大，可获取高质量的培训师资源；可带来许多全新的理念；对培训对象具有较大吸引力；可提升培训的档次，有助于引起企业各方面的重视；容易营造培训气氛，从而提升培训效果。

缺点：企业与外聘培训师之间缺乏了解，加大了培训风险；外聘培训师对企业及培训对象缺乏了解，使培训适用性降低；学校教师可能由于缺乏实际的工作经验，会导致培训出现“纸上谈兵”的现象；外聘培训师的成本较高。

2. 企业内部开发

主要途径：从企业内部选择那些资深的、爱动脑筋的、有专业知识和丰富实践经验的管理者或专家。

优点：内部人员对企业各方面都比较了解，使培训更具有针对性，有利于培训效果的提升；内部培训师与培训对象相互熟悉，能够使培训过程中的交流、沟通得到保证；培训相对易于控制，且企业内部开发培训师的成本较低。

缺点：内部培训师不易于在培训对象中树立威望，在一定程度上会影响培训对象的参与态度；由于企业内部选择范围较小，不易于高质量培训师队伍的开发；内部培训师受到企业内部环境的束缚，培训的内容不易于上升到新的高度。

培训部负责人应根据企业的实际情况，结合企业外部聘请和内部开发培训师的优缺点，确定适当的内部培训师和外部培训师的比例，做到内外搭配、相互学习、相互促进。

本章自测题

1. 培训课程开发的六大原则分别是什么？
2. 简述培训课程开发的四大方法。
3. 企业开发培训课程需要注意哪些内容？
4. 培训课程开发的七大程序分别是什么？
5. 简述培训课程开发资料和信息收集的途径和渠道。
6. 培训教材开发的七大原则是什么？
7. 选配培训师的基本标准有哪些？

第六章　培训师管理

学习目标

- 了解内部培训师的选择标准
- 掌握内部培训师的选拔流程
- 知晓外部培训师的选择过程

引导案例

美国通用电气公司（以下简称通用电气），是世界上规模巨大的多元化产业集团之一，它涵盖了从发电设备、医疗器械到航空航天仪器的多个业务领域。它是道·琼斯工业指数在1896年设立以来，唯一一家至今仍留在指数榜上的公司。通用电气能取得这样的成绩，与它的人才培养体系密不可分。克罗顿维尔（Crotonville）是通用电气知名的领导发展中心，负责通用电气全球经理人的培训与发展。克罗顿维尔是世界级的管理开发中心，被《财富》杂志称为“美国企业界的哈佛”，每年都有数千位通用电气高级经理人员在克罗顿维尔接受培训，他们来自通用电气遍布全球的业务部门。

通用电气将克罗顿维尔成熟运转了多年的培训体系移植到中国的公司，建立了它在美国本土以外最大的发展培训中心——位于上海的“通用电气亚洲培训与发展中心”。该中心也因重视后备管理梯队的培养而被称为“中国的克劳顿村”。通用电气中国公司采取了各业务集团和培训中心双向并行的培训结构。各业务集团在中国发展的规模差别很大，相应地，培训开展程度也不同。但是，自从成立培训中心以来，每个业务集团的培训都获得了更多的指导和支持。通用电气对于培训的分工很明确，所有业务集团都有自己的专职培训人员，内训侧重于各自的业务领域。克罗顿维尔的培训师超过半数是通用电气的高层经管人员。

第一节　内部培训师管理

一、内部培训师的选拔

关于内部培训师的选拔，下面将从选拔范围、选拔标准、选拔流程 3 个方面进行介绍。

（一）内部培训师选拔范围

企业选拔内部培训师，建立内部培训师团队，首先要明确内部培训师的选拔范围。内部培训师的选拔范围主要从表 6-1 中的 3 个维度进行界定。

表 6-1　内部培训师选拔范围

选拔维度	选拔范围
入职时间	××年以上
学历	××及以上

续表

选拔维度		选拔范围
培训对象	普通员工培训	主管级以上
	主管级培训	经理级以上
	经理级培训	总监级以上
	生产班组长培训	班组长以上
	生产主管培训	生产主管以上
	生产学徒培训	生产一线员工

（二）内部培训师选拔标准

企业选拔出合适的内部培训师，有利于提高内部培训师的培训水平，提高培训的质量和效果。企业内部培训师选拔标准主要包括以下 10 个方面。

（1）对培训工作有浓厚的兴趣。

（2）热爱本职工作，具有积极的心态。

（3）具备丰富、扎实的专业知识。

（4）具有幽默、自信的性格特质。

（5）具有健康的身体和健全的心理。

（6）具有一定的实践经验和相关阅历。

（7）具备较强的语言表达能力，善于沟通。

（8）具有较高的业务能力和职业素质。

（9）具有良好的工作态度和高尚的职业道德。

（10）具有以培训对象为中心的服务理念。

（三）内部培训师选拔流程

内部培训师选拔的方式包括推荐和自荐。要做好内部培训师的选拔工作，应该分步骤进行，并且明确各个步骤的操作标准和要求，确保选拔过程的公正性、公平性。内部培训师选拔的步骤具体如下。

1. 发布公告

组织根据内部培训需要，发送某门课程培训师培训的通知，并附上

“内部培训师资格选拔范围和选拔标准”等选拔条件。

2. 提出申请

符合条件的申请人，可由各部门推荐或自荐，填写“内部培训师推荐（自荐）表”。

3. 进行筛选

培训部门依据“内部培训师资格选拔条件”和部门实际需求，筛选出符合选拔条件者。

4. 进行培训

经初步筛选，通过的人员需参加相关培训以获得基本的课程设计、语言表达、现场控制等方面的专业知识与技巧。

5. 试讲和评估

培训部门安排符合条件者进行试讲，并组织内部培训师评审小组对参加试讲的人员进行评估。

6. 确定合格人员

培训部门将申请人的综合评估意见上报组织相关领导审核，审批后向合格人员发送培训师证书。

二、内部培训师聘用标准

内部培训师聘用标准是指确定具有何种资质的候选人能够担任内部培训师，在具体实施的过程中，以候选人的试讲评分结果（评估表见表6-2）作为聘用标准，是最终确定聘用人员的重要参考标准之一。

表6-2 试讲评估表

评估内容	评估结果			
	非常好（5分）	较好（4分）	一般（3分）	较差（2分）
语音语调				
现场气氛				
表达能力				
肢体语言				
课堂互动性				

续表

评估内容	评估结果			
	非常好（5分）	较好（4分）	一般（3分）	较差（2分）
形象仪表				
时间掌握				
授课内容熟悉度				
案例引用				
提问技巧				
总分				
综合评价	综合评价：优秀□　良好□　一般□　较差□ 建议： 评估人： 日期：　年　月　日			

三、内部培训师的资格确定

（一）资格审查

在确定内部培训师资格之前，首先应对员工进行资格审查，以确定员工资格的真实性。

1. 明确资格审查要求

进行员工资格审查时，应对其明确3点要求。

（1）资质条件：所有培训师候选人应在组织规定的选拔范围之内。

（2）组织规定的选拔标准为强制性资格条件，具体选拔标准依据组织的具体情况确定。有一项不符合要求的，资格审查认为不通过，只有完成符合强制性资格条件的员工，才能进行试讲。

（3）员工必须按本须知要求认真填写部门规定的所有资格审查表格，签字并对其真实性负责，培训部门有权对其进行调查和澄清。若发现员工有弄虚作假行为的，则不能通过资格审查，已通过的资格也将被取消。

2. 资格审查表

培训部门在对员工进行资格审查时，需要审查员工的工作年限、入职时间、所在部门、岗位、职称、学历、专业、授课方向、专业特长、授课经验、参加培训经历等。

（二）进行试讲

安排符合选拔条件的员工进行试讲，确定其是否具备成为内部培训师的能力。

1. 明确试讲的要求

试讲的要求如下。

（1）试讲前要认真备课，熟悉讲义，同时要坚定信心，为试讲做必要的思想准备和业务准备。

（2）试讲时应严格按照正常培训课程的要求进行，从容稳重，沉着冷静，一切跟正式培训一样。

（3）依据讲义进行讲解，重点突出，有条不紊，合理分配时间，注意前后环节的衔接，体现讲与练的结合，做到过程完整。

（4）注意认真总结经验教训，不但要知道讲授中的优缺点，而且还要能够找出原因，以便今后采取有力措施，加强训练，发扬长处，弥补不足。

2. 选择试讲的形式

试讲的形式从不同的角度可以有不同的分类方法，如可以按试讲的人数、范围划分，按时间划分，以及按培训场所划分。每种试讲形式都有其各自的作用和要求，试讲形式的分类见表 6-3。

表 6-3　　试讲形式的分类

划分标准	具体类型
试讲人数和范围	个别试讲和小组试讲
试讲时间	平时试讲和集中试讲
培训场所	课堂试讲和现场试讲

3. 确定试讲时间和内容

一般情况下，每个试讲人员需要准备 30 分钟的讲课，或者是培训部门根据试讲人数确定每人的试讲时间。试讲内容要在所担任培训课程内容中节选一小部分。试讲前应协调好，避免出现相同的内容。

4. 进行试讲评价

（1）评价要求。评价人员在评价试讲情况时应注意以下 3 点。

1）实事求是，特别是对试讲中存在的问题、不足之处要明确无误地提出来。

2）评价时要多找原因，多提改进意见，明确试讲人员具体的努力方向。

3）评价时要排除各种干扰因素（如人际关系、个人兴趣等），客观地反映试讲情况。

（2）评价实施。在员工试讲时，由员工自己、培训部门管理者和专业培训师共同进行评价，并赋予不同的权重，根据三者评价的总分，来确定内部培训师人选。

（三）资格确定

根据上述三者评价的总分来确定培训师人选。

1. 收集评价表

培训部门相关人员负责收集“内部培训师试讲评价表”，并按讲课人将评价表分类。

2. 计算总得分

分别汇总每个试讲人员的自我评价总分、培训部门管理者评价总分和专业培训师评价总分。

3. 计算加权平均分

计算公式为：

最终得分 =（自我评价总分×20%）+（培训部门管理者评价总分×20%）+（专业培训师评价总分×60%）

4. 发放培训师资格证书

培训部门负责对最终得分在 75 分（含）以上者授予内部培训师资格证书，颁发内部培训师聘书，并说明有效期。

四、内部培训师的培养

内部培训师培养的内容包括课程开发能力、授课技巧、授课方法等。

（一）课程开发能力

对内部培训师进行培训，首先要做的是培训其课程开发能力，以提高其开发培训课程的质量。

1. 熟知课程开发要领

课程开发要领的主要作用是不断提醒内部培训师应注意的某些重要事项，使内部培训师的教学较好地符合培训要求。课程开发要领如下。

（1）你是否明白成人教育与在校学生上课的区别？

（2）你是否花了足够的时间进行课程开发的准备？

（3）在你即将开发的课程中是否把要点列举了出来？

（4）你在课程中是否安排了培训对象互相讨论的环节？

（5）你是否清楚员工对培训已经知道了什么？

（6）课程开发期间，是否充分考虑了培训对象的培训需求？

（7）在技能类课程开发中，是否安排了听、看和动手的环节？

（8）在态度类课程开发中，是否选取了与本组织或本行业相关的案例？

（9）在知识类课程开发中，是否设计了知识竞赛或课堂测试等内容？

（10）是否把课程内容开发得非常详细，没有遗漏的内容和要点？

注：上述所有答案都应该以“是”为好。

2. 熟悉课程开发类型

内部培训师开发课程的类型主要包括 3 种，分别为知识传授型课程、问题解决型课程和创造价值型课程。

3. 掌握课程开发流程

课程开发包括调查课程需求、制定课程大纲、制作课程资源、编写课程资料、试讲与课程评估、课程修订与确认 6 个步骤。

（1）调查课程需求。本步骤工作事项包括确认问题、确认原因及解决方法、分析并确认技能标准、培训对象技能评估与差距分析、确认培训方向。

（2）制定课程大纲。本步骤工作事项包括确定课程目标、确定课程内容、选择培训方法与技巧、确定培训资源、编写课程大纲五项。

（3）制作课程资源。本步骤工作事项包括确认目标、制作方案、评估并选择、制作完成所需要的课程资料、试讲或试用、修改确认六项。

（4）编写课程资料。课程资料包括课程大纲、练习手册、演示文件、培训师手册、学员手册、课程评估内容和评估方式等。

（5）试讲和课程评估。邀请相关专家和试听学员进行评估，在试讲结束后收集反馈信息，汇总数据，提出改进意见。

（6）课程修订与确认。根据试讲意见修改课程后确定，并定期组织培训师修正所讲授的课程。

（二）授课技巧

内部培训师一般是组织内各部门的管理者、督导者和资深员工，掌握了各自部门或岗位的专业技能和知识，但是未必掌握培训的专业授课技巧。

1. 遵循授课原则

内部培训师若能灵活运用授课原则，一定能够迅速提高授课水平。内部培训师应遵循的 14 项基本授课原则如图 6-1 所示。

2. 指导教学计划的制订

教学计划应详细描述内部培训师用什么方法来授课，用什么方式来营造一种有利于成人学习的氛围，用怎样的技巧让培训对象积极参与计划、学习和评价。教学计划的主要内容见表 6-4。

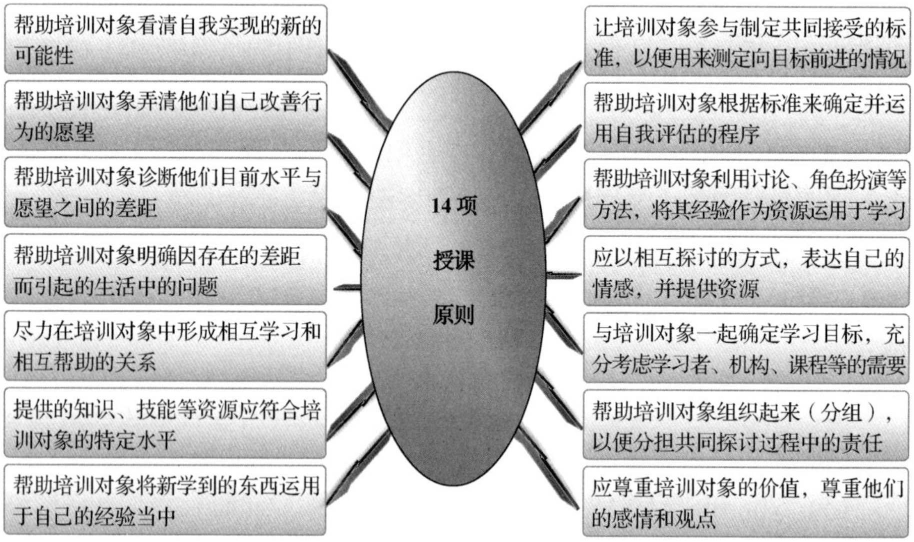

图 6-1　内部培训师应遵循的 14 项授课原则

表 6-4　　　　　　　　　　教学计划的主要内容

（1）如何介绍自己、描述职责，如何才能让培训对象获得帮助 （2）如何让培训对象相互了解各自的工作、经验、资源和兴趣 （3）如何营造一种相互尊重、合作，而不是竞争的课堂氛围 （4）如何让培训对象了解影响课程目标的因素 （5）如何帮助培训对象承担自己的责任 （6）如何让培训对象熟悉可用来达成目标的资源 （7）如何设计培训对象课余时间从事的学习活动 （8）如何帮助培训对象根据其需要和兴趣设计学习目标 （9）如何让培训对象诊断个人和集体的需要和兴趣	（10）如何帮助培训对象知道自己的进步 （11）希望培训场所如何安排 （12）课程中建议使用的学习方法 （13）如何让培训对象使用这些学习方法 （14）让培训对象了解课程计划并明确他们的责任 （15）如何把控课堂时间和课程进度 （16）设计评价程序和评价工具，在课程结束时帮助培训对象评价成果 （17）如何定期了解培训对象对培训活动质量的建议 （18）如何评定培训对象的学习成果 （19）培训对象通过这次培训，能够学到的东西，如知识、技能、态度和价值观 （20）如何做好课堂总结，引起培训对象的共鸣

3. 熟练掌握培训过程

内部培训师在进行培训时，应熟练掌握培训过程。培训过程主要分为培训前的准备、培训中的记录与反馈、培训结束时的总结和培训后的回顾4个阶段，具体内容如下。

（1）培训前的准备。培训前，内部培训师应分析培训对象的特点，预测课堂效果。内部培训师根据事先了解或组织内部提供的信息，对培训对象做出分类，如哪些人员可能是表现优秀者、表现不佳者、潜在支持者或问题制造者。通过分析，在培训开始前就能够胸有成竹，从而能够深化和强化培训效果。

课堂会呈现某些规律性的变化，所以内部培训师要善于在课前积极准备。在此环节，内部培训师可以借助“课堂效果及培训对象反应预测表”，见表6-5。

表6-5　　　　课堂效果及培训对象反应预测表

课程名称		受训人数			
学员平均资历		最高学历		最低学历	
学员平均年龄		最大年龄		最小年龄	
接受过的培训					
课堂上需要解决的问题					
可能要用到的案例					
可能要做的活动					
可能要用到的故事					
可能要用到的视听材料					
可能要用到的辅助工具					
可能会出现的提问					
可能会出现的意外情况					
可能的表现优秀者					
可能的表现不佳者					
可能的表现平庸者					
潜在的支持者					
潜在的问题制造者					

（2）培训中的记录与反馈。在培训过程中，内部培训师要认真做好随堂记录，把主要观点、概念、活动、游戏、故事、案例、表格和图形等一一记录下来，全程检讨培训行为，不断提升职业水准。内部培训师除了记录培训全过程，还要对课程全过程以及在课堂中的表现进行点评。培训中的反馈，是很多内部培训师容易忽略的环节。内部培训师应听取各种意见，以便继续得到反馈。在认真聆听时找出症结所在，体会培训对象的坦诚。以合适的方式表达意见，以使他人能够听从。

在提出反馈意见时，内部培训师要做到：不评价、不重复、不建议、不累积、不质疑，避免谈无关的事情。在听取反馈时，内部培训师要做到：不解释、不防卫、不低估，避免赞扬自己，不要期望培训对象能有效地给予反馈。

（3）培训结束时的总结。培训结束时，内部培训师需要做培训总结。培训总结主要包括培训师引导式总结和培训对象参与式总结两种。培训师引导式总结有利于培训对象在学习之后能够及时整理内容与感受，但这种总结是单向的，培训对象有时候很难做到感同身受。

培训对象参与式总结是把培训对象发动起来，全体互动，产生共鸣。具体的操作方式是在课程结束时，全体培训对象每人做一个简短的发言，发言内容主要包括培训中你最大的收获是什么、培训中你印象最深的一句话、培训中你印象最深的一个概念（观点）、培训中你解决了什么最重要的关键问题和培训中哪部分内容对你以后的工作最有帮助。

（4）培训后的回顾。内部培训师在培训后一定要做总结，对照学员需求回顾在课堂上的表现，总结还可能做得更好的部分，为以后的培训提供帮助。

4. 练习培训辅助工具的使用

辅助工具主要是帮助培训对象更快地学习，它通常在培训中使用，或在课程结束后发给培训对象，以帮助其更好地记住所学习的内容。培训辅助工具主要包括黑/白板、夹板、投影仪、幻灯机、录像机、磁带、讲义以及图片、相片、产品说明书、操作手册、员工手册等。

（1）使用培训辅助工具的注意事项。内部培训师要对培训对象进行有效培训，就必须善于使用培训辅助工具。在使用这些培训辅助工具时应注意如下7个事项。

1）上课之前应精心准备好培训辅助工具。

2）选择最适当的时机使用培训辅助工具，以便取得最佳的效果。

3）按时间顺序排列培训辅助工具，必要时标注序号或页号。

4）避免培训辅助工具干扰培训对象的注意力，用完后，立即收起或拿走。

5）运用培训辅助工具的数量要有一个度，并非多多益善，否则效果会适得其反。

6）培训讲义应留有空白，以便培训对象有空间做课堂笔记。

7）必须能够熟练操作投影仪、幻灯机等辅助工具，并确保其无故障。

（2）板书要领。使用黑/白板时，一定要谨记：别边说边写，这是不礼貌的行为。因为在你身后的人可能听不到你在说什么。

（3）视觉教具。视觉教具一般是指投影仪、电视、录像、幻灯机、悬挂式放映机等。在使用视觉教具时，应注意不要过度使用，一个视觉教具强调一个关键点，多使用图表资料，图片或图表的制作要使培训对象容易看懂。

5. 掌握基本技巧和提升技巧

（1）基本技巧。基本技巧主要包括闪亮开场技巧、克服讲台恐惧技巧、激发学习欲望技巧、增强说服力技巧、临场展现技巧和完美收尾技巧。

1）闪亮开场技巧：常用的方式包括开门见山、事实陈述、故事导入、问题切入、彼此交流、时事讨论、测试引入、游戏导入、幽默渲染、出其不意等。

2）克服讲台恐惧技巧：常用的方式包括剖析原因、正视紧张、精神激励、做运动操、心理暗示和实战演练等。

3）激发学习欲望技巧：常用的方式包括挖掘需求、自我激励、压力激励、奖励激励、幽默调剂和话语提醒等。

4）增强说服力技巧：常用的方式包括先说服自己、不打无把握之战、用工具说话、事实胜于雄辩和善于借用现场演示等。

5）临场展现技巧：常用的方式包括口语表达流利、训练音量与音调、善用肢体语言克服紧张情绪、合理利用时间管理和充分展现自信等。

6）完美收尾技巧：常用的方式包括要点回顾、故事启发、小组竞赛、行动促进、激励号召和触动情感等。

（2）提升技巧。提升技巧主要包括灵活掌控培训对象技巧、现场感染力塑造技巧、困难局面应对技巧、有效沟通技巧、触发学习技巧和个人风格塑造技巧。

1）灵活掌控培训对象技巧：常用的方式包括察言观色、有效提问、高效倾听和巧妙测试等。

2）现场感染力塑造技巧：常用的方式包括言语自信准确、措辞简洁专业、巧用身体语言和增添声音魅力等。

3）困难局面应对技巧：常用的方式包括发错材料、叫错姓名的应对，忘词与回答不上问题的应对，应付难缠学员的技巧，时间和场面失控的解决，有效处理环境及设备的影响等。

4）有效沟通技巧：常用的方式包括观察技巧、倾听技巧、澄清回馈技巧、引起共鸣技巧等。

5）触发学习技巧：常用的方式包括有效学习循环、了解学习风格、掌握学习需求和克服学习障碍等。

6）个人风格塑造技巧：常用的方式包括分析了解自己、不盲目效仿他人、挖掘自身潜力和做最好的自己。

（三）授课方法

1. 选择授课方法应考虑的 5 个因素

内部培训师在选择授课方法时，应考虑的 5 个因素如图 6–2 所示。

2. 授课方法种类

授课方法是指交付给培训对象学习内容的策略。它直接影响培训课程的效果，因此选择合适的授课方法非常重要。授课方法的种类有讲授

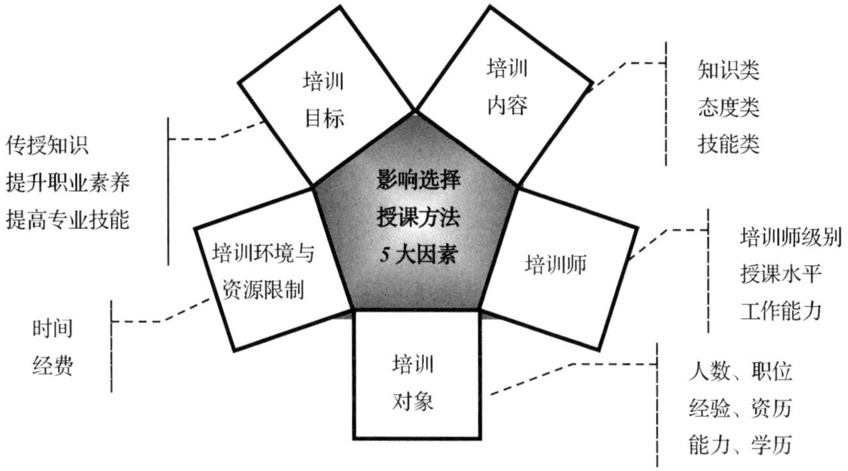

图 6-2　选择授课方法应考虑的 5 个因素

法、学习考察法、角色扮演法、提问法、户外训练法、专家座谈法、小组讨论法、研讨法、现场参观法、案例分析法、头脑风暴法、游戏模仿法、客座讲解员法、视听法。

不同的授课方法适用于不同的课程。常用授课方法的介绍及适用范围见表 6-6。

表 6-6　　常用授课方法的介绍及适用范围

授课方法	介绍	适用范围
讲授法	讲授法又称课堂演讲法，是一种通过语言表达的形式传授知识、技能和态度，使抽象知识变得具体形象、浅显易懂，一次性传播给培训对象的培训方法	适用于对企业新政策或新制度的介绍与演讲、引进新设备或技术的普及讲座等理论性内容培训
研讨法	研讨法是被广泛使用的一种培训方法，在培训中起着很重要的作用。它着重于培养培训对象独立钻研的能力，允许培训对象提问、探讨和争辩，因此使其从培训中获益良多	适用于培训对象自信心强、自主和自控能力较强，喜欢比较宽松的管理方式和更多的自由发挥空间的知识型内容的培训

续表

授课方法	介绍	适用范围
角色扮演法	（1）设定一个最接近现在状况的某种情境，指定学员扮演某种角色，借助角色的演练来理解角色的内容，从而提高主动地面对现实和解决问题的能力 （2）角色扮演法可以分为如下2类： 1）结构性的角色扮演 2）自发性的角色扮演	（1）适用于对实际操作人员或管理人员的培训，主要是运用于询问、电话应对、销售技术、业务会谈等基本技能的学习和提高 （2）适用于新员工、岗位轮换和职位晋级的员工的培训
案例分析法	把实际工作中出现的问题作为案例，向培训对象展示真实的背景，提供大量背景材料，由培训对象依据背景材料来分析问题，提出解决问题的方法，从而培训培训对象的分析能力、判断能力、解决问题能力及执行业务能力	（1）适用于新晋员工、管理者、经营干部、后备人员等阶层员工的培训 （2）适用于学习解决问题的技巧或教授解决问题的程序
户外训练法	户外训练又称拓展训练，是一种让培训对象在不同寻常的户外环境下，直接参与一些精心设计的程序，从而自我发现、自我激励，达到自我突破、自我升华的新颖有效的培训方法	适用于提高个体的环境适应与发展能力，提高组织的环境适应与发展能力类型的培训课程，从某种意义上说，就是生存训练
游戏模拟法	游戏本身是一种娱乐活动，把游戏引入到培训活动中的目的，是使培训对象通过娱乐活动加强对知识、技能和态度的理解，加强沟通，加强竞争和团队意识，激发培训对象的创新精神，所以，这是一种寓教于乐的培训方法	游戏模仿法的趣味性和挑战性强、培训对象的参与程度高、互动性强，尤其适用于以沟通、人际关系及工作协调为主题的培训课程
小组讨论法	培训师给出一定的主题背景，要求培训对象在规定的时间内讨论出某种结果的授课方法	适用于培训师准备相当充分、要充分运用辅助资料，对环境的要求较高的课程
视听法	视听法又称多媒体教学，利用幻灯片、电影、录像、录音等视听教材与培训对象之间互动交流来刺激培训对象，使其在视觉、听觉、触觉上形成多方位的感受，从而使之产生体验	适用于新晋员工培训，用于介绍企业概况、传授技能等培训内容，也可用于概念性知识的培训

五、内部培训师的考核

（一）内部培训师的考核依据

内部培训师的考核依据主要包括培训对象满意度和培训部评价两个方面。培训对象满意度是指培训对象在接受培训后，对培训师的评价，主要通过问卷评价表进行。而培训部的评价主要通过教学质量、教学效果、工作态度、授课技巧、课程内容的熟练程度、课程开发的内容等进行评价。

（二）内部培训师的考核方法

内部培训师的考核方法主要包括单个培训项目考核和年终考核。

单个项目考核是指在某项培训项目结束后，通过学员满意度对教学效果、教材设计、授课能力、学员收益几个方面进行考核。年终考核主要由人力资源部对培训师工作业绩、工作技能、工作态度几个方面进行考核。

（三）内部培训师的考核结果运用

内部培训师的考核结果将用作培训师奖惩和晋级的参考依据。对考核结果不合格或者受到学员两次以上重大投诉的培训师，将取消其培训师资格。

六、内部培训师的激励

内部培训师队伍是企业培训管理工作的核心之一，缺少内部培训师，企业培训就是无本之木、无源之水。企业需要通过建立完善的激励机制，吸引更多的员工参与到内部培训师队伍的建设工作中，并有效地保证内部培训师队伍的不断壮大和持续稳定。

激励机制建设工作主要包括激励形式的确定、激励标准的制定，并明确激励机制在执行中的注意事项等。

（一）确定内部培训师激励的形式

对内部培训师的激励机制多采取精神激励为主、物质激励为辅的方式。

1. 精神激励

精神激励是指通过非物质方式进行的激励，具体包括星级培训师光荣榜、旅游研讨会、技术外训、行业峰会企业代表、年度最具人气培训师评选、年度最佳培训师评选等方式。

2. 物质激励

物质激励是指通过提高薪酬、增加福利等物质方式进行的激励，具体包括培训师津贴、晋升、涨薪等方式。

（二）制定内部培训师的激励标准

内部培训师已成为企业培训的重要资源，但如何有效激励内部培训师却仍然是一个棘手的难题。而设计培训师评价表，按照评价表的得分值、累积授课时数和工作经验，对每一位培训师评级，并按照不同等级发放课时津贴是切实可行的方法。

在实际工作中，企业应制定内部培训师管理制度，明确内部培训师的各项管理规定。

课程实训

结合本节内容的学习，请尝试制作“内部培训师管理制度”。

实训指导：

内部培训师的管理应包括内部培训师的选择、考核与激励管理等内容。

下面是某公司内部培训师管理制度范本，供读者参考。

内部培训师管理制度

第1章　总则

第1条　目的。

为构建公司内部培训师队伍，实现内部培训师管理的正规化，帮助员工改善工作及提高绩效，有效传承公司相关技术和企业文化，特制定内部培训师管理办法。

第2条　适用范围。

本办法适用于公司各部门。

第2章　管理职责

第3条　人力资源部为内部培训师的归口管理部门，负责培训师的等级评聘、评审，制定课程计划及日常管理。

第4条　各部门培训负责人协助人力资源部管理内部培训师，积极开展内部授课；各部门应积极协助与支持内部培训师的授课管理与培养工作。

第5条　内部培训师的工作职责。

1. 根据公司人力资源部的安排，开展相关内部培训课程。

2. 负责参与公司年度培训效果工作总结，对培训方法、课程内容等提出改进建议，协助公司培训主管完善公司培训体系。

3. 负责培训对象的考勤和考核。

4. 负责编写或提供教材教案。

5. 负责制作培训对象测试试卷及考后阅卷工作。

第3章　内部培训师资格评审与评聘程序

第6条　内部培训师的类别。

1. 内部培训师分储备培训师和正式培训师两类。

2. 内部培训师除了可以获得授课薪酬之外，还可以获得公司组织的“培训师培训”（委外或外派）。

3. 正式培训师等级资格证书由人力资源部颁发审核，总经理审批。

第7条　内部培训师评选条件。

1. 具有认真负责的工作态度和高度的敬业精神，能在不影响工作的前提下积极配合培训工作的开展。

2. 在某一岗位专业技能上有较高的理论知识和实际工作经验。

3. 形象良好，有较好的语言表达能力。

4. 具备编写讲义、教材、测试题的能力。

第 8 条 等级评聘。

为了保证培训效果并激励培训师授课水平的自我提升，培训师按级付酬，正式培训师划分为 3 个等级，等级按"培训效果调查表"得分标准评聘。

第 9 条　内部培训师评聘程序如下。

1. 各部门推荐或个人自荐，部门经理审核，人力资源部审批，审批后的培训师将获得储备培训师的资格。

2. 人力资源部与培训主管部门会适当安排储备培训师授课。

3. 培训主管部门安排内部培训师授课前，应通知人力资源部有关培训师和课程安排事项，以便于人力资源部对培训师的授课情况进行跟踪。

4. 人力资源部组织、培训主管部门协助对储备培训师的授课效果进行抽查，对连续 2 次抽查得分低于 60 分的培训师，暂停安排授课，若因个人或组织需求，可按本规定重新申请。

5. 各级培训师均可以提出晋级申请，人力资源部受理申请并组织晋级评聘，聘期 1 年。满足以下标准可申请晋级评聘。

晋级评聘标准

级别	连续 2 次考察授课均达到的评分标准	授课时数
三级培训师	70~80 分	8 小时/年
二级培训师	80~90 分	10 小时/年
一级培训师	90~100 分	15 小时/年

6. 人力资源部组织、培训主管部门协助对正式培训师的授课效果进行抽查，连续 2 次抽查得分低于本级标准得分下限的培训师降一级，经再次考核得分高于本级标准得分上限方可恢复原级别。

第 10 条　公司鼓励广大员工积极参与内部培训师评聘与晋级，内部培训师业绩作为其工作绩效考核的参考依据之一。

第4章　内部培训师考核

第11条　所有被列入正式内部培训师名单的培训师必须在3个月内完成一门正式培训课程授课任务，包括课题确定、教材开发、教案准备、正式授课等，并由培训对象对其进行授课效果的评估，填写“内部培训师授课现场效果评估表”。

第12条　内部培训师应严格按培训规范操作流程开展授课，同时课程需有相应记录，包括培训前需求调查表、内部培训师授课现场效果评估表等课程相应的记录，作为考核内部培训师的标准之一。

第13条　年中/年终考核

公司人力资源部每年对内部培训师进行2次考核，考核安排在与人力资源部对公司中层以上人员绩效考核同时进行，采用“内部培训师年中/年终考核表”。

第14条　内部培训师如在1年之内有3次课程的现场效果评估低于60分，即被降为储备培训师。

第15条　每年对表现优秀的培训师，如年度授课时数完成规定，且课程效果评估平均在85分以上者，由公司人力资源部提名报总经理批准后，予以晋级和奖励。

第5章　内部培训师培训与激励

第16条　内部培训师的培训。

为了提高培训的成效，凡申请担任正式培训师的人员，经过资格初审后，需接受下列培训师培训课程。

1. 学习原理。

2. 成人学习特点。

3. 企业培训与员工发展。

4. 教材设计与制作。

5. 培训技能训练。

6. 外出专业培训。

第17条　内部培训师的激励。

1. 内部培训师的授课可享受授课津贴或带薪调休的奖励方式（不同

时享受)，如周六、周日授课直接领取培训师课酬。授课津贴和讲义编制费标准如下表所示。

授课津贴和讲义编制费标准

级别	授课津贴	讲义编制费
一级培训师	200元/课时	300元/门
二级培训师	150元/课时	200元/门
三级培训师	100元/课时	150元/门
储备培训师	50元/课时	100元/门

2. 发放授课津贴的课程必须为培训主管部门统一安排并经培训主管部门考核合格的课程，以现金形式发放。

3. 发放时间为课程后期跟踪、总结完成后1个月内。由培训主管部门复核后报公司总经理审批、支付。

第6章　其他规定

第18条　培训师出现下列情况之一的，取消培训师资格。

1. 除遇不可抗力原因外，培训师无故不参加授课1次者。

2. 故意制造不良事件，或工作不负责任者，以致培训成效受到明显不良影响。

3. 年度综合考核分数最后一名。

4. 培训师泄露公司机密，将培训等资料对外泄露，或未经公司许可参与同行业的培训交流活动。

5. 申请离职或辞职者。

第19条　培训师档案管理。

1. 通过公司综合评审的候选人将由总经理亲自颁发内部培训师聘任证书，并在公司网站、OA系统进行公布，树立内部培训师的个人形象和品牌，增加内部培训师的荣誉感。

2. 正式聘任的内部培训师将纳入内部培训师资料库，享受相关待遇。

第7章　附则

第20条　本办法经总经理批准后生效，自颁布之日起执行。

第21条　本办法最终解释权归人力资源部所有。

第二节　外部培训师管理

一、外部培训师的选择

（一）外部培训师的选择流程

对外部培训师进行严格的筛选，是为了规范企业外部培训师管理，保证培训有效、有序地进行。通过合理安排外部培训师，弥补公司内部培训人员的不足，促进培训工作发展。

具体而言，选择外部培训师的管理职责包括以下几点。

（1）专业部门或培训部向人力资源部提出外部培训师申请，进行外部培训师选择。

（2）培训部或专业部门协助外部培训师完成相关培训工作，并对相关培训项目进行评估。

（3）培训部经理代表企业与外部培训师签订培训协议。

（4）企业财务部门负责外部培训师的费用审批。

外部培训师选择的途径主要包括从大中专业院校聘请教师、聘请专职培训师、从培训机构聘请培训顾问、聘请本行业的专家学者或在网络上查找并联系培训师等。

（二）外部培训师的选择标准

1. 丰富的实战经验

培训师必须具备足够的实战经验，全方位融合理论知识与管理实践，能够真正帮助组织解决实际问题。

2. 独立开发课程的能力

培训师必须具有独立的课程开发能力，能够根据组织的实际需要开发并完善课程，使所传授的知识和技能保持实用性和先进性。

3. 相关领域的持续研究能力

培训师必须持续关注相关领域的最新发展，并不断地学习和研究。

4. 良好的授课效果

培训师必须深刻理解成人学习的过程，灵活运用多种培训方式，善于把握和控制课堂气氛，使培训效果最大化。

5. 较强的授课能力

培训师应具有良好的表达和演绎能力，以及解答问题和辅导能力。

6. 良好的客户反馈

通过对接受过该培训师培训的组织进行调查，全面了解培训师所授课程的实用性、授课风格、互动效果等，只有得到客户认可的培训师方可进入培训师候选名单。

（三）外部培训师试讲程序

外部培训师应根据培训部事先编制的试讲程序有条不紊地开展试讲工作，试讲程序一般为：

（1）培训部负责人与培训师约定试讲的时间、地点、试讲内容等详细信息。

（2）培训部成立试讲评估小组并设计试讲评估相关表单。

（3）培训部事先到约定的培训地点做好试讲准备，包括场地安全，试讲用相关设备、设施等。

（4）培训部组织评估人员到场，培训师试讲，评估人员评估。

（四）外部培训师的来源

（1）国内外高等院校、科研单位的相关领域专家学者。

（2）培训公司培训师及咨询机构咨询师。

（3）国内外知名公司中高层管理人员。

（4）本公司或行业内其他公司已退休骨干人员。

（5）其他途径。如相关人员推荐的具备相关行业工作经验的人员。

（五）注意事项

1. 明确课程计划及培训师选聘的要求

（1）要确定有哪些培训课程，具体选聘哪一个课程的培训师。

（2）这个课程要达到什么样的培训目标和目的。

（3）对培训师有什么要求，如知识方面、技能方面（语言表达、写作水平、授课水平、授课方式及教学模式、互动技巧、控场能力等）、职业操守等方面。

2. 外部培训师选聘

（1）外部培训师的选聘途径。外部培训师的选聘途径包括咨询公司、网站、直接与培训师联系或熟人介绍等。

（2）外部培训师的考察。外部培训师的考察可用直接考察法，如邀约面谈、试讲等。也可以用间接考察法，如可以通过网站看培训师的视频、培训师的博客，查看培训师的著作；向同行打听，向其曾经服务过的企业打听；考察其授课经历（看其授课记录及授课频次），看其教学大纲、教案/讲义、个人阅历等。

（3）组织试讲。由培训师开发要讲的课件并制作教案、教材，组织相关人员进行试讲，从教学设计、课程实用性、内容安排的合理性、讲解的生动性、课堂氛围的活跃性、学员的参与度等方面来评判是否可以聘用。

（4）外部培训师聘用。对于试讲合格的外部培训师，企业及时与其签订聘用协议，并明确授课内容、薪水等细节。

二、外部培训师的考核

对外部培训师的评估依据主要包括培训对象满意度和培训部门评价两个方面，具体内容如下。

1. 培训对象满意度

培训对象满意度，指外部培训师授课结束后，培训对象通过填写问卷调查对培训师进行评价。培训部门评价，主要包括教学质量、教学效果、工作态度、授课技巧、对课程内容的熟练程度等。

2. 培训部门评价

对于外部培训师的评估，企业一般先会采取问卷调查的方式对培训对象展开统计，对问卷进行分析。同时，在培训结束一段时间后，企业会对培训对象的工作绩效和企业运营情况进行总结，以观察培训效果，并对外部培训师进行评估。

本章自测题

1. 外部培训师和内部培训师的优缺点各有哪些？
2. 内部培训师评价考核方式有哪些？
3. 外部培训师的选择标准有哪些？

第七章　培 训 方 式

学习目标

➢知悉培训方式与培训方法的区别
➢了解主要的培训方式
➢掌握培训方式的选择依据

引导案例

某高科技企业成立于2015年，2019年销售额过亿。2020年企业有大的项目实施，面临巨大的发展空间。因此企业规模由2020年年初的200多人，将要扩充到年底的350人，员工和管理人员培训面临巨大的发展瓶颈。

公司培训状况：

(1) 总经理非常重视培训工作，已经意识到培训的重要性和紧迫性；

(2) 企业管理团队的建设和培养到了非常紧迫的地步，但目前管理团队人员大多数没有经过系统的管理培训，并且没有形成管理梯队；

（3）企业没有财务压力，培训预算比较充足；

（4）目前核心管理人员10人，中层管理人员20人，目标是用约半年时间形成50人的管理团队，主要为内部选拔和培养。

培训部经理以目前的管理人员为目标进行分析，确定企业管理人员扩张后应以中层管理人员为核心的管理培训方案。因为中层管理者除了具有管理职责、岗位职责以外，还起到员工与公司决策者上传下达的作用，如果中层管理者不能发挥其应有的作用，则会对公司的管理和决策的贯彻带来很大的阻碍。

以中层管理人员为核心的管理培训方案重点是对中层管理人员进行业务能力提升的培训和管理能力提升的培训，因涉及技术研发、生产、营销等不同的部门，如何选择不同的培训方式开展培训，才不会影响企业正常的业务开展？

第一节　培训方式的分类

一、培训方式概念

培训方式，是指企业在培训员工时，根据企业实际情况以及员工当前状态而选择的培养或教育的模式。有别于本书第四章所提及的“培训方法”，此处所提及的培训方式，是更加宏观、更加广义的一种“模式”，或说“形式”，如岗前培训、在岗培训，内部培训、外部培训。

培训必须通过一定的方式进行，培训方式的选择很大程度上会影响培训效果。培训方式多种多样，对不同的培训方式进行归类，对不同的培训方式进行效果分析，有利于企业培训管理工作人员选择最适合当前参训学员的培训方式，使得培训效果最优化。

二、培训方式分类

（一）按培训对象是否在岗分类

按照参训学员接受培训时，是否在岗位开展指定的工作，可将员工培训方式分为岗前培训、在岗培训、脱岗培训、自我培训这四种。

1. 岗前培训

（1）岗前培训的定义。岗前培训是指在新员工正式上岗前进行的培训，培训内容涉及企业规章制度、企业文化、企业环境、岗位职责、岗位技术、工作流程、考核标准等。

（2）岗前培训的类型。岗前培训一般分为新员工入职培训和内部员工调岗复岗后培训两种类型。通过岗前培训，可以让员工学习和掌握基本的工作操作方法和程序、建立工作中的合作关系、确立参与工作的意识，其意义在于对即将上岗的员工的行为做出合理有效的规划和指导，使其建立起符合企业目标要求的规范化行为模式和思想意识。这两种培训方式的内容与主要效果，见表 7-1。

表 7-1　　岗前培训的内容与效果

名称	内容	所实现的效果
新员工入职培训	向新入职的员工介绍企业概况，如组织结构、各部门职能、公司历史、主要的政策法规、今后发展方向及职工的权利义务与责任等	提高员工忠诚度、增强员工适应度、提高员工工作效率、提高员工归属感
内部员工调岗复岗后培训	对调岗的员工进行新岗位工作内容的讲解与演练，对复岗的员工教授岗位所需的新技能等	使调岗或复岗后员工切实了解处理业务的原则、技术、程序与方法，尽快胜任岗位所分配的工作

通过岗前培训可为企业提供一支专业知识、业务技能与工作态度均符合经营要求的职工队伍，这对企业发展具有至关重要的作用。

（3）岗前培训的意义

1）对员工而言

①帮助新上岗员工掌握胜任本职工作所需要的方法，提高其上岗后的工作效率。

②帮助新上岗员工了解本职工作内容的同时，了解企业的发展目标、价值观等内容。

③提升新上岗员工的归属感和对企业的认可度，帮助新上岗员工尽快进入角色，融入企业。

2）对企业而言

①通过岗前培训，企业可以更好地识别人才，提高人力资源的使用效率。

②有利于加深员工对工作和企业的好感，降低员工流失率。

2. 在岗培训

（1）在岗培训的定义与特点。在岗培训也称在职培训，是指员工不脱离岗位，利用业余时间和部分工作时间参加的培训。培训形式主要有工作辅导、企业内训、内部会议等。在岗培训主要是结合工作现场业务，通过上级或优秀员工的培训、指导及员工的自我学习，不断提高员工工作胜任力的一种培训方式。在岗培训内容大多与岗位密切相关，如关于工作知识、技能、态度，操作流程，工作标准，注意事项等。接受部门主管、组长、领班或同事的业务指导，出席有关会议，见习或代理工作，工作轮换等均属在岗培训。

如果说岗前培训是为员工做好就业的准备，是每位员工成功、快速融入企业的必经之路；而在岗培训则是岗前培训的深化，持续的时间比岗前培训要长，甚至会始终贯穿每一位员工在本企业的全部职业生涯过程。

与其他培训方式相比，在岗培训更容易实施，这种培训方式允许员工一边工作一边接受培训，培训师或工作导师可根据培训对象的不同情况因材施教，既可提高培训的有效性，也可大大节约培训费用。

（2）在岗培训的主要类别。在岗培训主要包括在岗定期培训、岗位晋升培训两类。

1）在岗定期培训。在岗定期培训，是指根据员工所在部门工作要求及员工的实际工作情况，定期组织部门有关人员进行在岗培训，及时解决工作中存在的问题。

2）岗位晋升培训。由于员工晋升到新岗位的岗位职责、能力要求、角色素质等发生变化，企业人力资源管理部门应在员工晋升前对其进行综合培训，以保证员工能够迅速胜任新工作。

3. 脱岗培训

（1）脱岗培训的定义。脱岗培训，是指员工离开现任的工作岗位去接受培训，所以也称作职外培训。根据受训时间安排、员工脱产时间的长短，职外培训可分为全日式、间日式与兼时式培训。

参加脱岗培训时，员工可在专家指导下，专心接受培训并学习高度专业化的知识和技能，并且员工之间可相互学习，提升培训效果，更容易培养员工之间的团队意识。但是，脱岗培训一般培训费用较高，培训成果可能无法及时运用到工作岗位中，还会影响工作进度。

（2）脱岗培训的类型。脱岗培训的主要类型见表 7-2。

表 7-2　脱岗培训的主要类型

划分标准	类型名称		
按是否和工作有联系划分	全脱岗培训		半脱岗培训
按培训地点划分	公司内部培训		外派培训
按培训师来源划分	内部培训师培训		外部培训师培训
按培训时长划分	临时脱岗培训	短期脱岗培训	长期脱岗培训
按培训人员数量划分	团队脱岗培训		个别人员脱岗培训

（3）脱岗培训的特点。脱岗培训的特点主要体现为以下 5 点。

1）培训人数。培训人数较多，覆盖面较广。

2）培训产生方式。由企业或部门统一决策、安排。

3）培训时间。时间相对较长，会占用较多的工作时间。

4）培训内容。涉及知识、技能、业务、态度等方面。

5）培训费用。接受专业的培训，培训费用较高。

4. 自我培训

自我培训是指员工具有强烈的上进心、严格要求自己，根据自己的特点不断地进行自我学习。这种培训方式是员工一种主动学习的行为。

自我培训最大的优势在于费用低、不影响工作，员工会在学习过程中展现学习的个别差异，有利于培养和锻炼员工的自学能力。但是，自我培训这一方式对员工的自觉性要求高，员工之间学习能力的差异对培训效果影响大。

（二）按培训师是否外聘分类

根据企业对培训师的不同选择，培训方式从总体上还可以分为如下 3 种：企业内部培训师的内部培训、企业外部培训师的内部培训、员工参加外部企业举行的公开课培训。

1. 企业内部培训师的内部培训

这一培训方式是指在企业内的管理人员作为培训师或人力资源部设专职的内部培训师为员工开展培训活动。在具体实践中，这一培训方式有两种不同的做法，每种做法均会产生不同的效果。具体分析参见表 7-3。

表 7-3　　企业内部培训师培训的形式与效果

内部培训师	形式	效果
内部管理人员	内部管理人员作为主讲的培训师，运用企业内部的培训资料对员工进行培训，或先参加外部培训课程，然后将外训课程带回企业内化	培训时间灵活、培训效果易于控制，可传授实用性技能，管理人员对企业整体情况比较了解，针对性强
专职培训师	专职的内部培训师开发培训课程向员工讲授，或去外面听各种公开课，然后回到企业将所学知识“转授”给企业内部人员	专业性更强，培训进度控制更熟练；培训师从外部学习后，可以带来许多全新的理念；对员工有较大的吸引力

2. 企业外部培训师的内部培训

这一培训方式是指企业从外部聘请有实战经验的培训师对员工进行内部培训。这种培训方式可帮助企业实现下列 4 大培训效果。

（1）可以针对影响企业员工的态度或绩效方面的迫切问题量身定做。

（2）“他山之石，可以攻玉”，外聘培训师可以给企业带来解决问题的新思维、新方法。

（3）企业内训的形式可以讨论企业的保密性敏感问题，互动性强、训练强度高、技能提升快。

（4）“外来的和尚好念经”，企业领导可“借”外部培训师之口传达自己的敏感理念，会有不一样的效果。

3. 员工参加外部企业举行的公开课培训

企业可以根据自身的需求，选择部分员工参加外部企业举行的公开课培训。这类公开课培训一般参与人数众多，课堂气氛热烈，且培训师具有丰富的经验。参加外训的目的就是提高培训对象某一方面的专业知识与实战能力，同时也可以为今后内训培养储备培训师。

参加外部企业举行的公开课培训可以提升培训对象人际交往的能力，并且公开培训过程氛围较好，可以激发学员的积极性，增长学员见识。

（三）按培训对象参与培训的方式分类

除了上述两种最常见的分类方式外，培训方式还可以根据学员参与培训的具体方式不同而进行不同的分类，具体包括：直接传授型培训、实践型培训、参与型培训、态度型培训以及科技型培训。这 5 种培训方式的效果分析见表 7-4。

表 7-4　　5 种培训方式的效果分析

<table>
<tr><th>名称</th><th>参训方式</th><th>效果分析</th><th>常用培训方法</th></tr>
<tr><td>直接传授型培训</td><td>培训对象被动接受培训师的传授，有部分的互动环节</td><td>适用于知识类培训；传授内容多，知识比较系统、全面，有利于培养大面积人才；对培训环境要求不高，有利于培训师的发挥；培训对象可利用教室环境相互沟通，也可以向培训师请教疑难问题；平均培训成本较低</td><td>讲授法
专题讲座法
研讨法
……</td></tr>
<tr><td>实践型培训</td><td>培训对象通过亲自实践、亲自操作的方式参与培训过程</td><td>适用于以掌握技能为目的的培训；培训对象边工作边学习，无须特别准备教室和培训设施；实用有效，培训效果易于观察、评估，培训对象通过实际操作使培训内容与工作紧密结合；培训师能及时得到关于培训效果的反馈</td><td>工作指导法
工作轮换法
特别任务法
个别指导法
……</td></tr>
<tr><td>参与型培训</td><td rowspan="2">培训对象通过培训师设置的活动、案例等参与到培训的过程中</td><td>调动培训对象积极性，互动学习，在参与活动中获得知识、技能，掌握正确的行为方式，开拓思维，转变观念；参与性强，变培训对象被动接受为主动参与；将学员解决问题能力的提高融入知识传授中；教学方式生动具体，直观易学；培训对象之间能相互交流</td><td>自学
案例研究法
敏感性训练法
头脑风暴法
……</td></tr>
<tr><td>态度型培训</td><td>主要针对行为调整和心理训练；培训对象参与性强，与培训师之间互动充分；可增加学员之间的感情交流，培养其沟通表达能力；增强培训对象的心理素质和反应能力；具有高度的灵活性，培训内容可随时调整</td><td>角色扮演法
拓展训练法
……</td></tr>
<tr><td>科技型培训</td><td>培训对象通过视听技术、网络技术、在线学习平台系统等自主学习，参与培训过程</td><td>适合与其他培训方式配合实施，或培训对象自学；无须聚集，节省培训费用；可充分利用网络资源、声音、图像和影音文件，增强趣味性，从而提高学习效率；培训进程安排灵活，由培训对象自主掌控，可利用空闲时间学习</td><td>视听技术法
E-Learning 培训
企业大学培训
……</td></tr>
</table>

第二节 培训方式的选择

一、培训方式与适人分析

（一）根据培训对象的技术特征和心理特征选择培训方式

从培训对象的技术特征、心理特征看，可将培训对象分为成熟与非成熟两种类型。

（1）培训对象在技术、心理等方面都趋向成熟时，已不愿轻易接受他人的观点，对事务有自己的分析与理解。在对此类培训对象培训时，讲授法、视听技术法等诸多培训方式的运用效果较差；而应采用比较灵活的培训方式，如参与型培训、态度型培训等，以满足其更高层次的培训需求。

（2）当培训对象的心理不够成熟时，可采用灵活性差、但适合基本知识技能传授的培训方式，如讲授法、专题讲座法和研讨法等，促使其尽快掌握基础知识、基本技术，且快速地适应企业的管理模式及要求。

（二）根据培训对象的个性特征选择培训方式

近年来，经过专家们的观察研究和实践证明，培训对象的个性特征也是影响培训方式实施效果的因素之一。其中，最经典的当属戴维·科尔布（David Kolb）的学习圈理论，他认为经验学习过程是由 4 个适应性学习阶段构成的环形结构，包括具体经验、反思性观察、抽象概念化、主动实践，并根据此理论将培训对象分为积极主动型、反思型、理论型、应用型 4 类。

（1）积极主动型的培训对象在学习中有强烈的参与意识，表现欲强，具有丰富的想象力和创造力，注重感情，这类培训对象多乐于从事社会工作与工商管理。对这类培训对象的培训可采用小组讨论法、案例分析法等培训方式。

（2）反思型的培训对象擅长归纳推理，特别注重对信息的收集与分析，考虑问题过于理性化，做事小心谨慎，对别人常持否定态度。对这类培训对象不适合采用参与性高的培训方式，而宜用讲授的培训方式。

（3）理论型学员偏好假设、思维、理论模型和系统分析，崇尚理性和逻辑。此类培训对象善于用分析的方法进行学习，宜采用自学、研讨、案例分析、网络等培训方式。

（4）应用型培训对象注重理论与实践的结合，喜欢新的经历和冒险，适应能力强。基层管理者、工程师、高级技工等多属此类型人才，对其培训则宜采用案例分析法、角色扮演法等方式。

二、培训方式与适岗分析

就培训对象的岗位层级来分析，可将培训对象分为操作型、基层管理型、中层管理型与高层管理型员工。不同岗位层级的培训对象，在接受培训时，偏好的或适用的培训方式也有所不同。

（一）操作型岗位适用的培训方式

企业各类专业技术人员和各技术工种实际操作人员的素质水平、技术熟练程度与工作态度直接影响整个企业产品水准与产品质量。

对这类人员的培训目标应着眼于提高他们的整体素质，即从专业知识、业务技能与工作态度三方面进行培训。培训内容多与这些员工日常岗位工作或事务性工作密切相关，往往通过聘请专业技术人员授课的方式，对其进行新技术、新标准等方面的培训，也常通过小组讨论的方式让员工复习巩固所学知识。

（二）基层管理型岗位适用的培训方式

基层管理型岗位是相对于高层管理人员与中层管理人员而言的，在企业中通常是指在生产、科研一线承担管理任务的人员，如车间主任、班组长、领班、工头等。这些基层管理人员是企业的骨干型员工，起着保证各项任务在基层全面落实的重要作用。

针对基层管理人员主要采取直接传授的方式进行培训，具体形式包含讲授法、专题讲座法、研讨法等。通过直接传授的方式进行培训，可以提高基层管理人员知识水平和综合能力，通过上述方法基本可以满足对基层管理人员的培训需求。

（三）中层管理型岗位适用的培训方式

中层管理型人员是指处于高层管理人员和基层管理人员之间的一个或若干个中间层次的管理人员，他们的主要职责是贯彻执行高层管理人员所制定的重大决策，监督和协调基层管理人员的工作。中层管理人员是企业的中坚力量，包括部门经理及以下的各级管理人员。

对中层管理人员的培训重点是管理角色的转变，领导能力、沟通协调能力、问题解决能力的提升，以及人际关系实战技巧等。基于这些内容方面的培训，案例分析法、小组讨论法等实践性较强的培训方式最为适用。

（四）高层管理型岗位适用的培训方式

高层管理人员是企业管理决策层的重要人物，包括正、副总经理。高层管理人员是指对整个组织的管理负有全面责任的人，他们的主要职责是制定组织的总目标、总战略，掌握组织的大政方针，并评价整个组织的绩效。企业高层管理人员的作用主要是参与重大决策和全盘负责某个部门，兼有参谋和主管双重身份。

作为企业管理中枢，对决策管理层培训的内容主要是如何树立宏观经济观念、市场与竞争观念以及销售因素分析与营销策略制定、预算管理、成本控制和组织行为等一系列课题。

高层管理者由于工作的不确定性更大，且需做出企业发展的战略决策，因此研讨会方式尤其适合。另一方面其对培训时间的灵活性与信息的速度与质量要求高，因此内部网络培训、自学也适合高层管理者的培训。

三、培训方式与业务分析

培训对象拟任或所任岗位的业务事项，即培训对象的工作内容，也是影响培训方式选择的重要因素之一。企业培训管理人员或培训师在根据业务事项选取培训方式时，重点需要考虑培训对象与其拟任或所任岗位业务事项可离性、工作压力这两大因素。

（一）岗位业务可离性

1. 岗位业务可离性低

如果培训对象与其业务事项可离性低，进行集中培训会影响其业务的开展，则此类培训对象适合采用自学或在岗培训这些培训方式。其中，自学适用于知识、技能、观念、思维、心态等多方面的自我学习，费用低、不影响工作。而内部网络也为自学提供了硬件支持，网上培训的进程安排灵活，有利于员工根据自己的工作安排利用空闲时间学习。

由于培训对象不能离开工作岗位，除自学方式外，更多可以采用“师带徒”这一在岗培训的方式，在师傅的指导和教练下，员工边接受培训边开展工作，在不影响现有业务的情况下完成关于产品生产知识、操作技能等方面的培训。

2. 岗位业务可离性高

当培训对象工作可离性高时，企业可以根据参选学员的岗位性质、群体特性等因素选择最适用的培训方式。其中，最常见的脱岗培训正适合岗位业务可离性高的培训对象，企业可以统一组织员工参加外部企业举行的公开培训，以及拓展训练等实践型培训，提高员工的整体素质，培养其团队凝聚力。

（二）工作压力

1. 工作压力大

如果员工随时面临内部的激烈竞争，工作压力很大，即使企业不组织集中性的正式培训，这些员工也会为了提高自己的竞争实力而去自学。

此时，适合采用控制力较弱的内部网络学习、自学等培训方式。

另外，企业也可组织员工参加专题讲座，培训师只需对培训内容进行梳理与说明，并教授提高学习效率的方法，员工通过听课与内部网络资料就可以在培训过后继续学习。

2. 工作压力小

如果员工的工作压力比较小，这些员工对提升自我竞争力的动机并不强烈，就会出现自控力弱、不想学习的情况。员工的这种惰性状态，往往会导致网络学习或自学等培训方式的失败。

因此，对于工作压力小、处于非竞争环境中的员工，适合采用比较正规的培训方式，如参与性强的态度型培训、实践型培训等。此时，企业需要通过培训师的严格监督、制定相应的培训考核制度、及时检查学员的培训效果等方式确保企业培训效果的最大化。

本章自测题

1. 请简述培训方式与培训方法的区别。

2. 按培训对象是否在岗分类，有哪些培训方式？其主要内容分别是什么？

3. 按培训师是否外聘分类，有哪些培训方式？其主要内容分别是什么？

4. 除 2、3 题中提到的分类依据，你还能想到哪些分类依据？

5. 选择培训方式时，主要有哪些依据？

第八章　培训外包

学习目标

➢了解培训外包的内涵和决策因素
➢掌握培训外包的风险点
➢知晓培训外包的实施和风险控制

引导案例

目前，A企业处于高速发展的阶段，内部的各项经营管理需要进一步加强，员工素质、技能需要大幅度提升，因此，A企业需要给员工开展一系列关于能力与素质提高的培训项目。

A企业构建了内部的培训体系，也开发了系列培训课程，但随着企业业务的拓展和人员的增加，内部培训资源不能完全满足企业培训项目的需求，因此，A企业考虑将部分的培训项目以外包的形式承包给外部培训服务商，从而增强培训效果，满足企业快速发展的需要。

但是具体哪些培训项目适合外包，同时又如何选择合适的外包服务商，人力资源部经理正在思考并探索。

第一节　培训外包概述

一、培训外包内涵

在市场激烈竞争的压力下，培训外包有助于企业减少培训成本，增强培训的专业性，同时集中企业的内部资源以专注于战略性业务，争取竞争优势。然而，将企业的培训业务外包也面临着一些风险，如何在培训外包时规避可能出现的风险，是企业管理者面临的一大难题。

培训外包是指企业为使培训与开发活动以更低的费用、更好的管理、更佳的成本—效益进行，而选择将相关培训职能外包给培训外包机构的行为。这些可以外包的培训职能主要包括制定培训计划、办理报到注册、提供后勤支持、设计课程内容、选择培训师、确定时间表、进行设施管理、进行课程评价等。

外包是由哈默尔（Gray Hamel）和普拉哈拉德（C. K. Prahalad）于1990年首先提出的，外包的核心理念是“做自己做得最好的，其余的让别人去做”。在市场激烈竞争的压力下，培训外包有助于企业减少培训成本、增强培训的专业性，同时集中企业的内部资源以专注于战略性业务，争取竞争优势。

二、培训外包决策

关于是否采用培训外包的方式，需要考虑的因素很多，同时，还应该遵循决策的规范和技巧。在此，我们首先了解培训外包的决策模型，据此确定培训外包的决策。

（一）培训外包的决策模型

根据四象限法理论，我们可以选择市场成熟度与收益成本比作为判断标准。如果供应商有较高水平的培训能力、专业培训师及较好的声誉，则其成熟度高；反之，成熟度低。收益成本比，则是界定培训效果范围，显然要有高的培训效益，企业才会选择培训。

以培训市场成熟度为横坐标，以培训效果收益成本比为纵坐标，则可构建培训外包抉择的二维结构模型，如图 8-1 所示。

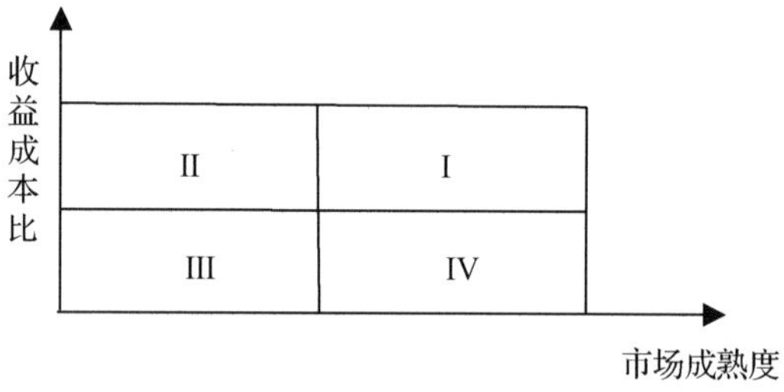

图 8-1　培训外包决策二维结构模型

企业采用自主培训方式，势必要投入大量资金和精力，增加企业负担，并且在培训后有些培训资源未必可以循环利用，致使资源浪费。第Ⅰ象限，由于供应商有较高水平的培训能力，因此，这时培训外包将成为企业首选，从而更好地为企业核心技术奠定基础。

第Ⅱ象限，由于供应商技术能力上的制约，培训外包将会有很大的风险，培训的收效存在很大的不确定性。此时可以采用内部培训或外聘专家进行培训，主要针对企业内部的专业技能或核心技术。

第Ⅲ象限，由于培训收效很小，难以提高企业核心能力，且可能带来很大的运行风险，因此不宜培训，须重新做培训需求分析。

第Ⅳ象限，此时由于培训市场较为成熟，可以把培训交给供应商，但要注意控制外包的成本，提升与外包服务供应商讨价还价的能力，在其成本降至合理范围内外包，才能确保取得良好的培训收益。

（二）内部培训和外包培训选择的决策

在确认培训需求之后，首先确认企业内部是否具备自主实施培训的资源（物质资源和人力资源）。若缺乏某一项资源，可以选择购入。如果购入资源、自主实施培训成本较低，则采取内部培训。否则，将选择培训外包。内部培训与外包培训的成本比较如图 8-2 所示。

内部培训由于要搜集培训资料、购置相应设施、聘请专业人员等费

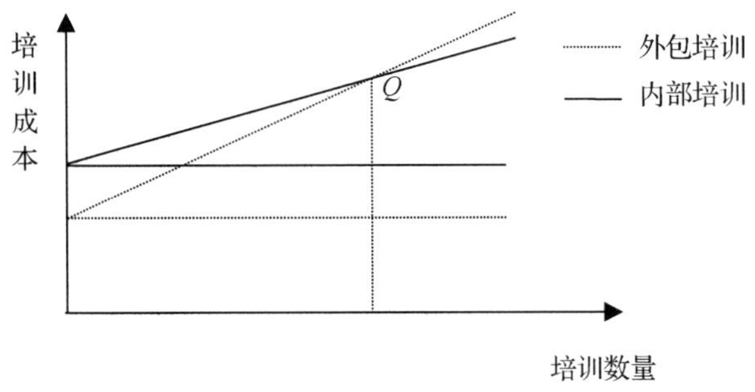

图 8-2　内部培训与外包培训的成本比较

用支出，所以其固定成本高于外包模式。培训外包，企业只需投入少量的资金就可以分享专业培训公司全面开放的专业培训经验，从而大大节约培训管理的成本。但随着企业规模的扩大，企业培训人次逐渐增多，相应的员工培训费用也将上升。图 8-2 中 Q 点是规模效应的转折点。可见，培训外包活动较为适合中小型企业。

（三）内部外包和完全外包的决策

如果内部培训成本较高，则应选择外包的形式。在这一环节中，不仅要考虑成本的因素，风险规避也是决策的主要依据。如果可以找到资质高、信誉好的外包商，可以考虑实施完全培训外包；否则，实施内部外包是比较明智的选择。

假设企业为规避风险所耗费的成本为 C，购入培训价格为 P。当企业采取完全的培训外包模式时，购入培训价格和风险成本分别为 P_1、C_1；企业采取内部外包模式时，购入培训价格和风险成本分别为 P_2、C_2。若 $P_1+C_1>P_2+C_2$，企业应以内部外包方式进行培训，主要是那些实施费用低，收益比较大或属于企业核心技术等活动，或在培训的花费高却收效甚微时，有可能部分借助外部资源实施的培训活动。若 $P_1+C_1<P_2+C_2$，企业将以完全外包方式进行培训。针对热门、热点课题的培训，或者涉及新思想、新技术、新领域的培训，在自身内部资源缺乏或花费较大时，企业可完全借助于外部力量来完成培训工作。

三、培训外包风险

由于企业内部资源的局限，只靠企业内部的力量难以及时、有效地满足培训需求。因此，越来越多的企业选择了外包培训业务。但是在培训业务外包的过程中，由于参与双方的信息不对称和环境制约导致了风险的存在。

（一）内外环境的风险

近年来，我国培训市场需求旺盛，但培训公司人员流动率也很高，很多人在培训机构做了一段时间后就“自立门户”，裂变出无数家新公司。行业起点低、运营成本较低、利润高等特点，更加驱使一些实力不强的机构进入市场。为了生存和发展，他们会用一些非正当的手段来获取业务，例如与企业主管勾结，暗箱操作获得培训项目，培训效果当然不如人意。再加上国家相关法律法规还处于不健全阶段，因此造成了培训外包市场环境复杂的局面。

（二）外包服务商的风险

培训外包这个行业内存在信息不对称以及企业对外包业务的理解、掌控能力有限，企业很难对服务商的背景、资质准确了解。再加上国内培训外包市场不成熟等原因，往往容易产生逆向选择风险和道德风险，甚至出现“劣币驱逐良币”的现象。

（三）企业本身的风险

企业对外包服务商的专项投资可能得不到应有的回报，甚至还可能出现在外包培训项目时泄露本企业的信息与机密等不良情况。

要想使培训外包获得预期的效果，企业首先要明确自己的需求，并做出成本—收益分析，然后起草项目计划书，选择外包服务商并与之签订具有法律效力的合同，监督外包服务商实施培训，最后还要评估培训效果。

第二节　实施与风险控制

培训外包的实施，主要包括以下内容。

1. 进行组织培训需求分析和培训外包决策

在做培训外包决策之前，应当首先完成组织的培训需求分析。然后，考查一下培训外包的成本，之后再决定是否需要选择外包培训。

2. 合理选择培训工作外包

外包决策应根据现有工作人员的能力以及特定培训计划的成本而定。例如，公司如果正处在急速发展期且急需培训员工，可以适当考虑外包某些或全部培训活动；当公司处于精简状态时，可以将整个培训职能外包出去，或更明智的决定是只将培训职能的部分工作（如培训）外包出去。

3. 起草项目培训计划书

在作出外包培训决策之后，应当给服务商起草一份项目计划书。此项目计划书中应具体说明所需培训的类型水平、将参加培训的员工以及提出一些有关技能培训的特殊问题。项目计划书起草应征求多方意见，争取切合企业培训的要求。

4. 选择适合的服务商并寄送项目培训计划书

起草完项目培训计划书后，就要寻找适合的外包服务商并签订合同。一旦将公司人力资源开发（培训）的职责委托给公司外部的合作伙伴，就意味着要对其专业能力、文化兼容性及表达技巧有一定程度的信心。外包活动双方的这种高度匹配能确保质量，也能确保有效对接、顺畅沟通、成本合理以及最终成功。

5. 考核并决定培训服务商

在与培训服务商签订有关培训外包合同之前，可以通过专业组织或从事外包培训活动的专业人员来了解、考查该服务商的证明材料。在对可选择的全部对象都做过评议之后，再选定一家适合自己的服务商。

6. **外包合同的签订**

与培训服务商签订合同是整个外包程序中最重要的一个环节。在签订合同之前，应先让自己的律师审查合同，并请专业会计或财务人员审查合同以确定财务问题以及收费结构；且合同中必须注明赔偿条款，如培训效果不佳或不符合企业的时间要求等的赔偿条款。签订合同时最好让企业中最善于谈判的成员一起去谈判，以确保公司的利益。

7. **及时有效地与外包培训服务商进行沟通**

计算机软件培训是最经常被外包出去的培训活动，公司必须让员工了解培训情况并为他们提供这个重要领域的及时而有效的培训，因此进行有效而及时的沟通就成了保证外包活动成功的关键。沟通应当是即时的和持续不断的，应当收集并分析员工对每项外包培训计划质量的反馈。

8. **监督并控制培训质量**

在培训活动外包之后，还要定期对服务费、成本以及培训计划的质量等项目进行跟踪监控，以确保培训计划的效果。这需要建立一种监控各种外包培训活动质量和时间进度的机制。

一、确定外包内容

培训外包分为完全外包与内部外包。

1. **完全外包**

完全外包是指企业将整个培训业务（包括制订培训计划、设计课程内容、确定培训时间、提供后勤支持、选择培训师以及课程评价等）全部交给企业外的培训机构。

2. **内部外包**

内部外包是指企业将整个培训职能交给人力资源部门来实施，也可以聘请社会上的专家来企业进行培训，它实际是内部培训的一种优化形式。

培训外包还可分为主题式培训外包和年度式培训外包。

1. **主题式培训外包**

主题式培训外包是指按照企业需求，围绕培训目的（主题），紧密结合企业的实际情况，为企业度身定制个性化的培训解决方案。通过组织和调度各类培训资源，为企业提供更具针对性、实效性的管理培训服务，解决具体问题，满足企业需要；通过系统的企业需求研究，从专业的角度有针对性地为企业规划课题并协助推动实施，指导企业化解矛盾、规避风险、提高绩效、解决问题。

主题可根据企业的实际情况确定，如基础管理年、成本管理月、质量管理月、文化管理年等；也可根据企业存在的主要瓶颈问题进行专题设计突破，如现场管理改善、服务水平提高、领导团队建设、销售能力提高、员工满意度增加等。

2. 年度式培训外包

年度式培训外包是根据企业培训需求分析，结合客户战略目标及人力资源管理战略，拟订培训战略规划，并拟订经济、有效的年度培训计划。作为专业的企业管理咨询机构，培训机构将以其专业知识和集团采购的优势，协助客户以低成本组织实施其内部师资无法完成的培训课程，保证培训计划的实现。

二、挑选培训外包机构

（一）培训外包机构选择标准

社会上的培训外包服务商有很多，每家培训服务商都有自己的优势，但是并不一定适合自己的企业。因此在选择培训外包服务商时，一定要针对企业的实际情况进行筛选。

培训机构选择工作标准主要包括选择培训机构通用标准和选择户外拓展培训机构标准，具体内容如下。

1. 选择培训机构的 10 个通用标准

社会上的培训机构有很多，每家培训机构都有自己的优势和不足。因此，企业在选择培训机构时，一定要针对企业的实际情况进行筛选。选择培训机构可参考如下 10 个通用标准。

（1）具有足够的业界资源和较高的专业水平。

（2）具有较长时间的业界培训经验。

（3）专注于本行业的咨询或者培训。

（4）具有完善的培训设施和授课设备。

（5）培训机构的名气与实际情况相符。

（6）培训机构必须提供相关的授课资料。

（7）培训机构的收费标准在企业可以接受的范围之内。

（8）有一整套运作此类培训的过程控制体系。

（9）有调研、授课、辅导等一系列的人员保证。

（10）在曾经服务过的企业中具有较好的口碑。

2. 选择户外拓展培训机构的 7 个标准

选择户外拓展培训机构的 7 个标准，其具体内容如图 8-3 所示。

图 8-3　选择户外拓展培训机构的 7 个标准

（二）选择培训机构的步骤

选择培训机构应当按照以下步骤进行。

1. 收集培训机构信息

企业的培训部门负责收集各培训外包机构的资料、分类归档，并建立培训机构档案。

选择收集的对象，主要包括管理咨询公司、大学、培训公司和管理顾问等。

收集信息的渠道，主要包括专业报纸、杂志、网络和他人推荐等。

收集的信息内容，主要包括培训机构简介、培训机构的信誉、培训课程种类、培训师资构成、收费标准、已接受过该培训机构服务的客户的评价等。

2. 发出询价邀请函

根据年度培训计划确定哪些课程需要由培训机构提供。企业的培训部门与培训机构初步联系，发出询价函，并要求其提供相关课程的方案。大型培训项目可以采取培训招标的形式来选择培训机构。

3. 确定候选机构

培训部门负责对有合作意向的培训机构进行资格审查，选择2~3家候选机构。培训部门在选择候选培训机构时，应注意以下6个问题。

（1）培训教材。检查培训机构教材的资料来源、版权以及需要的语言水平，检查教材的内容是否符合培训项目针对的知识和技能。

（2）培训师。了解负责授课的培训师的教育背景、工作经历和培训授课经验，检查其是否具有培训资格证书。

（3）培训时间表。培训机构必须制订详细的课程时间表，包括课程准备、培训材料撰写、培训课程的时间安排及课后总结的时间。

（4）硬件设施。考虑培训地点，并了解包括食宿、交通、教室、教学设备等在内的一切可能影响培训效果的因素。

（5）培训费用。明确培训价格及支付方式等。

（6）经验总结。了解培训机构的课程种类及水平，如有多少人参加过培训、培训课程有什么独特经验、本课程能否最终影响本企业的员工表现等。

4. 评估候选机构综合能力

培训部门应组织成立培训机构评审小组，由人力资源部门、受训部门及高层领导等相关人员参与。评审小组负责对候选的培训机构进行能力评价，评价的内容主要包括培训机构的规模、企业文化、师资能力、培训服务能力等。

5. 双方签订培训外包协议

培训部门负责与候选培训机构进行谈判，并签订培训协议。

三、签订培训外包合同

在市场经济中，法律合同是保护双方权益的有力工具。完善的合同条款可以有效地减少企业外包的不确定性风险，合同中对双方的权利与义务描述得越细，越能防止机会主义行为的产生。可以说，一个完美的外包合同是企业与外包商双赢的基础。双赢是企业与外包商签订外包合同的基本原则。在这个原则的基础上，企业与所选的外包商就培训的各个环节进行充分的讨论协商后订立外包合同。

充分的讨论协商不仅包括人力资源部人员与外包商的沟通协调，而且包括需要培训的人员、需要培训部门的管理者与外包商进行的沟通。这样做的目的是保证培训方向不会偏离企业的需要，使培训真正地产生效果。

培训外包合同内容主要包括外包培训的内容与方式，服务款项及交付时间、方式，合同期间双方的职责权限，合作的期限，培训的进度及阶段考核措施，预期效果，信息安全保密条款，双方因违反合同规定而应做出的赔偿。

四、培训外包实施

在培训实施阶段，企业需要预先建立培训的监督管理机制，定期对服务费用、成本以及培训计划的质量等项目进行跟踪监控。派专人每日对培训情况进行记录、分析并上报，对出现的问题，在与上级和培训外包商沟通后及时纠偏。例如，培训的出勤率、培训对象的反应、课堂气氛、与培训有关的各项花费、应完成任务与实际完成任务之间是否存在时间差等指标。另外，需要明确的是人力资源部门在整个培训过程中的角色定位问题。

显然，在外包的培训项目或者业务中，人力资源部不再是主角，但这并不代表人力资源部门的角色与任务就退居次要了。人力资源部首先是企业整个培训的推动者，从最初的外包环境的考察调研，到培训方案的制定规划以及整个方案的运转和评估，人力资源部一步步将培训计划付诸实施。

同时，人力资源部还是整个培训外包过程的服务者，是企业与外包商之间沟通联络的纽带，负责监督跟踪整个培训项目的运行，收集处理来自各方面的意见与反馈，以保证培训计划的有效实施。在承担上述职责的同时，人力资源部还有一项非常重要的职责，就是全面学习如何培训，将外包机构的知识内化为企业内部的知识，实现知识的沉淀。

五、培训外包监督

通过对企业培训外包项目的监督，达到预期目的，实现培训效果收益最大化。在培训项目外包之后，企业还要定期对服务费、成本以及培训计划等进行跟踪监控，以确保培训计划执行的效果。

（一）培训外包监督内容

培训外包监督内容主要包括5个方面，如图8-4所示。

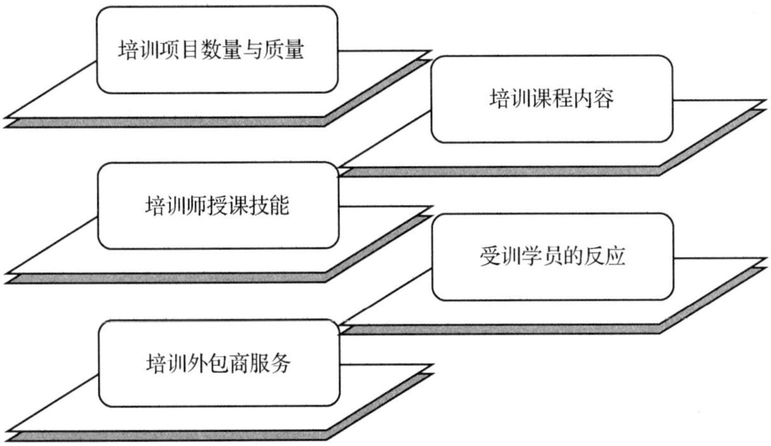

图8-4　培训外包监督内容

（1）监督培训项目的数量与质量是否按照预定的标准执行。

（2）培训课程内容的监督，包括课程内容设计的难易程度，实用性与适用性，对培训需求的解决程度，能否为受训者解决实际工作中遇到的困难，提供可以使用的方法和工具等。

（3）对培训师授课技能的监督，主要包括教学质量、教学效果、工作态度、授课技巧、对课程内容的熟练程度等。

（4）学员反应的监督，主要监督学员在受训过程中的表现，是否与培训师配合互动，对受训内容的理解程度，对课时长短的满意程度等。

（5）对培训外包商服务的监督，主要监督外包商在培训执行前后及培训进行中的服务跟踪情况，是否保证了培训工作的正常开展，有没有遇到突发问题及有碍培训效果实施的事件。

（二）培训外包监督方法

在培训执行期间，企业可以通过某些规定和方法来间接监控培训的过程，以确保培训质量。常用的监督工具有 3 种，如图 8-5 所示。

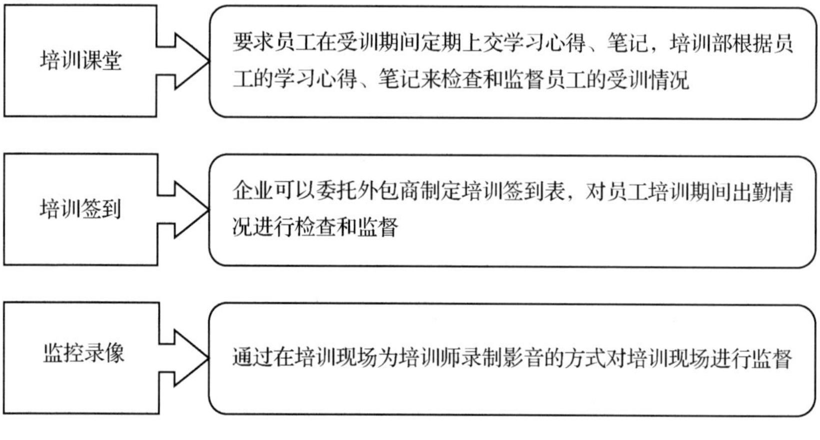

图 8-5　培训外包监督工具

六、培训外包风险控制

企业应在做好培训需求分析的同时，根据企业实际情况，选择适合企业的培训方式。如企业需要进行培训外包，应采取完善外包计划，选择合适培训服务商，并及时与服务商进行沟通，规避培训外包风险，以增强培训效果。培训外包风险可以从以下 4 方面进行控制，如图 8-6 所示。

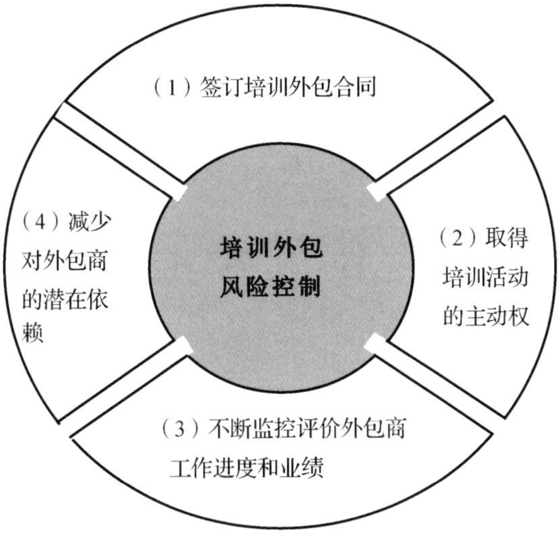

图 8-6　培训外包风险控制

（一）签订培训外包合同

将企业培训要求详细列明在外包合同中，在出现争议时，有合同保障。

（二）取得培训活动的主动权

培训外包一般要求外包商的培训内容、方式与方法等符合企业需求。因此企业可以通过客观、明确的方式向培训外包商提出自己的构想，并把培训业绩目标列入之前签订的合同。

（三）不断监控评价外包商工作进度和业绩

外包商的经营目标是获取利益，而企业培训目标则是提高员工技能、业务能力，两者在实际运营过程中可能会发生冲突，影响培训效果。因此，企业培训部应不断监控和评估外包商的工作进度和业绩，以达到预期目的。

（四）减少对外包商的潜在依赖

企业需要与外包商共同合作，挖掘员工的培训需求，开发培训课程，共同完成培训目标，积累经验，从而提高培训效果。如果企业只希望通过外包取得短时间员工技能的提高，企业自身却没有对其进行应用，就可能会导致企业产生对外包商的依赖。

第三节 服务与反馈

一、培训外包服务评估

培训作为企业内部人才培养的重要方面，对吸引、保留与激励员工具有举足轻重的作用。评估培训外包效果，一般旨在了解企业在员工外包培训方面所采取的策略、方法、手段及实施效果，并深入剖析企业在培训中所存在的主要问题，以利于寻求更佳、更有效的解决方案。

（一）培训外包效果调研

调研一般采用问卷调查和实地访谈相结合、定量分析与定性分析相结合的研究方法，力求全面、系统地探析企业外包培训效果。

1. 问卷调查

调查内容主要包括：企业员工对所接受的外包培训的频度、培训内容、培训方法、培训效果的意见和从业人员对培训现状的看法及其对未来的期望。

问卷调查兼顾企业性质、公司规模、职位层级、教育背景、年龄结构与性别特征，征求员工对企业培训的看法与期望。在进行问卷收集时，培训管理者应该多了解被调查者的信息，以利于分层次统计分析。

2. 实地访谈

访谈的内容包括培训需求分析方法、培训内容、培训方法、培训实施、培训效果评估等方面。实地访谈采用结构化访谈的方式，即以标准化的访谈提纲为基准，针对特质性问题进行深入访谈。

3. 定量分析与定性分析

定量分析主要是根据培训目的制定一系列的培训效果测评指标，对参与培训的人员进行考核。根据考核结果，确定培训外包效果。

（二）培训外包效果分析

培训外包效果分析主要包含以下内容。

（1）培训内容的分析。主要分析到底哪些员工应该接受哪些培训，接受培训后所产生的效果如何。

（2）培训方式与方法的分析。针对企业所属的行业特性和企业现实情况来评价培训方式和方法的选择是否合理。值得关注的是，在培训方法上，企业是否采用了演讲法、案例研讨法、导师制、教练制、情境模拟、行动学习法等传统的培训方法和新兴的培训方法相结合的形式。

（3）培训师资的分析。从培训师资来源看，他们是否为本行业资深专家、专职培训师、实战经验丰富的学院派培训师等。同时，培训师资是否具备专业知识扎实、授课形式多样、能够激发受训者的学习热情与潜能，并且态度亲和、语言幽默、勤勉尽责等能力与特质。

（4）培训效果的评估。培训效果是被调查者做出培训选择的最重要的决定性因素，也是企业组织培训活动最为看重的结果。企业必须采取多角度、广范围的形式展开培训效果的分析。

（三）培训师的评估

对培训师的评估依据主要包括学员满意度和培训部门评价两个方面，具体内容如下。

（1）学员满意度，指培训师授课结束后，学员通过填写问卷调查对培训师进行评价。

（2）培训部门评价，主要包括教学质量、教学效果、工作态度、授课技巧、对课程内容的熟练程度等。

（四）培训内容的评估

针对外包培训内容的评估，主要是了解培训课程的内容是否与企业和员工的需求相匹配。从企业本身来讲，培训管理者要结合企业现存的问题和培训需求进行分析，观察和研究培训内容是否对解决企业问题和促进企业发展提供了助力。从员工方面来讲，培训管理者要结合员工对培训需求进行分析，观察和研究此次外包培训的内容是否对员工技能的提升提供了帮助。

培训内容的评估，培训管理者可以采用对企业主管领导层和员工展开问卷调查、访谈或者小组讨论的方式进行评估。

二、培训外包服务反馈

（一）服务反馈内容

培训外包在进行相应的服务评估后可进行服务反馈，服务反馈的内容主要集中在以下几个方面。

1. 培训内容改进

整个培训外包过程中，针对培训内容评估结果，对培训内容需要改进的部分进行反馈。

2. 培训师资调整

培训师的培训结果以及学员满意度，是进行培训师资服务反馈的依据。培训外包公司可以据此进行培训师资的调整。

3. 培训效果纠正

培训外包的培训效果如与预期中培训效果存在较大差距，则应及时进行纠正，并反馈给培训外包公司。

（二）服务反馈注意事项

1. 服务反馈目的性明确

培训外包服务反馈是为了提高培训外包实施效果、促进培训外包合作达成，让培训外包服务更能够满足企业要求，服务反馈应明确反馈目的，让反馈起到相应的作用。

2. 服务反馈尽量客观

服务反馈过程中应尽量使用数据或反映客观实际的文字进行描述，尽量客观公正，利于培训外包公司了解事实情况。

本章自测题

1. 培训外包的风险有哪些？
2. 挑选培训外包机构的标准有哪些？
3. 如何进行培训外包风险控制？

第九章　培训效果评估与转化

学习目标

➢了解培训效果评估的三个层次

➢了解培训效果评估的意义

➢熟悉几种常见的培训效果评估模型

➢熟悉几种常见的培训效果评估方法

➢掌握培训效果评估报告的主要内容，并撰写步骤与要求

➢掌握培训效果转化的主要理论、方法与模式

引导案例

培训经理们经常会遇到一个头疼的问题：公司花钱做培训，有时候投入很大，却见不到效果，领导不满意不说，甚至参加培训的员工在培训后也抱怨不该安排他们参加培训。每当碰到这种情况，培训经理大概都会觉得“心好累”。但是实际情况是，培训工作真的有改进的空间，而且很多时候，培训看不到效果，不一定是培训效果不明显，而是培训经理没有通过培训后的效果评估将其有效体现出来。

某公司今年上半年引入了一系列项目管理培训辅导课程，5月底刚刚结束，在体现培训效果方面，公司培训部经理做了很多细致的工作，得到了公司领导和培训需求部门的一致好评。

根据公司研发部的需求，此次培训选择了一家可以提供定制课程的外部培训机构，定制了名为“项目管理生根计划”的系列课程，包括三次培训和三次课后辅导。培训中，所有参训人员在真实项目上边实践边提高，不仅“听”，而且“做”，以项目管理方法解决实际问题。在培训后的一个月，培训师对培训对象的练习作业和项目真实实践效果进行讲评和指导，并指导他们编制以后可使用的项目管理模板。这样做的结果是，在培训中，需求部门从参训人员的工作中就已经看到了培训效果，因为有模板，有实践，有错误纠正，有项目进度报告和交付物，一目了然。

但是只有这些看得到的效果还不够，培训部还需要将培训效果量化，提交给公司领导。众所周知，培训效果最难量化，管理类培训更是如此，到底参训人员的哪项能力提升了，提升了多少，这都是很难考评的。

于是培训部门连同外部培训机构一起，对参训人员和他们的领导分别进行问卷调查，通过反馈同一问题的人数这个量化数据，来体现参训人员的普遍收获和不足，最后形成了培训效果评估报告。

第一节 培训效果评估

一、培训效果评估的界定

在企业竞争日益激烈的今天，企业之间的竞争更多表现为人才的竞争，而培训是企业提高员工素质并增强企业人才竞争力的重要手段，因此，企业如何采取有效的方法提升培训效果就变得非常重要。

培训效果是指组织人员从培训中所获得知识、技能或能力的提高，或组织经过人员的培训后取得投资收益的提高。为了增强培训效果，需要对参训人员的每一个培训项目进行评估，通过评估可以反馈信息、诊断问题和改进工作。

培训评估是指对培训项目开展前、培训项目开展过程中和培训项目开展后的内容进行评价，使培训项目按照培训计划合理和顺利地运行，从而保证培训预期目标的实现。评估可作为控制培训的手段，贯穿于培训的始终，使培训达到预期的目的。培训效果是培训评估的对象和前提，培训评估是培训效果不断得以提高的保证。

培训效果评估，是指组织运用科学的流程和方法，从培训结果中收集数据，并将其与组织的预期目标相联系，以确定培训项目的有效性和价值的过程。简言之，培训效果评估就是收集培训数据，以衡量培训活动是否有效的过程。

（一）培训效果评估的三个层次

培训效果评估包括培训需求评估、培训实施评估和培训收益评估 3 个层次。

（1）培训需求评估。培训需求评估是指为了检验培训需求调查的效果，而对人力资源部或培训部进行培训需求信息调查的全面性、及时性、合理性等方面进行的评估。培训需求的评估不仅会影响员工掌握必要的知识和技能，而且会影响员工完成相关岗位工作并达到目标绩效，进而影响企业战略的顺利实现。

（2）培训实施评估。培训实施评估主要是通过对培训师资、课程组织和培训对象满意度等方面进行分析，并评价培训计划是否执行到位。培训实施是通过组织培训师授课和学员学习使学员掌握有关知识、能力和技能的过程。此过程中，培训项目组织者、培训师和培训对象会影响培训实施的结果，因此在培训实施过程中要对他们做好组织管理工作，保证培训实施的效果。

（3）培训收益评估。培训收益评估是指评估培训对象将所学的知识和技能应用于实际工作的程度，以及因应用带来的绩效改善。对于企业高层管理者而言，企业的绩效改善和收益提高是他们判断培训项目价值的最终依据。一般来说，企业需要收集培训前和培训后的组织绩效数据，分析绩效数据的变化程度，并在考虑项目成本的基础上，最终获得培训项目的投资回报率。

（二）培训效果评估的意义

培训效果评估的意义具体表现在以下 3 个方面。

（1）有利于总结培训经验和教训。培训效果的评估可以对培训方式、方法、内容等方面进行评估，从而得出培训过程中存在的不足和问题，有利于总结经验和教训，为下次培训打下良好的基础。

（2）有利于为培训决策提供数据支持。培训效果评估可以计算培训产生的收益和成本，从而计算培训项目的收益率，为培训项目总决策提供数据参考。同时，通过细分收益和成本的计算可以对具体培训方面的欠缺或不足进行发掘，并有针对性地采取改善措施。

（3）有利于明确培训对象受益情况。通过考试和问卷调查等形式明确培训对象在知识和技能方面的收获和收益，并且可以据此衡量培训效果的转化情况。

二、培训效果评估的内容

我们从人员成果、组织管理、培训收益三大方面来讨论培训效果评估的内容。

（一）人员成果

人员成果评估，即对培训对象的培训收益进行评估，主要从以下几个方面进行。

1. 反应评估

评估培训对象对培训的主观感受和看法，包括对培训内容、方法、形式、培训师、设施的满意度等。

2. 学习评估

测定培训对象学习获益程度，在知识、技能、态度方面是否有提高。

3. 行为评估

评价培训与开发是否为培训对象带来行为上的改变以及培训对象把所学运用到工作上的程度。

4. 结果评估

评估培训对象的工作行为改变对其所服务的组织或部门绩效的影响作用。

（二）组织管理

组织管理评估，是指复盘整个评估程序，评估各工作程序的优点和缺点。具体的评估项目有培训时间安排、培训现场环境、培训器材设施、培训师的评估等。例如培训师的评估，可对其课程内容设计、授课形式、培训方法及语言表达等进行评估。

（三）培训收益

培训收益评估，即对培训效益进行评估，也就是培训最终带来的货币价值是否超过了培训成本。评估内容主要是核对预算，计算投入产出比，计算因培训取得的经济效益或收入。

三、培训效果评估的方法

培训效果评估的方法主要包括行为观察法、笔试法、问卷调查法、访谈法、业绩观察法、集体讨论法、加权分析法等。

（一）行为观察法

行为观察法是指观察者选择观察方法，设计并利用观察工具对观察对象进行观察评估的方法。它能够在现场反馈员工培训后的技能进步，评估培训后员工的能力，评价员工培训前和培训后的行为变化。行为观察法的操作步骤如下。

（1）描述和说明培训项目开发的技能，并以此作为观察的目标。

（2）将上一步的技能分解成若干行为，并对这些行为进行分析和归类，并说明这些行为和培训目标的关系。

（3）把上一步的行为分类列成行为标准表，并以此表对观察者进行考察分析。

（4）在被观察人员开始工作时，观察人员记录其现实工作行为，并与评估行为标准对比。

（5）将行为评估表记录的内容反馈给被观察者和其主管。

（二）笔试法

笔试法用于了解培训对象已经掌握的知识，它能在培训期间或结束后反馈有关信息，考察培训阶段的学习成果，具体步骤如下。

（1）确定培训测试目标。考试前先确定测试的目标，是对培训哪些方面进行评估，测试者范围如何，测试后培训效果如果不好，如何进行改善。

（2）设计考试题目。测试题目主要分记忆性题目和识别性题目。记忆性题目是简答题、填空题等，识别性题目主要是判断题、选择题等形式。

（3）排列测试题目。题目的排列顺序应该遵循先易后难的原则。

（4）分数设置。一般的分数设置为 100 分，如果题量比较大，难度系数比较高，可以选择设置 150 分。分数的设置一定要合理，根据题目的难易度进行设置。

（5）准备考试说明。说明各项题目得分原则、考试时间规定和考场规则等。

（6）实施测验。根据规定的考试时间、考试地点、考试规则进行培训测试。

（7）进行评分。由判阅人员对照题目的标准答案进行评分，对于不同题型要有相应的分数，然后再给出汇总分数，方便对笔试成绩有异议的学员进行查分。

（8）分析笔试结果。依据培训后学员的总体成绩，对此次培训进行分析，总结培训的效果。学员根据试卷的得分，找出自己的不足之处进行弥补。

（三）问卷调查法

问卷调查法是指通过问卷的形式评价学员在工作中对培训内容的领会和应用情况。问卷调查法的具体步骤包括以下内容。

（1）明确调查目标。首先确定问卷调查要达到的目的是什么，通过问卷调查了解什么信息，这些信息对培训效果的评估是否有用。

（2）设计问卷。设计问卷主要包括设计问卷顺序、设计问卷表达方式、设计问卷的实际内容、设计问卷问题的形式 4 个方面。

1）设计问卷的顺序。一份完整的问卷按顺序依次应包含问卷名称、问卷说明、问卷题目、致谢和署名。其中问卷题目的顺序对回答的内容和回答率有一定的影响，因此，问卷问题的设计应该遵循以下原则：从一般问题到具体问题，从不熟悉的问题到不太熟悉的问题，将同类问题放到一起，按事件发生的顺序安排问题的顺序。

2）设计问卷的表达方式。问卷的表达方式主要有开放式和封闭式。前者能鼓励回答者说出重要的观点，但是分析问卷需要花费很多时间。后者有若干备选答案，便于回答和分析。当问卷设计者无法确定答案的范围时，可以采用开放式问题。

3）设计问卷的实际内容。问卷的实际内容就是问题，问题应紧紧围绕评估目的展开，问题的表述必须清晰明确，问卷中不能带有情感暗示。

4）设计问题的形式。问题的形式主要有二选一、多选一等。

课程实训

结合本节内容的学习，请尝试制作受训意见调查表。

实训指导：

受训意见调查表一般要围绕评估目的展开，问题的表述必须清晰明确，问卷中不能带情感暗示。

下面是某企业在培训项目结束时，由培训对象填写的一份意见调查表，供参考。

受训意见调查表

课程名称		培训师		培训日期		
意见内容评价		非常同意	同意	一般	不太同意	不同意
1	培训所含信息有助于我从事操作工作	□	□	□	□	□
2	培训内容超过我的期望值	□	□	□	□	□
3	培训提高了我的工作能力	□	□	□	□	□
4	培训设施有助于保障培训的学习环境	□	□	□	□	□
5	培训环境不会使人分心	□	□	□	□	□
6	培训所讲授内容是我期望学习的	□	□	□	□	□
7	培训安排的活动、练习和范例既明确又有深度	□	□	□	□	□
8	培训内容的编排方式使课程内容易于理解	□	□	□	□	□
9	培训对我而言难易相当	□	□	□	□	□
10	培训安排的活动形式多样	□	□	□	□	□
11	培训讲授顺序安排合理	□	□	□	□	□
12	培训师具备足够的背景知识执行培训计划	□	□	□	□	□
13	培训师讲授的内容清晰明了	□	□	□	□	□
14	培训师能使学员始终对课程内容感兴趣	□	□	□	□	□
15	培训师能创造有利于学习的培训气氛	□	□	□	□	□
16	培训师有能力驾驭课堂	□	□	□	□	□
17	培训师对培训内容的讲授易于理解	□	□	□	□	□
18	我能运用讲授的操作知识优化工作安排	□	□	□	□	□
19	我认为这次培训花的时间是值得的	□	□	□	□	□
20	我对培训表示总体满意	□	□	□	□	□
21	培训中用于下述活动的时间：	太长	适中	太短		
	（1）演练的时间	□	□	□		
	（2）提问的时间	□	□	□		
	（3）讲授内容的时间	□	□	□		

续表

意见内容评价	
22	你认为这次培训哪些内容特别实用？
23	你对改进本课程有什么建议？
24	通过这次培训，你认为最宝贵的收获是什么？

（3）测试问卷。在问卷全面实施之前进行一次测试，对问卷进行修改和完善。

（4）正式展开调查。根据修改和完善的问卷实施调查。

（5）撰写调查报告。通过整理和分析问卷，撰写调查报告。

（四）访谈法

访谈法是指通过列出与培训效果相关的问题清单，并按照清单的问题与培训对象进行交流沟通的方法。

访谈法的应用范围很广，如了解培训对象对培训方案和学习方法的反应，了解培训对象对培训目标、内容与实际工作之间的相关性的看法，了解培训对象对培训的感觉和态度，帮助培训对象建立个人发展目标，比较战略和培训之间的一致性等。

访谈法的步骤包括明确访谈的目标、设计访谈方案、修正和完善方案、实施方案和撰写报告 5 个方面。

1. 明确访谈的目标

首先明确访谈的目的是什么，为什么要进行访谈。

2. 设计访谈方案

访谈方案是评估人员在访谈中要提问的问题清单，类似于调查问卷的形式。

3. 修正和完善方案

在进行正式的访谈之前，对问题依次进行测试，对访谈方案中不妥的问题进行修正并完善。

4. 实施方案

利用访谈表对访谈对象进行访谈，并做好相应的记录。

5. 撰写报告

对访谈的内容和记录进行分析，撰写调查信息报告。

访谈法与问卷调查法的原理相同、步骤类似。不同的是，问卷调查法更适用于调查面广、以封闭式问题为主的调查，访谈法更适用于调查面窄、以开放式问题为主的调查。与问卷调查法、访谈法相似的方法还有电话调查法，又称为电话访谈法，它是一种非面对面的访谈，更适合调查面广、封闭式和开放式问题并重的调查。

（五）业绩观察法

业绩观察法是指评估人员在培训结束后，到培训对象的工作岗位上，通过仔细观察记录培训对象在工作中的业绩，进行前后对比分析，以此来衡量对培训对象的培训效果。

业绩观察属于事后观察法，其优点是通过业绩的前后对比可以对培训效果进行明确性和权威性的衡量，但其缺点也是明显的，一方面是工作成绩出现后才能进行衡量，另一方面，该方法需要花费较多的时间，一般适合培训效果对企业影响很大的项目采用此种方法。

（六）集体讨论法

集体讨论法是将所有学员集中到一起召开讨论会，每一个学员在会议上都要陈述通过培训学会了什么，以及如何把这些知识运用到工作中。这种方法一般在培训结束后采用，有的时候会以写培训总结或培训感想的形式来替代。

（七）加权分析法

加权分析法是指通过建立一个完整的评估指标体系，并利用指标体系对培训效果进行评估，通过各项指标的得分值与权重加权计算得出最终培训效果的评估方法。衡量指标重要程度的权重数据之和等于 1。

下面以某企业的职业素质培训进行举例说明。

首先，设计评估指标体系。其次，把每个指标分为五个等级（优为 5 分、良为 4 分、中为 3 分、合格为 2 分、不合格为 1 分）。最后，就学员的某一方面进行全方位的调查，然后计算结果。对某位员工接受职业素质培训后运用加权分析进行培训评估的案例，见表 9-1。

表 9-1　　加权分析评估示例

指标等级 / 指标权重	5 分	4 分	3 分	2 分	1 分	单项指标得分
工作能力（0.2）	40%	25%	20%	10%	5%	0.77
理论知识水平（0.2）	30%	20%	25%	15%	10%	0.69
职业道德水平（0.2）	55%	20%	10%	8%	7%	0.816
敬业精神（0.4）	10%	60%	20%	8%	2%	1.472

注：表中评价结果用百分数表示，如 40%表示 40%的人认为该员工的工作能力得分为 5 分，即为优；单项指标得分 = 权重×Σ（分值×百分数）；最终评价结果 = Σ单项指标得分。最终评价结果 = 0.77+0.69+0.816+1.472 = 3.748（分）。

四、培训效果评估模型

要做好培训效果评估，需要知道培训效果评估的内容、方法、程序等，前面我们已经讨论了培训效果评估的内容与方法，下面介绍几种评估模型。培训效果评估模型，往往是由该领域内专家提出，在无数企业通过实践检验不断完善后得到的培训效果评估综合方法。下面介绍几种最为常见的培训效果评估模型。

（一）柯氏四级培训评估模型

柯氏四级培训评估模型是由威斯康星大学教授唐纳德·柯克帕特里克（Donald L. Kirkpatrick）于 1959 年提出的，是世界上应用最广泛的培训评估工具，在培训评估领域具有难以撼动的地位。

柯氏四级培训评估模型中的“四级”即四个层次：反应层、学习层、行为层、结果层。

1. 反应评估

反应评估层面要解决的问题是，培训对象对培训计划有何反应，他们准备如何使用培训资料。企业培训部应在培训结束时进行评估。

反应层面的评估内容、实施方法、优劣势以及改进策略见表 9–2。

表 9–2　　反应层面评估

评估内容	实施方法	优势	劣势	改进策略
主要是总体的印象，对培训内容、培训师、教学方法、材料、设施、场地、报名程序等的评价	问卷调查法、小组座谈法；常运用四分法（极好、好、一般、差）、五分法（极好、很好、好、一般、差）进行衡量	容易开展，是最基本、最普遍的评估方式	会出现以偏概全、主观性强、不够理智的现象	强调评价的目的，要求大家配合；将课程评价与培训师评价分开；结合使用问卷、面谈、座谈等方式；学员进行自我评估

2. 学习评估

学习评估层面要解决的问题是，培训对象的哪些知识、技能、态度发生了转变，转变的程度如何。一般由企业培训部在培训进行中或结束时进行评估。学习层面的评估内容、实施方法、优劣势以及改进策略见表 9–3。

表 9–3　　学习层面评估

评估内容	实施方法	优势	劣势	改进策略
培训对象掌握了多少知识和技能，例如学员吸收或者记住了多少课程内容	在反应层基础上，要求运用所学的知识解答试题；进行现场操作；对于专业性岗位课程，要求学员提出改善方案并执行	对培训对象有压力，使他们更认真地学习；对培训师有压力，使他们更负责、更精心地准备培训课程和培训内容	压力大，可能使报名不太踊跃；评估之前可能会让学员知晓一些事情	针对不同的培训课程采用不同的评估方法

3. 行为评估

行为评估层面要解决的问题是，培训对象是否将所学的内容应用到了实际工作中。一般由培训对象的直接上级主管在培训结束三个月或半年后进行评估。行为层面的评估内容、实施方法、优劣势以及改进策略见表 9-4 所示。

表 9-4　　行为层面评估

评估内容	实施方法	优势	劣势	改进策略
培训后的跟进过程，员工培训后工作行为和在职表现方面的变化	观察，主管、同事、下属、客户的评价，学员自我评价。这些评价需要借助一些评估表	可以直接反映培训课程的效果；使高层领导看到培训的效果，支持培训；培训师可以获得学员的支持	耗费时间和精力；问卷比较难设计；需要占用相关人员较多的时间，不容易得到配合；员工行为易受其他因素的影响	选择适合进行行为层评估的课程；选择合适的评价时间；充分利用专业培训师和咨询公司的力量

4. 结果评估

结果评估层面要解决的问题是，培训对象在工作中的应用是否产生了可以衡量的成绩。一般由企业培训部在培训结束一年或两年后对员工以及企业的绩效进行评估。结果层面的评估内容、实施方法、优劣势以及改进策略见表 9-5。

表 9-5　　结果层面评估

评估内容	实施方法	优势	劣势	改进策略
是否对企业发展带来了可见的、积极的作用；培训是否对企业的经营结果产生了直接的影响，如次品率下降在多大程度上归功于操作技能的培训	通过一些企业组织指标来衡量，如事故率、次品率、生产率、员工流动率以及客户投诉率	详细的、令人信服的调查数据，打消高层主管对培训的疑虑，把有限的培训费用投到最能为企业创造经济效益的课程上来	需要时间，在短期内很难得出结果；对这个层面的评估，缺乏必要的技术和经验；简单的数字对比意义不大	必须取得管理层的合作，拿到培训以前的相关数据；分辨哪些结果与要评估的课程有关系，并分析在多大程度上有关系

（二）CIRO 培训评估模型

CIRO 评估模型是由该模型中四个评估阶段的首字母组成，即背景评估（context evaluation）、输入评估（input evaluation）、反应评估（reaction evaluation）、输出评估（output evaluation）。该模型属于过程性评估模型，其模型说明见表 9-6 所示。

表 9-6　CIRO 评估模型说明

阶段评估	阶段评估任务	阶段评估任务说明
背景评估	确认培训的必要性	（1）收集和分析有关人力资源开发的信息 （2）分析和确定培训需求与培训目标
输入评估	确定培训的可能性	（1）收集和汇总有价值的培训资源信息 （2）评估和选择培训资源——对可利用的培训资源进行利弊分析 （3）确定人力资源培训的实施战略与方法
反应评估	提高培训的有效性	（1）收集和分析培训对象的反馈信息 （2）改进企业培训的运作流程
输出评估	检验培训的结果	（1）收集和分析与培训结果相关的信息 （2）评价与确定培训的结果，即对照培训目录来检验、评定培训结果是否真正有效或有用

（三）CIPP 培训评估模型

CIPP（Context-Input-Process-Product）培训效果评估模型，可译为“背景—输入—过程—成果”评估模型。该模型不仅弥补了 CIRO 的不足，同时又完善了柯氏四级培训评估模型，其中最关键的是将评估活动切入到整个培训过程的核心环节——执行培训环节。

1. CIPP 评估模型说明

CIPP 评估模型是将培训项目本身作为一个对象进行分析，它强调评价在各个阶段的应用，就是为了及时发现问题并进行改善。该模型也属于过程性评估模型，其模型说明见表 9-7。

表 9-7　CIPP 评估模型说明

阶段评估	阶段评估说明
背景评估	该阶段评估的主要任务是确定培训需求以及设定培训的目标，具体包括了解相关环境、分析培训需求、鉴别培训机会、制定培训目标等
输入评估	该阶段评估的主要任务是评估培训资源和培训项目，具体包括收集培训资源信息、评估培训资源、评估项目规划是否有效地利用了资源、是否能够达到预期目标以及是否需要外部资源的帮助等
过程评估	该阶段评估主要是为实施培训项目的人员提供反馈信息，以使他们能在后续的培训过程中进行改进和完善
成果评估	该阶段评估主要是对培训是否达到预期目标进行评估，具体包括学员的满意度、知识和技能的增加、行为的改善以及个人和组织绩效的提高等

2. CIPP 评估模型特点

CIPP 评估模型具有全程性、过程性以及反馈性三大显著特点。

（1）全程性。真正将评估活动贯穿于整个培训过程的每个环节，即与培训活动的任何一个步骤都发生联系。

（2）过程性。对培训项目的执行过程进行监控，掌握培训实施过程中可能导致失败的潜在原因、不利因素等，并能及时对培训项目进行调整。

（3）反馈性。明确提出了成果评估可以在培训以后进行，也可以在培训之中进行。其目的是使反馈信息更多地作用于正在实施的培训活动。

（四）投资回报率评估模型

1996 年，菲利普斯（Phillips）提出五级投资回报率（ROI）模型，该模型在柯氏四级评估模型上加入了第五个层次，即投资回报率。这样就形成了一个五级投资回报率模型。第五层次评估的重点是，将培训所带来的收益与其成本进行对比来测算有关投资回报率的指标。

培训的投资回报率是最常见的定量分析法，这里涉及两个公式。

公式一：

$$培训收益=(E2-E1)\times N\times T-C$$

其中，$E2$（$E1$）表示培训后（前）每个学员的年效益，N 表示参加培训的总人数，T 表示培训效益可持续的年限，C 表示培训成本。

公式二：

$$投资回报率（ROI）=（培训收益/培训成本）\times 100\%$$

若计算出来的 ROI 是小于 1 的，表明培训收益小于培训成本，说明此次培训没有收到预期的效果，或企业存在的问题不是培训所能解决的。

该方法实施的前提条件是学员的年效益是可量化的，对于那些年效益无法量化的培训，这种方法就很难操作了。

（五）五层次培训评估模型

考夫曼（Herbert Kaufman）扩展了柯氏四级评估模型，他认为培训能否成功，培训前的各种资源的获得是至关重要的，因而，他在模型中加上了对资源获得可能性的评估，并将其放在模型的第一个层次上。

考夫曼还认为培训所产生的效果不应该仅仅对本企业有益，它最终会作用于企业所处的环境，从而给企业带来效益。因而，他又加上了一个层次，即评估社会和客户的反应，从而形成了五个层次。考夫曼五层次评估模型的具体 5 个层次见表 9-8。

表 9-8 考夫曼五层次评估模型的 5 个层次

评估层次		评估内容
1	可能性反应评估	可能性因素说明的是针对确保培训成功所必需的各种资源的有效性、可用性、质量等问题
		反应因素旨在说明方法、手段和程序的接受情况和效用情况
2	掌握评估	用来评估培训对象的掌握能力
3	应用评估	评估培训对象在接受培训项目之后，在工作中知识、技能的应用情况
4	企业效益评估	评估培训项目对企业的贡献和报偿情况
5	社会效益产出	评估社会和客户的反映等情况

第二节　培训效果评估实施

一、培训效果评估步骤

培训效果评估主要包括 6 个步骤，即培训需求评估、确定培训评估目标、设计培训评估方案、实施培训评估方案、调整培训评估项目、反馈并撰写培训效果评估报告。

（一）培训需求评估

进行培训需求分析是培训项目设计的第一步，也是培训评估的第一步。实施培训需求评估首先要由评估人员重新进行培训需求分析，找出员工知识、技能、态度等方面的差距和不足，以确定培训的必要性和目标。

（二）确定培训评估目标

培训目标主要是界定培训要解决什么问题、达到什么水平和具体的目标是什么等问题，它决定着评估项目和评估方法的选择。评估培训目标的实现程度是衡量培训效果的重要指标之一。

（三）设计培训评估方案

确定培训评估的目标后，接下来的工作是设计培训评估方案，除了评估者的选择外，其中很重要的一项是评估内容的确定。培训评估的内容主要包括培训效果的评估、培训工作人员的评估、培训成本—收益评估等内容。

（四）实施培训评估方案

培训评估方案确定后，就可以开展具体的评估工作了。

何时进行具体的评估工作，这是取得公正客观评估结果的前提和保证。对不同培训项目的评估，评估时间的选择上应该有所不同。比如对于反应层评估，一般在培训中或培训刚结束时进行调查，这样可以避免因时间间隔较长，导致学员可能会忘记当时的培训感受，从而使调查数据失真；若从行为或结果层考察，则一般可以选择在培训结束一段时间后（如3~6个月）进行，因为培训的效果真正作用到员工的实际工作表现中尚需一段时间。

当适时地收集到所需的信息和数据后，培训评估工作者开始对所收集的信息采用一定的方法和技术进行数据整理和分析，形成评估数据库。

（五）调整培训评估项目

在对培训评估相关信息分析的基础上，人力资源部就可以有针对性地调整培训项目。

如果培训信息收集到的结果表明培训项目没有取得什么效果或是存在其他问题，人力资源开发人员就要对该项目进行调整或考虑取消该项目。如果评估结果表明，培训项目的某些部分不够有效，例如，内容不适当、授课方式不适当、培训对象本身缺乏积极性等，人力资源开发人员就可以有针对性地考虑对这些部分进行重新设计或调整。

（六）反馈并撰写培训效果评估报告

1. 反馈评估结果

培训评估结果一般需要反馈给参与培训工作的相关人员。

（1）人力资源部门工作人员。在得到反馈意见的基础上对培训项目进行改进，精益求精，提高培训水平。

（2）管理层。管理层对培训工作的支持与否、培训项目资金投入的多少等直接影响培训效果。

（3）培训对象。培训对象明确自己的培训效果，这种反馈有助于学员取长补短，继续努力，不断提高自己的工作绩效。

（4）培训对象的直接领导。培训对象的直接领导通过培训评估结果，可以掌握其下属培训的情况，以便于指导下属工作，并作为对下属考核的参考因素之一。

2. **撰写培训效果评估报告**

培训效果评估报告有关内容见后续小节。

二、培训效果评估报告

（一）培训效果评估报告的内容

1. 报告提要

报告提要是对报告要点的概括，即报告概述，培训效果评估报告的撰写人需要在评估报告的开头简要地写出培训效果评估工作的背景、环境和概况，阐明培训评估的目的、任务和要求，培训效果评估的完成情况等。

报告提要的内容应包含的要素有以下几方面。

（1）培训评估的背景及实施概况。

（2）培训效果评估的时间及目的。

（3）培训效果评估工作的完成情况。

（4）培训评估的责任部门或责任人。

撰写培训效果评估报告时可以根据报告的具体事项及报告的篇幅情况，选择详细叙述或简要撰写报告提要，使报告提要的内容起到对评估报告全文的统领和概括作用。

2. 培训目的

为了更清楚地说明培训评估的重要性，培训效果评估报告的撰写人在培训效果评估报告中应明确阐述培训项目开展的目的，培训工作的任务和要求，以及所需要达到的培训效果和最终目标。

3. 培训对象和培训内容

企业在培训开始前应进行充分的培训需求调研分析，根据培训需求调查分析结果并结合企业发展战略，选择和确定需要接受培训的人员及培训内容。

企业内不同层次、不同部门的员工需要接受的培训内容各不相同。

即使是同层次、同部门、同一个员工，不同的时间、不同的工作性质，其所需接受的培训也不相同，因此需要针对企业的实际情况及员工的具体需求设计培训内容。

下面给出一些企业中常见的针对培训类别及培训对象设置其培训内容的示例，具体见表 9-9。

表 9-9　　不同培训对象的培训内容示例

培训类别	培训对象	培训内容
入职培训	新入职人员	企业文化培训、企业发展状况及相关制度培训、岗位技能的培训
专业技能提升培训	在职人员	生产、制造、研发、营销等专业知识技能的培训
管理能力培训	管理人员	领导能力提升培训、团队建设能力培训、管理技能的培训
外派培训	外派人员	语言培训、异国文化培训、适应能力培训

培训效果评估报告的撰写人在培训效果评估报告中应详细说明培训的对象及培训内容，使读者清楚地了解培训工作的实施是否具有必要性及针对性。

4. 培训方法

在培训效果评估报告中需要对培训实施的过程进行评估，其中的重要一项是对培训方法进行描述与分析。

5. 培训的综合分析与评估

培训效果评估报告中，对培训的综合分析与评估的概括，应包括评估的方法、评估的内容与评估的结果等方面的内容。

首先，在培训效果评估报告中应阐明培训效果评估所选用的评估方法。其次，培训效果评估报告的撰写人应明确评估的内容。培训效果评估的内容前文已经提到，主要包括对学员的学习成果进行评估，对培训组织管理进行评估，对培训师进行评估，对培训效果、收益进行评估四个方面。最后，在评估报告中应详细说明评估实施情况及分析结果，从而得出培训评估的最终结论并提出相关建议。

6. **结论和建议**

在培训效果评估报告中，对于培训工作的总结和建议，应指出培训工作中做得比较好的方面，总结工作经验。同时，应明确需要改进的地方，提出改进措施。

7. **附件**

附件是随同培训效果评估报告一同制定的相关文件，添加附件的主要目的在于保证研究者收集和分析资料的科学性，证明结论的合理性。附件的内容应包括收集和分析资料用的图表、问卷、部分原始资料等，与培训效果评估报告相关的培训体系内的其他报告，以及与培训效果评估工作相关但更新频繁且无须列入培训需求分析报告的文件。

（二）撰写培训效果评估报告的步骤

撰写培训评估报告的目的在于向那些没有参与评估的人提供评估结论并对此做出解释，一般培训评估报告的撰写包括以下 6 个步骤。

（1）撰写导言。主要说明评估实施的背景，撰写者要介绍评估目的和评估性质，说明此评估方案实施以前是否有过类似的评估。

（2）概述评估实施的过程。概述评估实施的过程，主要说明评估采用的方法，及组织实施情况，利用的评估工具等。

（3）阐明评估结果。阐明评估结果，主要对评估结果进行详细的描述，使读者一目了然。

（4）对评估所得的结果进行解释和评论。针对评估结果中的不足方面，提供改进培训效果的意见。

（5）附录。主要是提供培训效果评估表、培训成本分析表等。

（6）报告提要。主要是对重要的内容做出解释说明。

（三）撰写培训效果评估报告的要求

撰写培训效果评估报告的要求包括如下 6 个方面。

（1）注意接受调查的培训对象的代表性，必须保证他们能代表整个培训对象群体回答评估者提出的问题，避免因调查样本缺少代表性而做出不充分的分析和论证。

（2）在撰写评估报告时要尽量实事求是。虽然组织对培训投入大量的时间和精力，但也要客观公正地评估培训的价值，不能过分美化和粉饰评估结果。

（3）必须综观培训的整体效果，避免以偏概全的现象发生。

（4）对于培训中的不足，评估者要注意语言的运用，不要言辞过于激烈，以避免打击有关培训人员的积极性。

（5）当评估方案持续一年以上时，评估者需要做中期评估报告。

（6）要注意报告的文字表述、数据表现和图表展现方式。

第三节 培训效果转化

一、培训效果转化的界定

培训效果转化是指培训对象持续有效地将培训中所获得知识、技能、行为和态度运用于工作实践当中，从而使培训项目最大程度地发挥价值的过程。企业要想通过培训提高员工和组织的整体业绩，就必须了解如何实现企业中的培训效果转化。

由于培训工作并不仅仅是培训部门的事情，任何培训工作离开了高层领导和直接主管的支持都很难取得积极的效果。培训效果的转化尤其需要高层及直接主管的支持。培训结束后，与下属沟通培训中的内容；鼓励下属将所学内容运用于实践；对于培训内容的运用情况予以指导、评价、反馈。

企业可以通过制定配套的合理考核机制，组织配套的评比活动，建立适当的学习应用目标，讨论在工作中如何运用培训内容，建立合理的考核奖励机制等方式促进培训效果的转化。

二、培训效果转化的理论

培训效果转化的理论主要包括同因素理论、认知转化理论、激励推广理论和培训迁移理论。

（一）同因素理论

1. 理论说明

同因素理论是由桑代克（Thorndike）和伍德沃思（Woodworth）共同提出的。同因素理论认为，培训效果转化取决于培训任务、材料、设备和其他培训学习环境与工作环境的相似性。只有在培训对象所执行的工作与培训期间所学内容完全相同时才会有较好的培训效果转化效果。

同因素理论认为，培训学习环境与工作环境的相似性有两个衡量尺度，即物理环境逼真与心理环境逼真。物理环境逼真是指培训中的各项条件，如设备、任务、环境等与实际工作的一致程度。心理环境逼真是指培训对象对培训中的各项任务与实际工作中的各项任务予以同等重视的程度。

在培训效果转化中，心理环境逼真所起的作用比物理环境逼真所起的作用要更大一些。在培训中对各项任务与实际工作中的各项任务予以时间限制，且该时间与实际工作中的时间限制相近似，这有助于提高培训环境心理逼真的程度。

2. 理论应用

同因素理论可以用于模拟培训的培训项目设计和进行培训效果转化的实践中，可以采用案例研究、模拟游戏、角色扮演等方法。一般说来，同因素理论在企业中应用最广泛的是与设备应用相关或操作程序方面的培训。

为了达到有效的培训效果转化，在运用同因素理论实施培训效果转化工作时应注意以下几点。

（1）培训中应该告诉学员基本的概念。

（2）在培训过程中应该明确具体的操作步骤。

（3）明确在何时、以何种方式将培训内容运用于工作中。

（4）培训对象应该能够说明培训中所执行的操作与实际工作是否存在一定的差别。

（5）如果培训与实际工作存在一定的差别，应使学员明白在工作中如何注意。

（6）在培训过程中鼓励学习的内容超出所应用的范围。

（7）培训内容应限定在学员能够有能力掌握的范围内。

（8）鼓励培训对象将培训课堂上所学的技术、知识应用于实际工作中。

除此之外还应关注的一个问题是，培训中的知识、技能以及具体的动作、行为方式与实际工作之间的内在联系，即培训中强调的行为或技能是否有益于工作绩效，而不能给培训对象带来误导。

（二）认知转化理论

1. 理论说明

认知转化理论认为，培训效果能否转化取决于培训对象回忆和恢复所学技能的能力。运用该理论可以通过为培训对象提供有意义的学习背景材料以及学习材料，或为培训对象提供对所学技能进行编码记忆的技能，并不断对培训对象的学习情况进行监控和反馈等方法提高培训效果的转化率。

认知转化理论是以信息加工模型作为其理论基础的，信息的储存和恢复是这一学习模型的关键因素。

2. 理论应用

认知转化理论可以用于培训项目设计和培训效果转化等方面。例如，在培训实施过程中可以让培训对象找出工作中遇到的问题或困难，然后讨论培训内容应用的可能性，以增加培训对象对知识的储存和记忆。

培训过程中，培训师鼓励培训对象思考培训内容可能在实际工作中的应用，这种应用思考练习，可以让培训对象在工作环境中发现培训类似的问题和状况时，回忆起培训内容并将其应用于工作。

培训师也可以通过向培训对象提供有意义的材料和编码策略，来帮助培训对象理解所学内容和实际工作之间的联系，增加培训对象将实际工作中的问题与所学技能相结合的机会，使培训对象能够在需要时最快地回忆起所学的技能，从而增强培训效果转化的成功率。

（三）激励推广理论

1. 理论说明

激励推广理论认为促进培训效果转化的方法是在培训中重点强调哪些是最重要的特征和一般原则，同时，明确这些一般原则的适用范围。当工作环境、工作设备、工作任务等与培训环境有所差异时，培训对象具备在工作环境中应用学习成果的能力。

2. 理论应用

激励推广理论广泛应用于管理技能培训的实施与培训效果的方面。运用激励推广理论，只要可以针对工作时的一般原则进行培训，培训环境的设计就可以和工作环境不相似。因此，相比于同因素理论，激励推广理论更好地解决了当工作环境与培训环境不同时，培训效果转化的问题。

运用激励推广理论进行培训效果转化的主要环节是要明确成功处理某一状况所需的关键行为或解决问题的一般原则，这一关键行为或一般原则可以用于处理多种情况。培训师应示范演示和讲解这一关键行为或一般原则，让培训对象进行练习，最终使培训对象能够在各种与培训环境不完全一致的情况下使用这一行为或原则。

为了达到有效的培训效果转化效果，在运用激励推广转化方法实施培训效果转化时应注意以下几点。

（1）使培训对象理解所学培训技能和行为的基本概念、一般原则及假设条件。

（2）鼓励培训对象将培训中所强调的要点与其实际的工作经验结合起来。

（3）鼓励培训对象之间共享在不同环境和情境中一般原则得以应用的成功经验。

（4）鼓励培训对象设想在不同的环境下如何使用新技能。

（5）鼓励培训对象将所学的技能应用于与培训环境不同的工作环境中。

（四）培训迁移理论

1. 理论说明

培训迁移理论认为培训效果转化可分为近距离转化和远距离转化两种。近距离转化是指可以直接将所学内容应用于与培训环境相类似的实际工作中，基本不需要太大的修订和调整。远距离转化指将所学技能运用于不同于最初的培训环境的工作中，需要用新的创造性的方法应用所学内容。培训对象进行近距离转化还是远距离转化取决于培训项目的设计和实施方法。

2. 理论应用

一般来说，近距离转化更适用于短期技能培训，即那些能够迅速提高现有工作岗位工作绩效的技能。远距离转化更适用于管理技能开发或创造性地解决问题、沟通、授权等技能培训中，因为这种培训通常都以长期目标的达成或未来的发展为导向。具体说来，影响培训效果迁移的因素有以下几方面。

（1）个人动机。个人对行为结果的认知、期望以及对这些结果的偏好将对动机产生重要影响。动机水平取决于个人认为他们的行为能够得到的特定结果。

当个人认为他的迁移行为有可能使自己的工作达到某一个期望的绩效水平，而且这个绩效将为他带来有价值的回报时，他就会为达到这个绩效水平而努力，反之，如果迁移与绩效、绩效与回报之间无关或负相关，就不可能很好地促使培训效果迁移行为的发生。

（2）组织学习氛围。组织学习氛围是企业文化的一种重要表现形式，组织的学习氛围直接影响企业员工的学习思想与学习行为。在学习氛围浓郁的组织中，管理者重视企业的可持续发展，关注员工的不断提高，能随时随地对员工进行指导，员工上进心强，能够抓住一切可以利用的机会进行学习提高，并乐于将学习所得迁移到工作中，创新性与协作性高。

但是在缺少学习氛围的组织中，管理者只看重眼前的利益，认为学习是个人的事情，有意无意地扼杀员工学习的积极性。员工在这种感知中也毫无学习动力，更没有将培训效果进一步转化的途径。

（3）培训迁移气氛。培训迁移气氛指阻碍或促进组织成员将其在培训中的所学运用到实际工作中去的组织环境。它反映的是与培训相联系的员工认知模式，培训迁移气氛必须要拥有用于提醒员工，并为其提供机会，在工作中应用培训所学的情境因素，如组织对员工运用所学是否有要求和规定、组织是否能提供必需的设备、考核制度如何等。

其次，培训迁移气氛还要求能够影响培训对象将来应用培训所学的知识、技能和行为，即提供培训对象在实际工作中应用所学后能够得到的各种反馈，如员工在工作中运用所学后是否能得到薪酬的提高、职位的晋升机会等。如果对这些具体的行为指标加以明确和改进，培训效果迁移就能获得良好的成效。

（4）组织工作节奏。组织工作节奏的快慢能够影响在一段具体的时间内员工完成工作任务的数量和质量。在工作节奏快的组织中，有经验的员工可能很少有时间帮助培训对象完成更多、更复杂且有一定难度的工作，于是，培训对象就只能被安排去完成那些简单的任务，长此以往，他们就会很少获得在实践中运用培训所得的机会。

一般来说，组织工作节奏越快，培训对象就越可能在比较狭窄的工作范围内频繁地运用培训所学，虽然有执行复杂任务的机会，但是缺乏任务的多样性，培训迁移的范围有限。

三、培训效果转化的层级

培训效果转化的层级主要包括高效模仿、举一反三、融会贯通、自我管理、习惯养成 5 个层级。

（一）高效模仿

培训效果转化的第一个层级是培训对象对所学知识、技能或行为方式的高效模仿，指的是培训对象对学习成果依样画瓢式的运用。比如，在情境模拟培训后，学员在高效模仿层级的培训效果转化程度就比较大。

高效模仿层级的培训转化效果取决于培训对象的实际工作环境与培训时环境特点的相似程度。即培训对象的工作内容和工作环境条件与培训实施的情况完全相同时，才能较好地完成高效模仿层级的培训效果转化。

（二）举一反三

培训效果转化的第二个层级是培训对象对所掌握知识、技能或行为方式的举一反三地运用。举一反三的培训效果转化层级是指培训对象掌握了培训目标中要求的最重要的特征和一般原则，同时也明确了培训中这些一般原则的适用范围，从根本上理解和掌握了培训效果转化的基本方法。

这一层级的培训效果转化的优越性在于，当培训对象在工作环境中，如果操作设备、工作任务、实际问题等工作环境条件与培训时的环境特征有所差异时，培训对象也能够正确地应用所学知识和技能。

达到这一层级的培训效果转化，可以通过培训师在培训过程中示范关键行为、强调基本原则的多种适用场合等手段增强培训效果转化成效。

（三）融会贯通

培训效果转化的第三个层级是培训对象对培训中所学知识、技能或行为方式等，能够融会贯通地运用。融会贯通的培训效果转化层级是指培训对象在掌握了培训中的一般原则和基本原理，即使在实际工作环境中遇到的问题或状况完全不同于培训环境和培训过程的特征时，也能够回忆起培训中的学习成果，恰当地运用所学知识、技能。

这一层级的培训效果转化，可以通过培训师在培训过程中示范和讲解关键行为或一般原则，让培训对象在不同的环境和假设前提下进行练习，最终使培训对象掌握能够在与培训环境不一致的情况下运用这一培训效果的方法。

（四）自我管理

培训效果转化的第四个层级是培训对象对培训中所学知识、技能或行为方式等培训效果的自我管理式的应用。即培训对象能够积极主动地应用所学的知识和技能解决实际工作中的问题，而且能思考培训内容在实际工作中的应用。

培训效果的自我管理应用具体可以表现在以下几方面。

（1）恰当地判断在工作中应用新掌握的技能可能会产生正面或负面的作用。

（2）为自己设置所学技能的应用目标。

（3）对所学内容的运用实行自我提醒、自我监督。

（4）对培训内容的应用加以自我强化。

（5）进入创新地应用培训效果的良性循环。

（五）习惯养成

培训效果转化的最后一个层级是培训对象对培训中所学知识、技能或行为方式等完全掌握，并通过不断地应用与转化，最后形成新的习惯，自然而然地将所学技能运用到不同于最初的培训环境的工作中，并且能够随着培训效果的不断应用和实践，产生新的创造性的方法应用所学内容。

将培训效果转化为自身的习惯，是一个循序渐进的过程，需要培训对象在实际工作中不断地应用培训知识、技能或行为方式，并在不同的工作环境与条件中得以应用，达到培训效果的习惯养成。

达到这一层级的培训效果转化，证明培训成功地提高了员工的知识、技能，改善了员工的行为方式和工作态度，能够在实际工作中持续不断地进行培训效果转化，形成新的工作方法和习惯，不断地提高工作绩效，促进企业的发展。

四、培训效果转化的方法与途径

(一) 培训效果转化的方法

培训效果转化的方法主要是指建立学习小组、行动计划、多阶段培训方案、应用表单和营造支持性工作环境的过程。

1. 建立学习小组

建立学习小组有利于学员之间的相互帮助、激励和监督，同一部门的相同工作组的人员参加相同的培训后成立小组，并和培训师保持联系，定期复习和巩固，这样可以改变整个部门或小组的行为模式。

2. 行动计划

在培训课程结束时可要求培训对象明确行动目标，并制定行动计划，确保回到工作岗位上能够不断地巩固和应用新学习的技能。为了确保行动计划的有效执行，参加者的上级应施行有效的监督，例如，可以将行动计划写成合同，双方定期回顾计划的执行情况，培训人员也可参与行动计划的执行，并在执行过程中给培训对象一定的辅导。

3. 多阶段培训方案

此种培训方法较适合管理培训，多阶段的培训方案经过系统设计分段实施，每个阶段结束后，给受训者布置作业，要求他们应用课程中所学技能进行操作或演练，并在下一阶段将运用中的成功经验和其他培训对象分享，在完全掌握此阶段的内容后进入下一阶段的学习。

4. 应用表单

应用表单的方法较适合技能类的培训项目。应用表单是将培训中的程序、步骤和方法等内容用表单的形式提炼出来，便于培训对象在工作中的应用，如核查单、程序单。培训对象可以利用他们进行自我指导，养成利用表单的习惯后，就能正确地应用所学的内容。为防止培训对象中途懈怠，可由其上级或培训人员定期检查或抽查。

5. 营造支持性工作环境

建立由高层在企业内长期倡导和学习的培训制度，将培训的责任归于一线的管理者，而不仅仅是培训部门，将培训纳入考核中去，使所有的管理者有培训下属的责任，并在自己部门中建立一对一的辅导关系，保证培训对象将所学的知识切实应用到工作环境中。

（二）培训效果转化的途径

为了促进培训效果的顺利转化，企业还应当开展培训课程知识走廊、培训对象比赛、转化成果展示等多种活动。其转化的途径概括起来主要有以下 3 种。

1. 培训效果在本岗位的转化

培训效果在本岗位的转化即培训对象将培训中所学到的内容在自身工作岗位中应用。

2. 培训效果在企业内的转化

培训效果在企业内的转化即培训对象将培训内容在企业内部分享，使更多的员工受益于培训的成果。

3. 培训内容的衍生转化

这种转化可以通过将培训的内容写成总结报告或工作改善计划表等形式，让不同层级的员工一起参与讨论，激发员工的创新意识。

五、培训效果转化的模式

（一）内部主导模式

内部主导改进模式是指主要通过内部力量进行培训效果转化的一种模式。内部主导模式需要一系列的制度和机制等配套支持促成培训的转化，包括导师选聘机制、沟通机制、培训监督、控制和反馈机制等。其中，良好的沟通机制是培训效果转化的前提，健全的导师选聘机制是培训效果转化的关键，培训监督、控制以及反馈机制是培训效果转化的保证。

1. 注重培训师的选聘

在实施培训课程之前，企业应建立和健全培训师选聘机制。培训能否给企业和个人带来有效的收益，选聘培训师是关键。一次培训课程，无论组织人员多么精心地安排布置和宣传，都无法取代培训师的选择在整个培训中的核心地位和作用。

企业在选择培训师时，需要根据培训课程要求、培训对象、培训需求等制定培训师选聘标准，进行严谨的培训师评估分析。不仅要从培训师的从业经历、教育背景、知名度等方面进行考察，更要关注培训师的讲课风格、内容的适用性。选择符合培训课程要求的培训师，是培训成功也是培训效果转化的最重要保证。

2. 建立高效的沟通机制

在培训实施与效果转化过程中，畅通的沟通渠道以及良好的信息反馈渠道会大大增强培训效果的转化效率。

在培训结束后，培训组织者同样应该与培训对象的上级主管进行沟通，告知他的下属在什么时间参加了一个什么样的培训，学员有什么样的收获，并承诺做出什么样的改变，制订了什么样的行动计划，请上级主管与学员进行沟通，协助学员做好培训效果跟踪转化和绩效反馈工作。

（二）外部牵引改进模式

外部牵引改进模式是指主要依靠外部力量进行培训效果转化的一种模式。通过引入培训实施的战略合作者，例如一些培训机构、高校或科研院所，来负责企业的员工培训工作，促成培训的转化，而企业退居次要地位。这种做法类似于培训项目的外包工作。

外部牵引改进模式具有一些企业内部不具备的优势，主要体现在以下 3 个方面。

1. 外部培训机构具有较强的专业优势

企业在选定培训方面的合作方时，需要对合作伙伴的专攻领域或优势领域、从业资历背景、组织人员构成、培训项目经验等方面进行较深入细致的分析调查和比较，选择合适的合作机构。还需要与合作方进行充分沟通与洽谈，明确培训需求，使合作机构能够针对企业的专业领域提供针对性的服务。

2. 外部培训机构的培训系统完善

专业的培训机构能够提供完善的培训效果评估与培训效果转化的跟踪服务，拥有一整套运作相关培训效果转化的过程控制体系，能够在培训结束后提供科学的评估和跟踪服务，促进培训效果的转化。

3. 外部培训机构的经验丰富

专业的培训机构通常具有丰富的培训经验应对培训问题的处理，在处理培训转化问题提升培训绩效方面能够驾轻就熟，游刃有余。

（三）内外结合改进模式

内外结合改进模式是通过企业内部与外部相关机构共同主导，形成的一种持久稳定的培训效果改进模式。内外结合改进模式依靠内部、外部力量的共同作用，主导企业的培训效果转化，促进员工知识、技能与行为方式的改善，提升培训绩效。

内外结合模式与外部牵引模式在合作方式、服务的内容形式上具有很多相似之处，两者的主要区别在于，内外结合模式的主导方面是企业而不是外部合作机构，外部合作机构充当的是一种顾问和辅导者的角色。内外结合改进模式也是目前一些企业正在积极尝试的培训转化模式之一。

上述 3 种培训效果转化模式各有其优势和不足，企业需要结合自身的实际需要，最终选择最适合企业发展情况和培训转化需要的模式。

本章自测题

1. 请简述培训效果评估的意义。
2. 请说出两种培训效果评估模型，并简单介绍其核心内容。
3. 请列举几种常见的培训效果评估方法。
4. 请说明培训效果转化各层级的表现。

第十章　员工开发与职业生涯管理

学习目标

➢了解员工开发和职业生涯管理的概念和内容

➢掌握如何构建员工开发建设体系

➢把握个人职业生涯管理与组织职业生涯管理的区别与联系

引导案例

SOC 集团与美国某知名大学签订了一项委托人员教育协议，每年选派 4~6 名中层管理人员到该校攻读工商管理硕士（MBA）学位。

参与此次海外深造的选派员工都与集团签订了相关协议，协议规定选派员工完成学业后，必须回到 SOC 集团服务 5 年，服务期满方可申请调离。

2007 年 12 月，销售部主管王小利经过集团的几轮内部公开竞选，终于与市场部和运营管理部的其他 4 位同事一起获得了推荐。不过王小利并没有按照协议的相关规定履行自己的义务，他内心另有安排。早在 2006 年底，王小利就已经获得了美国另一所知名院校的工商管理硕士的录取通知书，这所大学更加知名且教育水平更高，但是该校的学费更高。

通过与集团人力资源部的交涉，王小利顺利用集团提供的深造费用交了学费，同时申请了7万美元的助学贷款，以解决自己在美国3年的生活费。开学的日期临近了，集团人力资源部多次催促王小利签订协议书，直到飞抵美国的前一天，王小利才在协议书上签字确认。他计算得很准确，按照自己在集团内部职位的薪资水平以及之后的职业生涯发展情况，一切顺利的话，助学贷款也至少要5年才能还清。如果他入职一家美国公司，大约1年多的时间就可以还清债务。

2009年7月，王小利完成学习顺利毕业，但他并没有马上回国，更没有回到集团。9月初，他通过邮件向集团人力资源部递交了辞呈，按照协议书的规定清偿了集团为其支付的语言考试费、赴美签证费、学费等一切费用。年底，王小利便在一家美国公司获得了一个年收入15万美元的职位。

SOC集团高层领导对人力资源部此次员工培养工作的成果十分不满意，集团付出了财力、物力、人力，但并没有得到相应的回报，开发培养的人员流失，浪费了集团的时间和资源。

如果你是SOC集团人力资源部总监，你将如何设计构建集团的员工开发系统，从而能够在满足集团人力资源需求的同时保证员工的忠诚度？王小利的流失不是一个特别事件，它反映了集团内部对于员工职业生涯管理方面的缺失，请思考该怎么调整？

第一节　员工开发

一、员工开发的概念

员工开发，指企业依据员工需求和组织发展需求，针对员工的智慧、知识、才能等方面加以发掘、培养，对员工的潜能开发与职业发展进行系统设计与规划，从而推动员工素质和能力的全面提高。

员工开发是整个人力资源开发的重要组成部分，为人力资源开发活动提供未来工作方向，为组织应对环境变化、组织目标实现等提供了科学的依据与思路。

员工开发是企业为使员工获得或改进与工作有关的知识、技能、动机、态度和行为等，所做出的计划性、系统性的各种工作的集合。通过员工开发的各种工作，可以有效地提高员工的工作绩效，并帮助员工对企业的战略目标做出一定的贡献。

员工开发的重点是通过有计划地学习、分析，确保并帮助员工个人提高关键技术和能力，以使其胜任现在的岗位和将来的工作。培训与开发是直接针对“员工个人”而言的，而“学习”则是进行改进的主要手段。

挖掘人才和培养人才是员工开发的两大基本步骤，即从企业现有人力资源中发掘、发现有能力的人进行培养、训练，提高他们的专业技术能力和管理经营水平。

员工开发可以把个人发展需要与组织发展需要有机联系在一起，形成人力资源开发的整体合力。员工开发能够使员工个人在与组织发展的双赢过程中获得适应性的发展。员工开发可以帮助组织留住优秀人才以及更多的人力资源。

二、员工开发的建设

员工开发的建设就是依据企业所需核心人才和有发展潜力的人才在

企业职业生涯发展规划的不同阶段的特点，参照同行业企业的标准，构建的员工开发建设体系。

一个完善的员工开发建设体系一般包含 4 个方面的内容，即人才标准、人才选拔、人才培养和人才评估。

（一）人才标准

适合企业的人才应具有两个特征，即拥有专业技术和不可替代性。

建立人才标准可以采取两种方法，即岗位分析法和人才群体分析法。

1. 岗位分析法

岗位分析法是指一个企业依据企业在整个市场中的位置和未来人才需求的特点，选择为企业做出贡献的核心竞争力岗位，并对岗位的胜任能力标准进行鉴定，依此来选拔人才的方法。各岗位人才标准建立的步骤如下。

（1）岗位分析。结合企业发展战略和未来人才发展需求，对企业组织结构进行分析，对管理流程进行梳理，并对现有人才与市场差距进行分析。

（2）职位关键因素。即提取职位关键指标，如企业的影响程度、职责大小、工作难度、任职人的资格要求等。

（3）职位因素的权重。通过职位评估和职能划分确定职位因素的权重。

（4）核心岗位的能力素质。通过确定核心岗位，对其能力素质进行分析、确定，包括岗位要求、岗位职责表述、岗位胜任能力、素质词典等内容。

2. 人才群体分析法

人才群体分析法是按照人才的群体来分，主要分为以下 3 类。

（1）高端人才。这类人才所处岗位代表了企业的核心竞争力，能完善、发展、延续企业文化的内涵，保持企业的可持续发展。

（2）潜在人才。这类人才是企业高级人才的后备力量，不仅可以稳定企业的业务发展，而且还可以支持企业的战略导向。企业要为潜在人才提供富有挑战性的发展空间与快速提升的培训通道，推动中层人才的储备。

（3）新员工中比较优秀的人才。这类人才处于职业生涯初期，刚入职场，很多思想观念、做事方式都没有固化，可塑性较强。只要新员工具备良好的知识基础及发展潜质，能够认同企业文化并有意愿长期为企业服务，都会被纳入企业的备选人才库。

（二）人才选拔

1. 人才选拔方式

人才的标准建立以后，企业可以依据各岗位的胜任能力素质标准对人员进行选拔。现代企业用得比较多的是绩效考核和胜任能力素质模型。

绩效考核主要对其业绩指标进行考评，而胜任能力素质模型是根据员工自身所具有的知识结构、专业技能和素质来划分的。

胜任能力素质测评是用可以衡量的、可观察到的、可指导的行为来描述各个岗位需要的岗位知识、岗位技能和岗位素质。通过对典型岗位人员素质能力的测评，明确目前企业员工具备的能力与企业发展所需能力之间的差距，发现具有潜在能力的员工。

素质能力测评主要包含岗位核心技能、通用管理技能和岗位必备技能 3 个方面。岗位核心技能是指担任本岗位最关键的能力。通用管理技能是指担任本岗位需要具备的常用管理技能。岗位必备技能是指胜任本岗位必须具备的各项技能。

2. 核心人才选拔模式

对于核心人才的选拔，现代企业一般采用“内部培养和晋升、外部引进”的原则。采用“重点人才重点培养、核心人才长期培养、紧缺人才尽快培养”的方式加大对于企业核心人才的培养。其选拔模式如图 10-1 所示。

（三）人才培养

人才培养就是对企业选拔出来的核心人才、关键岗位人才和潜在人

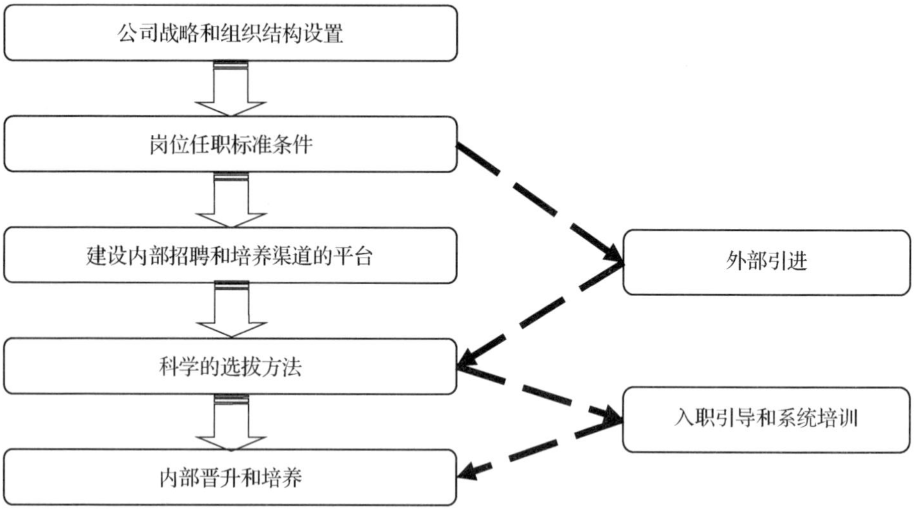

图 10-1　人才选拔的模式

才进行有计划性的培养。人才培养的 3 个阶段详见表 10-1。

表 10-1　　人才培养的 3 个阶段

步骤	培养内容	使用的方法
选拔人才	通过人才测评、绩效评估、内部晋升和外部引进，选拔出的员工接受企业的培训	人才测评、绩效评估
培养人才	外派学习	外派培训
	通过与学校、第三方培训公司合作开展培训	建立培训中心
	结合岗位分析和培训员工的专业知识、能力特点确定培训内容	培训需求调查
	通过工作实践对员工进行培养，不断提高员工的工作技能	导师指导
	根据市场和企业发展战略需求为员工选取具有竞争力的课程	在职培训
绩效考核	定期检查员工的工作绩效，及时调整人才开发的方式和内容	因素评分法
		标定行为评价法

人才的培养应依据人才不同层级岗位的胜任能力模型及运营需求，采用不同的培训方式，如后备人员采用网上学习、轮岗锻炼、集中授课的方式；经理采用网上学习、集中授课、在岗学习的方式；中高层人员采用授课、在岗学习、交流、出国考察、导师制的方式；决策层则采用国际考察交流、EMBA、导师制的方式。

(四) 人才评估

企业需要对人才培养的效果进行有效的评估，评估主要包括两个方面。

(1) 结合企业特点有针对性地确定企业发展的阶段和组织调整的方向，进行岗位变动，并结合企业的经营状况，控制薪酬总量。

(2) 对员工的知识、技能、素质和业绩进行综合评估，把组织绩效导向作为员工设计职业生涯的宗旨，随时明确现有人力资源状况，把合适的人放在合适的岗位上，主要从以下 5 个方面进行评估。

1) 资质。资质是考察经过培训，基本能力是否提高、性格是否发生转变、价值观是否发生改变、所掌握的技能是不是与企业需要相匹配。

2) 能力。能力主要是考察其胜任能力，包含知识、技能、价值观、态度和动机等。

3) 核心能力。核心能力包括员工的压力承受能力、敬业精神、问题解决能力、团队精神、谈判技能、沟通能力等内容。

4) 业绩考核。业绩考核指定期考核员工在工作中的表现。比如 360 度评估、180 度评估、绩效管理等。

5) 观察法。观察法是指倾听员工的意见和建议，注意员工的日常工作行为。

课程实训

某公司认识到优秀管理者对企业发展的重要性，为了培养一支认同公司文化的管理队伍，公司认为必须从战略上重视优秀管理人员的培养工作。请尝试制作一份员工开发计划。

实训指导：

优秀管理人员的范围涵盖了团队、运用和战略 3 个层次。

为了更好地帮助读者理解员工开发，下面提供了一个员工开发计划供读者参考。

文本名称	××公司领导力发展计划	编号	

一、实施背景

（略）

二、实施方案

经过多年的探索和实践，公司有了一套本土化的“加速领导力发展”计划，在团队、运用和战略3个层次上为企业培养胜任的领导团队，并提供相应的平台实现领导团队的协调合作。

“加速领导力发展”计划的成功实施为各管理者今后的领导生涯打下了坚实的基础。该计划主要分成4个方面来实施，见下表所示。

领导力发展计划表

层次	关键指标	设置的培训项目	
初级领导力	绩效和责任	培训对象	公司的代理人
		培训时间	6个月的新领导培训项目
		培训内容	开展工作的技巧、公司的领导文化和运作流程、在线学习、辅助学习、业务流程培训、工作小组及汇报管理案例中的心得
中级领导力	管理和领导孰重孰轻	培训对象	业务领导人
		培训内容	领导职责三合一、领导需要用愿景领导人、事务管理必须按照程序进行、将执行力细化为可操作的行动
高级领导力	企业战略	培训时间	4个月
		培训对象	公司未来的接班人，是公司内部的高潜力领导者
		培训内容	不同部门的管理能力培养
公司组织论坛	面对面的交流和沟通	培训对象	基层、中层、高层领导以及高级技术职称专家
		培训内容	公司的业务和战略、企业的紧迫感和责任感、人力资源管理和开发、团队领导交流、团队交流、领导者自由沟通

三、实施成效

通过实行“加速领导力发展”计划，中高层管理人员目前有95%为中国本土人才。现任的高层管理者，在公司的平均服务年限为18年，这得益于“加速领导力发展”计划的作用。

三、员工开发的作用

员工开发可以把个人发展需要与企业发展需要有机联系在一起，形成人力资源开发的整体合力。员工开发能够使员工个人在与企业发展的双赢过程中获得适应性的发展。员工开发可以帮助企业留住优秀人才以及更多的人力资源。

员工开发无论是对个人还是对企业均有着非同小可的意义，主要体现在以下两个方面。

（一）对个人的重要作用

员工开发对个人的作用主要在于提高个人的综合能力，增强职业竞争力。

员工开发有助于提升个人对企业的认同，强化员工与企业的融合度。研究表明，个人在认同感与归属感强的组织内部工作，其能力、智慧与潜力可以得到更加充分的发挥。表现在岗位工作上就是员工个人综合绩效的全面提升。

通过员工开发，个人可以对自身的能力、水平有更深入的认识，发现自己的优势及不足，能够更加明确地意识到企业内部存在的职业发展机会，能够更加准确地确定自己的职业发展目标，在企业的帮助和支持下，制定具体的职业发展行动计划，从而促成自己职业生涯发展目标的实现。

（二）对企业的重要作用

员工开发对企业的作用主要在于增强企业的核心竞争力、加强企业的人才队伍建设，改进企业效率，解决企业中存在的问题并达成企业的发展目标，根据企业内外环境的变化，有计划地改善和更新企业发展。

企业的基本组成要素就是每一个员工，对员工的开发是企业前进的推动力。企业绩效的实现需要以员工个人工作绩效的实现为基础，全面有效的员工开发工作可以帮助员工提升包含知识、技能、思维等多维度的能力，增强员工与企业的融合，促进员工理解企业文化、宣扬企业文化，推动员工工作绩效的进一步改善。

在信息化时代，企业之间的竞争更加激烈，归根结底是以人为中心的科技、知识、文化等方面的竞争。要以一种百舸争流、从容不迫的姿态去应对日益多样化的竞争局势，企业就要构建自身的竞争优势，这是企业保护自身核心竞争力的关键所在。员工开发，不仅是对个人能力全面的提升，更是为企业营造良好的学习氛围和竞争优势打造提供基础。

从企业的角度来讲，如果不能组织有效的员工开发和管理活动，不仅在关键时刻难以寻觅到合适的管理者继任人，在日常经营过程中，员工由于感觉不到组织对自身职业生涯发展的重视，士气下降，事业发展受挫，导致对组织忠诚度下降。

四、员工能力的开发

员工能力开发从 4 个方面入手，包含一般能力开发、管理技能开发、领导能力开发、创造能力开发。

（一）一般能力开发

一般能力开发主要包括沟通能力开发、人际关系能力开发、团队协作能力开发 3 个方面。

1. 沟通能力开发

沟通是人与人之间传递信息、传播思想、传达情感的过程，是获得他人思想、情感、见解、价值观的途径，通过沟通可以分享彼此的情感和知识，消除误会，增进了解，达成共同认识或共同协议。沟通能力的开发主要包括以下 3 个方面。

（1）有效的积极倾听技能开发。使用目光接触，展现赞许性的点头和恰当的面部表情，避免分心的举动或手势，提问，复述，避免中间打断说话者，不要多说，使听者与说者的角色顺利转换等。

（2）有效的反馈技能开发

1）强调具体行为，反馈应具体化而不是一般化。

2）使反馈不对人反馈，尤其是消极反馈，应是描述性的而不是判断或评价性的。

3）把握反馈的良机，接受者的行为与获得对该行为的反馈相隔时间非常短时，反馈最有意义。

4）确保理解，你的反馈是否足以清楚、完整，使接受者能全面准确地理解你的意思。

5）使消极反馈指向接受者可控制的行为，让他人记住那些自己无法左右的缺点毫无意义。

另外，如果消极反馈强调接受者可以控制的方面，则指明如何做能够改进局面。这不但减弱了批评造成的伤痛，并且给那些知道自己存在问题却苦于不知如何解决的接受者提供了指导。

（3）有效的谈判技能开发

1）研究谈判对象并尽可能多地获得有关对手的兴趣和目标方面的信息。

2）以积极主动的态度开始谈判。

3）着眼于谈判问题本身，而不是针对对手的个人特点。

4）以开放的态度接纳第三方的帮助，当谈判陷入对峙的僵局时，应考虑求助于中立的第三方的帮助。

2. 人际关系能力开发

人际关系能力是指妥善处理组织内外人员关系的能力，包括与周围环境建立广泛联系和对外界信息的吸收、转化能力，以及正确处理上下级及同事关系的能力。

（1）人际关系能力的构成

1）人际感受能力。指对他人的感情、动机、需要、思想等内心活动和心理状态的感知能力，以及对自己言行影响他人程度的感受能力。

2）人事记忆力。是记忆交往对象个体特征，以及交往情境、交往内容的能力。总之，是记忆与交往对象及其交往活动相关的一切信息的能力。

3）人际理解力。即理解他人的思想、感情与行为的能力。人际理解力暗示着一种去理解他人的愿望，能够帮助一个人体会他人的感受，通过他人的语言、语态、动作等理解并分享他人的观点，抓住他人未表达的疑惑与情感，把握他人的需求，并采取恰如其分的语言帮助自己与他人表达情感。

4）人际想象力。从对方的地位、处境、立场思考问题，评价对方行为的能力，也就是设身处地为他人着想的能力。

5）风度和表达力。这是人际交往的外在表现，指与人交际的举止、做派、谈吐、风度，以及真挚、友善、富于感染力的情感表达，是较高人际交往能力的表现。

6）合作能力与协调能力。这是人际交往能力的综合表现，是企业团队合作的必要能力。

（2）人际关系能力的培养

1）良好表达能力的培养。社交中受人欢迎、具有魅力的人，一定是掌握社交口才技巧的人。社交口才的基本技巧表现在适时、适量、适度三个方面，积极参加演讲、对话和辩论活动，珍惜在大庭广众发表见解的锻炼机会。

2）人际能力融合的培养。融合于社会，需要调整自己的观念，勇敢地面对世界、接纳世界。人际融合能力的强弱与一个人的思想品德、知识技能、活动能力、创造能力、处理人际关系能力以及健康状况等密切相连。

3）解决问题能力的培养。处理日常学习、生活的各种问题，是我们最重要的责任。利用管理学的技巧辅助，如鱼骨图等，或是与部属举行讨论会议，将问题产生的原因分类，并且列出解决的优先顺序。选择影响力最大、推动起来最容易的方案，立即拟订行动计划。

3. 团队协作能力开发

团队协作能力开发的目的是有计划地增强团队成员之间的沟通交流，增进彼此的了解和信任，实现高效的工作分工与协作，从而快捷达成团队目标。因此，对于组织的管理者来说，团队技能开发的工作至关重要，它直接影响组织目标的实现。团队协作能力开发主要包括以下 7 个步骤。

（1）制定明确的团队目标。管理者要为团队成员设定一个共同的、明确的团队目标，在制定目标时要鼓励所有人积极参与，以获得团队成员的认可和设立能力导向的目标。

（2）帮助团队成员实现角色定位。管理者要帮助团队成员认清自己的能力特点，使每一个团队成员扮演特定的内部角色，并通过各种手段提升其在特定角色上的专业技能。角色的互补才能形成好的团队。

（3）建立赏罚分明的评价管理制度。赏罚分明的评价管理制度能够对团队成员进行及时、有效的激励和鞭策，以激发其潜能，使之为团队目标的实现发挥最大作用。

（4）对团队成员进行团队文化培训。优良的团队技能的行为表现都是由每个团队成员的优良行为组成的。团队技能的行为表现受良好的习惯所支配，而良好的习惯来源于高尚的思想文化建设，所以需要用积极向上的团队文化熏陶团队成员。

（5）树立团队典型榜样。在团队内部树立典范，通过此手段可以加深团队成员对团队文化的理解和认同，同时，典型模范的树立还可以使团队技能得到一定的开发。

（6）进行有效的授权。有效的授权是增加团队战斗力和凝聚力的重要因素，通过有效的授权能够把团队成员的关系确定下来，增强他们的工作积极性，从而形成高效的团队。

（7）团队培训。有效的团队培训（课程培训、团队集训、户外拓展等）可以增强团队成员的认知能力，实现团队的高凝聚力和高作战能力。

（二）管理技能开发

管理技能，是指既有效率又有效果地完成管理工作的一系列行为、技巧和能力。我们还可以通过另一条途径来分析管理者做什么，考察管理者为了成功实现目标需要具备哪些技能或能力。

1. 管理技能的内容

管理技能主要包括技术技能、人际技能和概念技能 3 个方面。

（1）技术技能包括应用专业知识或技术的能力。当考察像土木工程师、口腔外科医生等专业人员的技能时，一般都会关注他们的技术技能。

（2）人际技能是指无论是独自一个人还是在群体中，能够与人共事、理解他人和激励他人的能力。

（3）概念技能是指管理者必须具备足够的智力水平去分析和诊断复杂的情况，这些任务要求具备概念技能。

2. 管理技能的特征

管理技能的特征主要体现在以下 4 个方面。

（1）管理技能主要是指体现在管理者行为方面的。它不是管理者的人格特质或风格倾向。管理技能由一套可以被确定的活动组成，管理者通过进行这些活动可以产生出某种结果。有效的管理技能表现是可以被观察到的。

（2）管理技能是可控的。这些技能的表现处在管理者的控制之下，可以被管理者自身有意识地表现、实践、改善或者抑制。

（3）管理技能是可发展的。表现为管理技能可以改进。与人的智力、特定人格或气质这些相对稳定的方面不同，通过实践和反馈，各级管理者可以改善他们的技能表现，可以从较少的技能进步到较多的技能。

（4）管理技能是相互联系、相互重合的。把某项管理技能从其他技能中完全分离出来是不可能的。技能不是简单的、重复性的行为，它们存在于一个复杂的系统中。有效的管理者必须依靠多种技能的有机结合以达到特定效果。

3. 管理技能开发的模式

管理技能开发是企业或其他组织自觉地为其管理者或者潜在的管理者所提供的一系列学习、成长和变化的机会，目的是让他们具备行使有效的管理职能所需要的知识、技能、能力、态度和积极性，从而能够适应企业面对的变化多端的环境，满足由此而引起的需要，实现企业的持续发展的一项活动。

管理技能开发的基本模式包括如下 9 个方面。

（1）在职开发。在实际工作中，管理人员可以积累经验、增长才干，还可以独立地显示出潜在的领导能力。

（2）替补训练。替补训练是指让管理人员在完成自己本职工作的基础上，熟悉其直接上级的职责，每一名管理人员都被指定为替补训练者，一旦其上级离任，替补训练者即可按预先程序逐步接替其工作。

（3）短期学习。短期学习是指通过开展各种短期的学习班对管理人员进行培训。通过短期培训学习可以有针对性地提高管理人员的技能。

（4）轮流任职计划。轮流任职计划是指通过作业轮换或岗位轮换的方式，提高管理人员的管理思维和对多部门的了解程度。

（5）决策模拟训练。决策模拟训练是指通过模拟各种决策情况，训练管理人员如何选择各种策略，以及在诸多的方案中如何做出选择，其目的是提高决策的有效性。

（6）决策竞赛。决策竞赛是指对发生的各种事件进行决策的模拟设计，提高管理人员的学习兴趣，使其掌握决策技巧。

（7）角色扮演。角色扮演是指通过设定某种情境让管理人员参与其中，通过模拟实践加深对管理原理的领会，提高管理人员的演讲和表达能力。

（8）敏感性训练。敏感性训练通常是把不同工作岗位的管理人员编成小组，既不规定中心内容又不规定具体日程的自由对话，在此种氛围中思考如何对待别人，如何改善自己的行为。

（9）跨文化管理训练。跨文化管理训练是让管理人员了解各国不同的文化，学会尊重各自的文化，并掌握与不同文化背景的人打交道的技巧。

（三）领导能力开发

领导能力是一种复杂的管理职能体现，包括领导者与追随者的共同行动所产生的一系列可能的结果，如目标的完成、个体对目标承诺的实现、团队凝聚力的增强以及组织文化的提高等。

1. 领导能力的概念

领导能力是一种影响力，作为社会交互作用的一种要素，它能使人们超出常规标准，高质量地完成任务。领导能力主要包括洞察力、决断力、亲和力、激发力、凝聚力、学习力、影响力、应变力、创新力和执行力。

领导能力一般表现出以下 5 个特点。

（1）柔性。重视应用软权力来发挥作用。

（2）双向性。特别注意领导者与追随者之间的相互影响和及时回应。

（3）人性化。在关注工作、关注利益的同时，更突出以人为本的思想，更关注人的情感、人的快乐、人的价值和人的发展。

（4）叠加性。在应用权力的同时，更注重领导者自身的品德、个性、专长、能力、业绩等方面软权力的叠加作用和放大作用。

（5）艺术性。既讲究科学，讲究遵循规律，更强调创新，强调权变融合，强调领导艺术的巧妙运用。

2. 领导能力开发方法

（1）教练制。英特尔有许多方法来进行领导力培训，其中之一就是教练制，公司指定有经验的资深人士与高层主管作为被培训人的教练或伙伴，进行一对一培训，由比较有经验的人为管理人员提供管理咨询，达到培训管理人员、提高管理人员综合领导力的目的。

（2）职位轮换。许多公司往往通过岗位调动、职位轮换来发展管理人员的领导力。英特尔主要通过派遣有潜力的管理人员到其他国家工作一段时间的方式，锻炼他们的跨文化管理能力。英特尔还在公司中施行一种“二位一体”任命计划，即同一个职务同时任命两名经理人，其中一名主要是给他实习、锻炼的机会，培育其快速成长为合格的英特尔经理人。

（3）能力评估。公司根据领导才能的模式和定义，评估领导者的实际能力、工作作风和爱好的反馈意见，并根据此有针对性地提升领导能力。一些公司每年都要依据领导者应具备的能力特征对潜在领导者和所有的管理人员进行评估，评估方式包括员工自评和 360 度评价，为进一步进行领导力的培养和开发打下了良好的基础。

3. 领导能力开发步骤

领导力的开发方法主要包括经营诊断、领导评测、计划设计、计划实施、后续支持、效果评价 6 个步骤。

（1）经营诊断。经营诊断是领导力开发的第一步，主要是为了弄清楚实施领导力开发的原因，这一步骤的关键是对实施领导力开发达成共识并具有紧迫感，同时形成一个为管理者所支持的愿景目标。在这一步骤中，会运用到 SWOT 分析、现场调研、焦点小组访谈、内容分析等方法。

（2）领导测评。领导测评主要是帮助领导者个人了解自己的需要，了解自己真正缺少何种素质、特征或能力，需要通过什么样的途径来开发和学习，同时这也能帮助领导者制定个人发展计划和具体的行动方案。

（3）计划设计。计划设计是非常重要的一步，它的主要内容包括参与领导力开发计划的人员选择，开发时间和周期的确定，领导力特征模型的建立，以及围绕领导力特征所展开的一系列开发方式设计，如培训设计、行动学习设计、与高层员工的互动设计、学习效果反馈等，计划设计为计划实施和后续支持奠定了基础。

（4）计划实施。这一步需要调动组织内外资源，对计划进行有序的实施，为领导力开发创造良好的条件，保证领导力开发项目的顺利完成。这一步最关键的是组建行动学习团队，并由行动学习团队解决组织存在的重大问题。

（5）后续支持。好的领导力开发计划不只局限在教室里，它还要为参与者提供一系列的后续强化和支持。这一步骤主要是为领导力开发提供一些后续支持，以保证参与者学到的知识能够有效地运用到具体的工作岗位上。

（6）效果评价。效果评价是领导力开发的最后阶段，在这一阶段，组织还要弄清楚以下问题：如何进一步改进和强化领导力开发计划？如何消除实施领导力开发计划的障碍？如何把领导力开发所采用的方法、措施与开发的最初目标联系起来？在回答了这些问题之后，进行领导力开发计划的改进和完善，以保证下次开发的效果会更好。

（四）创造能力开发

创造能力是创造主体在理想环境中通过创造行为而获得创造成果的能力。创造能力的开发主要采取如下 3 种方法。

1. 实施创造性培训

实施创造性培训主要通过创造性的教材和创造性的教学方法，并建立创造性评价标准的方式对学员进行创造能力培训，使学员掌握创造性的方法。

2. 进行创造性思维练习

创造能力的核心是创造性思维。创造性思维主要是进行发散性思维的练习，由于大部人习惯进行集中性思维，习惯于从众思想，因此，必须学会摆脱群体的思维方式，才能提高创造能力。

3. 加强创造技法学习

开发创造能力的一个重要途径是熟练运用各种创造技法。创造技法的推广和应用是开放创造力的一项有效途径。我国学者曾把创造技法总结为“十二个一”，也称“和田技法”，为创造能力的提升提供了良好途径。

第二节　职业生涯管理

一、个人职业生涯管理

个人职业生涯管理指以实现个人发展的成就最大化为目的，通过对个人能力、知识、兴趣和个人发展目标的有效管理来实现个人的发展愿望。即在企业环境中，由员工自己主动实施的、用于提升个人竞争力的一系列方法和措施。

（一）自我认知与周边认知

个人职业生涯管理要从员工个人的自我认知和周边认知开始，只有充分地进行自我认知和周边认知才能保证为自己设计出切实可行的职业生涯目标，并编制实现目标的合理行动方案。

1. 自我认知

（1）自我认知的含义。自我认知是指员工个人对自己的了解和认识，其中包括认识自己的长处和缺点，意识并调整自己的情绪、意向、动机、个性和欲望，并对自己的行为进行反省等。在求职之前，清楚的自我认知，能够使员工了解自己的职业价值观、兴趣、爱好、能力特长、人格特征以及弱点和不足，以便做出明智的职业选择，找到一份真正适合自己的工作。

在转换工作时，个人通过对自己的总结、盘点，找到成功和失败的原因，从中汲取经验和教训，可以促使自己的职业生涯成功。

（2）自我认知的作用。充分认识自己，能够帮助员工最大限度地发挥个人潜能。很多初入职场的员工往往高估自己的能力，盲目规划自己的职业生涯，而在现实中失去了许多机会。个人的职业规划应该建立在对自己客观的评价和认识之上，并为自己制定贴合实际的发展目标和职业理想，从职业活动中不断发挥自己的潜能，逐步提升自己的成就感。

（3）自我认知的三个角度。自我认知应从自我分析、个人分析和事业分析三个角度具体展开，具体内容见表 10-2。

表 10-2　　自我认知的三个角度

自我认知三个角度	具体内容
自我分析	自我分析从个人、事业、家庭三个方面进行，其中，家庭分析包括个人的生活品质、家庭关系和家人的健康
个人分析	个人的职业兴趣、性格、职业能力、职业性向以及个人的健康情况、自我充实以及个人的休闲情况等
事业分析	个人的财富情况、所属的社会阶层、自我实现情况

（4）自我认知的方法。自我认知的方法包括职业管理测评的一些工具以及其他不计其数的方法，这些方法的共同点是必须要有专业咨询机构的专家指导才能有效运行。实际工作中这些方法并不是非常便于执行，自我认知是一个长期的、需要持续改进的过程，需要将心理测量、自我反省、自我总结等这些简便易行的方法相互结合起来使用。

1）职业价值观法，明确自己最想要从工作中得到什么。可以反映出对报酬、奖励、晋升、发展或职业中的其他方面的不同偏好。

2）职业兴趣法，明确自己最喜欢干什么。兴趣是价值观的反映，必须与具体的任务或活动联系起来。人们从事的职业活动与兴趣相关度越高，对工作满意度就越高。

3）性格倾向法，即明确自己适合干什么。借助一定的性格测试工具，来分析判断自己适合从事什么样的职业。

4）才能潜质法，即明确自己能干什么。个人才能是职业生涯管理中的一个重要组成部分，它反映了一个人能够做什么或通过适当的培训后能够做什么。

综上所述，兴趣、价值观、性格和才能对一个人的职业决策都会有影响，这些因素在某些方面是相互联系的，兴趣根源于价值观，兴趣与能力也是密切相关的，人们喜欢从事自己擅长的活动，而通过实践，人们可能在喜欢的活动中变得更加熟练。因此尽管将价值观、兴趣、人格和才能分开也许非常方便，但有些时候，必须将其视为一个整体。

（5）自我认知的常用工具。进行自我认知与分析要借助一定的工具，常用的自我分析诊断工具有以下 6 种。

1）自我访谈记录表。

2）斯特朗-坎贝尔个人兴趣调查问卷（Strory-Cambell Interest Inventory）。

3）奥尔波特-弗农-林德西量表（Allport-Veraon-Lindzey Scale）。

4）24 小时活动日记。

5）“重要人物”访谈记录。

6）生活方式描述。

2. 周边认知

周边认知包括对周边社会环境的认识和对周边组织环境的认知两大部分。

（1）对周边社会环境的认知。对周边社会环境的认知指对社会大环境的认识与分析，包括当前社会政治、经济发展趋势，社会热点职业门类与需求状况，自己所选择的职业在当前与未来社会中的地位情况等。

1）当前社会政治、经济发展趋势。如国家政治环境的稳定水平、经济发展状况、就业政策等对个体的择业与就业都有重大影响，人生发展与社会环境密切相关，要分析哪些事情可以做，哪些事情不能做。不仅要分析现在，还要预测未来的经济增长率、经济景气度和经济建设重点转移等。

当经济振兴时，百业待举，新的行业不断出现，新的组织不断产生，机构增加，编制扩容，为就业和晋升提供了条件。经济模式的转变也会对人的生活方式、人员素质、就业、发展等带来一定的影响或新的要求。

2）社会热点职业门类与需求状况。社会的变迁与价值观念对于生活在社会中的个体来说也有重大的影响，要重点分析信息社会对职业生涯发展的影响，分析信息社会对人才成长的要求与挑战。另外，人的价值观与需求层次也会随着社会的发展而发生变化，科技的进步促使知识更新周期变短，这些现象均会影响职业生涯规划。

3）自己所选择的职业在当前与未来社会中的地位情况。首先，要对自己所面对的劳动力市场有个大致的了解，自己的专业在劳动力市场上属于什么样的地位，是"买方市场"还是"卖方市场"，这同时也决定了谁处于主动地位。就业后，考察自己的职业在当前以及未来社会中的地位情况，这无疑对于一个人的职业生涯成功来说是非常重要的。

（2）对周边组织环境的认识。对组织环境的认识具体包括对自己所属组织的内部环境分析和组织面临的外部环境分析两大部分。

1）组织内部环境分析。包括组织特色分析，如组织结构、组织文化、人员流动等；经营战略分析，包括组织发展战略与措施、竞争实力、发展态势等；人力评估，包括人才的需求预测、升迁政策、培训方法、招募方法等；人力资源管理，包括人事管理方案、薪资报酬、福利措施和员工关系等。

2）组织面临的外部环境分析。组织外部环境分析包括组织面临的市场状况、在本行业中的地位与发展趋势以及所从事行业的发展状况及前景。在职业生涯规划时，我们必须对以上提到的组织环境与社会环境等相关信息进行认真分析。

（二）职业锚与自我评价

职业锚理论产生于美国麻省理工学院斯隆商学院、美国著名的职业指导专家埃德加·沙因（Edgar H. Schein）教授领导的专门研究小组，是对该学院毕业生的职业生涯研究中演绎成的。

1. 职业锚

职业锚又称职业系留点，锚即使船只停泊定位用的铁制器具。职业锚也就是人们选择和发展自己的职业时所围绕的中心，是指当一个人不得不做出选择的时候，他无论如何都不会放弃的职业中的那种至关重要的东西或价值观。

职业锚也是自我意向的一个习得部分，个人进入早期工作后，由习得的实际工作经验所决定的，与在经验中自省的动机、价值观、才干相符合，达到自我满足和补偿的一种稳定的职业定位。职业锚强调个人能力、动机和价值观三方面的相互作用与整合。职业锚是个人同工作环境互动作用的产物，在实际工作中是不断调整的。

2. 自我评价

人们的职业发展包括不同的发展阶段，在不同的职业发展阶段，均要进行相应的自我评价并根据不同时期的自我评价结果制定适合自己的职业规划。相比较而言，早期的自我评价仅是决定个人就业方向的基本条件之一，人们还没有形成自己的职业锚。

到了职业发展中期或者后期阶段，人们职业发展达到了一定程度，形成了自己的职业锚。这时的自我评价也必须要与自己的职业相联系起来，为下一阶段的成功发展确定合适的职业规划。

3. 职业锚与自我评价的有机结合

个人在进行职业规划和定位时，要运用职业锚思考自己现有的能力，确定自己的发展方向，审视自己的价值观是否与当前的工作相匹配。只有个人的定位和要从事的职业相匹配时，才能在工作中发挥自己的长处，实现自己的价值。

对于企业而言，通过员工在不同的工作岗位之间的轮换，了解员工的职业兴趣爱好、技能和价值观，将他们放到最合适的职业轨道上去，可以实现企业和个人发展的双赢。

人们通过尝试各种具有挑战性的工作，在不同的专业和领域中进行工作轮换，对自己的资质、能力、偏好进行客观的评价，是使个人的职业锚具体化的有效途径。

（三）职业发展通道的模式

职业发展通道是指员工的职业发展计划，是一系列结构化的职位，是组织为员工设计的自我认知、成长和晋升的管理方案。职业发展通道明确了组织内员工可能的发展方向及发展机会，组织内每一个员工可能沿着本组织的发展通道变换工作岗位。

对于企业来说，职业发展通道可以让企业更加了解员工的潜能；对于员工来说，可以让员工更加专注于自身未来的发展方向并为之努力。这一职业发展通道要求员工、主管以及人力资源部门共同参与制定，员工提出自身的兴趣与倾向，主管对员工的工作表现进行评估，人力资源部门则负责评估其未来的发展可能。

1. 职业发展通道的类型

职业发展通道的类型包括专业技术型和行政管理型两大类。

（1）专业技术型。专业技术型通道的员工职业发展以工程、财务、销售、生产、人力资源或法律等职能为专业方向。

（2）行政管理型。行政管理型通道的员工职业发展以管理职位为发展目标。

2. 职业发展通道的模式

组织导向的职业发展通道模式主要有 5 种，具体内容见表 10–3。

表 10–3　　组织导向的职业发展通道模式

模式名称	具体内容
纵向发展模式	纵向发展模式是组织职业生涯发展最为常见的一种，即员工在组织内部的职业阶梯上不断向上晋升。该模式是由垂直方向的一系列职业台阶所构成的，其中较高的台阶与更大的职权、责任和更高的报酬联系在一起
横向发展模式	横向发展模式不是沿着职业阶梯向上晋升，而是在组织内部不同职能部门之间进行轮换，或者走职业专家的道路。轮换的情况可能持续较长时期，为将来的晋升打下基础，而职业专家路线可能成为该模式的最终选择
螺旋发展模式	涉及跨专业和跨学科流动的螺旋式职业发展模式已经越来越普遍。该职业发展模式的开发，需要使员工明确自己的兴趣以及在技能上的优势和劣势，并且使员工了解组织为其提供工作辅导、工作轮换、学习和培训等多种机会
传统发展模式	传统发展模式是员工在组织中从一个特定的职位到下一个职位纵向向上发展的一条路径，是一种基于过去的组织内员工的实际发展道路而制定的一种发展模式，该模式通常将员工限制于某一部门，与员工的工作年限有一定的联系
行为发展模式	行为发展模式是一种建立在各个岗位上的行为需求分析基础上的职业发展通道设计，该模式要求组织首先进行工作分析来确定各个岗位上的职业行为需要，然后将相同的岗位化为一族，再以族为单位进行职业生涯设计

（四）职业生涯规划的调适

员工职业生涯规划需要一系列精心设计的流程才能迈上可控之路。职业生涯规划制定后，需要根据不同阶段的具体情况进行相应的调适，以使得职业规划符合个人实际，有效促进职业规划的达成。员工职业生涯规划的调适与实施，主要包含以下 4 个方面的内容。

1. 职业生涯诊断

职业生涯诊断的主要内容包括个人状况诊断和环境状况诊断两大部分。

个人状况诊断的主要内容包括个人、事业、家庭、职业兴趣、性格、职业能力、职业方向、健康情况、自我充实、个人休闲情况、个人财富情况、所属的社会阶层、自我实现情况、个人生活品质等各方面。

环境状况诊断分析主要从行业条件、企业条件、地区条件和社会条件等进行分析。职业生涯诊断分析的关键在于发现影响职业成功的关键问题，包括问题发生的领域、问题的难度、自己与组织相互配合的情况。

通过对两大方面的分析与诊断，及时发现影响个人职业生涯发展的问题所在，个人才能采取有针对性的方法，进行相应的调适。

2. 发展目标和成功标准确定

对职业生涯规划进行调适，需要进一步审视目标设定和成功标准的制定是否准确可行。

（1）职业生涯发展目标确定。职业生涯目标包括人生目标、长期目标、中期目标和短期目标。一般情况下，个人要根据自己的专业、兴趣和价值观以及社会发展趋势确定自己的人生目标和长期目标，然后再把人生目标和长期目标分解为中期目标和短期目标。

（2）职业生涯成功标准确定。事业生涯成功是员工职业生涯追求目标的实现。职业锚能清楚地反映出个人的职业追求与抱负，从职业锚可以判断员工达到职业成功的标准。

德尔（C. Brooklyn Derr，1988）总结出企业员工有以下五种不同的职业生涯成功的方向。

1）进取型。达到组织系统的最高地位。

2）安全型。追求认可、工作安全、尊敬和成为“圈内人”。

3）自由型。在工作过程中得到最大的控制而不是被控制。

4）攀登型。得到刺激、挑战、冒险和“擦边”的机会。

5）平衡型。在工作、家庭关系和自我发展之间取得有意义的平衡，以使工作不至于变得太耗精力或太乏味。

3. 职业生涯发展策略确定

职业生涯发展策略包括确定职业生涯发展通道、职业生涯所需的能力转换。

（1）确定职业生涯发展通道。确定职业生涯发展通道是指当一个人选定职业后，从什么方向上实现自己的职业目标，包括纵向目标、横向目标和向核心方向发展。

1）纵向发展。员工职务等级由低级到高级的提升。

2）横向发展。在同一层次不同职务之间的调动，可以发现自己的最佳发挥点，同时可以积累各个方面的经验，为以后的发展创造更加有利的条件。

3）向核心方向发展。有更多的机会参加单位的各种决策活动，满足员工的发展需求。

个人通过对职业发展通道的诊断与分析，发现问题并及时调整自己的职业发展通道。

（2）职业生涯所需的能力转换。职业生涯所需的能力转换包括管理能力的转换和专业能力的转换。

1）管理能力的转换。管理能力转换具有层次性结构，而且不同层级的管理人员所要求的管理能力是不一样的。

2）专业能力的转换。专业能力是指拥有理想的专业能力结构，既精通专业知识，又对周边知识和其他知识了解很多。专业能力的开发与转换可通过自我启发、多种研究开发专题的经验、参与某个专案小组、参与公司外的专家交流等实现。

4. 职业生涯实施管理

确定了职业生涯发展策略之后，行动即成为关键。职业生涯发展方案通过准备一套周密的行动计划，并辅以考核措施以确保预期实现。职业生涯规划的影响因素有很多，对职业生涯设计的评估和修订也很重要，通过不断地修订调整，使得职业生涯规划更适合于个人发展。

（五）个人职业生涯周期管理

个人职业生涯周期可划分为三个阶段，即早期阶段、中期阶段和后期阶段，针对不同阶段的职业生涯特点采取相应的合理的管理方法。

1. 个人早期职业生涯

（1）个人早期职业生涯的特点。个人早期职业生涯的特点有以下 4 点。

1）进取心强，具有积极向上、争强好胜的心态。

2）职业能力不断增强，具有强烈的需要成功的心理要求。

3）完成向成年人的过渡，开始寻找职业锚。

4）开始组建家庭，逐步学习调适家庭关系的能力，承担家庭责任。

（2）个人早期职业生涯管理任务。个人新进入组织接受组织聘用后，形成一定的劳资关系，逐步由自由人向组织的一员转化，所经历的阶段包括向所有员工灌输组织及其部门所期望的主要态度、规范、价值和行为模式。个人组织化的途径是组织创造条件和氛围，使新员工学会在该组织中如何工作，如何处理人际关系，如何扮演好组织中的角色等。

针对该阶段的特点，个人的组织化和个人与组织的相互接纳是个人和组织共同面临的、重要的职业生涯管理任务。

2. 个人中期职业生涯

（1）个人中期职业生涯的特点。个人中期职业生涯的特点主要体现在以下 5 个方面。

1）创造力旺盛，工作业绩实实在在。

2）职业能力逐渐成熟，积累了丰富的职业工作经验。

3）职业发展轨迹呈倒“U”形变化。

4）工作与家庭的冲突越来越明显，经济负担与顾虑越来越明显。

5）对年龄的增长越来越敏感，意识到职业机会越来越少。

（2）个人中期职业生涯管理任务。个人中期职业生涯将会遇到“瓶颈”，员工步入中年，职业发展机会减少，而个人的发展愿望没有得到满足，企业组织结构成为制约员工发展的主要瓶颈。职业生涯中期阶段，是人生的关键阶段。

如果职业生涯不成功，就会导致人心理受挫，个人对自己的职业发展产生困惑，形成了所谓的中期职业生涯危机，主要体现在如下 3 个方面。

1）现实与职业理想不一致。

2）工作发生急剧转折或下滑。

3）缺乏明确的组织认同和个人职业认同。

针对此阶段的主要特点，个人应该采取的管理措施有以下 4 种。

1）保持积极进取的精神和乐观的态度。

2）零星的职业与职业角色选择决策。

3）成为一名良师，担当起言传身教的责任。

4）维护职业工作、家庭生活和自我发展三者之间的均衡。

3. 个人后期职业生涯

（1）个人后期职业生涯的特点。个人后期职业生涯具有以下特点。

1）职业地位下降，产生明显的失落感。

2）具有丰富的工作经验和较强的人际交往能力。

3）临近退休，职业进取心下降，更重视兴趣、健康以及家庭。

4）观念、知识以及技能相对老化，对新生事物的敏感性下降。

（2）个人后期职业生涯管理任务。针对个人职业生涯后期阶段的特点，采取的主要做法有以下 3 种。

1）承认自己的竞争力和进取心的下降，学会接受和发展新角色。

2）学会和接受权利、责任和中心地位的下降。

3）回顾自己的整个职业生涯，着手退休准备。

二、组织职业生涯管理

组织职业生涯管理指从组织的角度，对员工从事的职业所进行的一系列计划、组织、领导和控制等管理活动，通过将个人职业生涯发展与组织的人力资源需求相联系、相匹配，以达到个人发展和组织目标的有机结合，从而实现个人与组织的双赢。

（一）组织职业生涯管理的意义

组织职业生涯管理旨在将组织发展目标与组织内部员工个人的发展目标有机地结合起来，因此组织实施职业生涯管理本身就应该是一个双赢的过程。组织职业生涯管理对组织与员工均有着重要的意义。

1. 对组织的意义

组织职业生涯管理对组织的意义，主要体现在以下 5 个方面。

（1）帮助组织了解人力资源状况，建立人才信息库。组织职业生涯管理可以帮助组织了解其员工的个性及职业需求信息，盘点组织人力资源知识、技能存量，储备人才，建立人才信息库，在需要时可有效、充分地利用本组织人力资源，帮助组织了解员工的现状、需求、能力及目标，调和它们同组织在现实和未来可提供的职业机会与挑战间的矛盾，避免员工走弯路，动态提高人力资源配置的合理性。

（2）使员工与组织同步发展，以适应组织发展和变革的需要。任何组织的成功，都源于其拥有一批较高质量的人才队伍。正是因为合理的组织生涯规划，不断更新员工的知识、技能和创造能力，组织才可以实现自身与员工的共同发展，从而确保组织在激烈的竞争环境中长期立于不败之地。

（3）优化人力资源组织结构，提高组织人力资源质量和效用。经过组织生涯优化的人力资源结构，可以非常容易达到组织内部的“人岗匹配”，使组织内部人力资源发挥最大的作用。同时，合理的组织生涯规划，可以为员工的价值体现提供一个良好的平台，而最终作用于组织发展。

（4）提高组织内部员工的满意度，降低员工流失率。马斯洛人类需求层次理论中提到的人的归属、尊重和自我实现等高层次的需要，是通过各种测评技术来了解员工在个人职业发展过程中想要得到什么，应该得到什么，组织通过协调和规划，帮助员工实现职业生涯目标并有效提高员工对各个层次的满意度和对企业的归属感，减少员工的流失率。

（5）帮助组织合理配置资源。人力资源是一种可以不断开发并不断增值的增量资源，通过人力资源的开发能不断更新人的知识、技能，提高人的创造力。随着知识经济时代的到来，知识已成为社会的主体，组织更应该注重人的知识、智慧、技艺、能力的提高与全面发展。加强组织职业生涯管理，实现人尽其才、才尽其用，是组织资源合理配置的首要问题，离开人的合理配置，组织资源的合理配置就是一句空话。

2. 对员工的意义

对员工个人而言，组织职业生涯管理的意义主要体现在以下 4 个方面。

（1）组织职业生涯管理包含着“开发”的意义，通过培训、轮岗等活动可有效地提高员工技能和素质，可使员工实现自我价值的不断提升和超越，心理成就感的追求得到满足。

（2）可增强员工对自身和职业环境、职业机会的把握能力，更加顺利地实现职业发展。

（3）通过进行职业生涯管理可使员工更加清楚、了解自身的长处和短处及适合的职业发展方向。

（4）帮助员工协调好职业生活与家庭生活的关系，更好地实现人生目标，职业生涯管理将员工的职业生涯发展置于其总生命空间中考虑，即综合考虑职业生活同个人事务、婚姻家庭等其他生活目标的平衡，帮助员工克服或避免顾此失彼、左右为难的困境。

（二）组织职业生涯分阶段管理

职业生涯存在一定的规律性，这种规律性体现在职业生涯的不同阶段，各阶段不同的员工可能会存在某些共性的特征。因此，组织有责任为员工提供某种比较专业的职业生涯发展咨询，在员工职业生涯发展的不同阶段为其提供所需要的咨询服务。

根据国内外专业人士的研究定论，职业生涯发展的过程包括四个阶段，即职业探索阶段、职业建立阶段、职业中期阶段和职业后期阶段，不同的阶段应采取不同的职业生涯管理措施。

1. 职业探索阶段

在职业探索阶段应该初步明确职业规划与顾问计划。这个阶段从参加工作起，一般到25岁左右，具体时间长短根据员工的知识储备、学历不同而有所不同。通常员工进入新的组织会经过三个阶段来实现社会化，即前期社会化阶段、碰撞阶段、改变与习得阶段。

（1）前期社会化阶段，新员工从各种与工作、组织有关的消息来源收集信息，对于新员工而言，这个阶段最有可能的压力就是对一切都不是很熟悉，不清楚，因此取得准确的信息就显得比较重要。心理契约也形成于此阶段，双方达成一致目标的心理是非常必要的。

（2）碰撞阶段，对于新员工而言，工作所要求的角色、任务、人际关系和身体状况都是显而易见的。在前期的社会化中形成的期望可能会与所看到的组织现实相矛盾，从而产生现实冲突。这时新员工最有可能的反应是不明白自己到底在干什么，这种冲突程度的大小取决于前期社会化阶段产生的期望值大小。如果这些期望是不切实际的或者不能被满足的，那么突破现实将变得十分困难。

（3）改变与习得阶段，该阶段新员工逐步开始掌握一些工作的方法，来满足工作相关的要求。

总体来看，职业探索阶段，员工通过不停地调换工作与工作单位，来选定自己喜欢的，适合自己的，并能够长期从事的职业，这个阶段的员工调换工作的愿望比较强烈。

从组织角度来说，在职业探索阶段，可采取的管理策略有以下 3 种。

1）帮助新员工准确地认识自己，制定初步的职业生涯发展规划。

2）建立导师机制或顾问计划，为新员工提供职业咨询和帮助，使其快速融入组织。

3）安排挑战性工作，丰富工作任务，帮助其寻找早期职业困境产生的原因及解决办法。

员工在职业生涯早期遇到的职业困境有以下 3 种。

1）最初的工作缺乏挑战性。

2）过高的期望和最初的日常事务性工作安排碰撞导致的情绪不满。

3）不恰当的工作绩效评价。

针对以上 3 种情况，企业常采用以下方法帮助员工走出困境。

1）运用实际工作预览法，如招聘时为员工提供职位和组织的完整、准确的信息，增加雇佣关系的稳定性。

2）尽可能安排一份挑战性的工作，管理人员敢于承担一定的风险，为新员工提供一些稍微超出其技能水平的工作。

3）丰富最初工作任务以激励那些对成长和成就感有较高要求的员工，如赋予其更多的权利和责任，允许其接触更多的人群，允许其实践自己的想法。

4）安排要求严格的上司指导员工工作，这对员工今后的发展将会带来很大的好处。

2. 职业建立阶段

职业建立阶段大概是在员工25~35岁之间，这个阶段首先要选对自己的职业发展方向，进而再为实现职业发展目标做出具体的努力。

这个阶段是员工有理想、有抱负的阶段，是一生中的高产时期，组织应把握住这个阶段员工的特点和他们对培训、成长和晋升等方面的需求，帮助其发现职业生涯路径，协调好工作与生活之间的冲突，关注其发展方向，为其提供必要而及时的援助。

在职业建立阶段需要建立职业档案和个人申报制度。

（1）建立职业档案。采用西方国家的“个人职业表现发展档案”法，可帮助员工管理自己的职业生涯。档案的内容包括个人情况、现在的工作情况、未来的发展情况等。档案一式两份，填好后一份自己保管，一份交给直接主管。主管会找员工谈话，一起研究分析其中的每一项，并提出十分具体的建议。这种方式对员工有极大的帮助。

（2）建立个人申报制度。个人申报制度是指运用一定的方式，把自己对工作的希望向企业人力资源部申报。这种制度的建立和实施可以有效地帮助员工表达他们内心对工作和职业的愿望和要求。

个人申报的内容包括担任现在职务的心情，对担任职务的希望和对企业的其他要求。人力资源部通过了解员工实际情况后，有针对性地去满足员工的需求或愿望。同时员工的直接主管要对员工进行相关的工作适应性调查了解，包括员工的兴趣、爱好、专业技能、计划能力、工作积极性、现任工作表现等，再将适应性调查结果与员工个人申报材料相比较作为人力资源部门决策的依据。

3. 职业中期阶段

职业中期阶段，要正确处理职业高原现象与平衡工作家庭关系。职业生涯中期是一个时间长、变化多，既有可能事业成功又有可能引发事业危机的敏感时期。

该阶段人群年龄通常在35~50岁之间，这阶段的人群通常面临着工作和生活两方面的压力，不再有虚幻的想法，一切从实际出发，重新审定自己，明确发展目标，逐步达到职业发展的顶峰，同时由于意识到年龄的增长给工作带来的限制，从而产生职业危机感，总之，这是一个充满矛盾的复杂阶段，尤其需要组织职业生涯的管理。

这一时期员工的职业目标已经清晰地确定下来，他们更重视个人的成长与职业发展，但这个时期面临的主要问题是职业高原现象和工作与家庭关系的平衡。

（1）职业高原现象。职业高原现象是指员工在职业生涯中期面临的职业通道越来越窄，发展机会越来越少。面对这种现象，常用的解决措施有积极面对并顺利通过和消极接受停滞不前两种。职业高原现象随着人力资源供给的持续充足日益年轻化。

（2）工作家庭关系的平衡。随着经济发展的需要和女性地位的提高，双职工家庭模式在中国已较为普遍，这种模式的出现也带来了一定的压力。比如对孩子的照顾不周，时间、日程安排的冲突，完成家庭义务劳动与工作责任缺少时间等，这些都是压力的来源。

针对以上问题，国外企业常用的解决办法主要包括以下 3 种。

1）灵活的弹性工作时间。

2）灵活的工作场所。

3）帮助职工子女入托。

4. 职业后期阶段

职业后期阶段也是退休前期规划。这是职业生涯的最后阶段，从 50 岁左右到退休。大多数人对成就和发展的期望减弱，而希望维持或保留自己目前的地位和成就。对于这类人群，组织应注意帮助他们做好退休前的各项心理准备和工作方面的准备，让他们愉快地结束自己的职业生涯，帮助他们顺利地实现向退休生活的过渡。

事实证明退休不仅会对员工产生影响，也会对组织产生影响。退休让员工的工作和生活发生了较大的转变，组织可以采取适当的措施来帮助其缓解退休带来的痛苦和实现个人价值的延续。常用的办法如制订退休计划，安排退休生活；实施退休返聘，延长职业生涯，继续为组织发挥余热。

为退休人员制订退休计划越来越受企业的重视，在制订退休计划时应注意因人而异，形式多样。另外，对于退休员工还要做好退休前员工座谈会，增进员工间的友谊，交流经验，了解对企业管理的意见或建议等。另外还要做好退休前工作交接工作，选择好接班人，不要因为员工退休而影响了企业的正常发展。

（三）组织职业生涯管理的流程

组织职业生涯管理是一种专门化的管理，即从组织角度对员工从事的职业和职业发展过程进行的一系列计划、组织、领导和控制活动，以实现组织目标和个人发展的有机结合。在员工制订个人职业生涯发展计划过程中，都需要组织的参与和帮助，员工的职业发展不能脱离组织而存在。

组织职业生涯管理目前已受到越来越多的企业重视，企业在实施职业生涯管理时应遵循一定的步骤或流程，以确保职业生涯管理相关工作得以不断完善。组织职业生涯管理，可遵循以下工作流程。

1. 职务分析

职务分析是职业生涯管理的第一步也是最为关键的一步，通过职务分析获得与工作相关的信息，进而为员工制定有效的职业发展策略。进行职务分析常用的工具有职务分析问卷、任务调查表、职务分析面谈和关键事件调查等。收集到的职务分析数据包括职务基本材料、职务描述、职务要求等。

（1）职务基本资料包括职务编号、职务类别、职务名称、所属单位、直接上级、定员人数、管辖人数、工资水平、工资等级、直接升迁职务、可相互转换的职务、由什么职务升迁至此、其他可担任的职务等。

（2）职务描述，是将职务的工作细分成条目，输入每个条目的编号、工作内容，基本功能和工作基准。其中，工作基准的确定是一项至关重要的工作。

（3）职务要求是指胜任某一工作的最低要求，比如学历要求、职称要求、专业要求、经验要求、工作行为要求、气质要求、一般职业能力要求、特殊职业能力要求、领导类型、管理能力要求等。

2. 员工基本素质测评

组织进行员工素质测评的目的在于掌握组织员工的能力、个性倾向和职业倾向，并为员工职业生涯的目标设立提供参考。

组织进行员工素质测评的信息包括员工基本信息和工作状况记录信息两部分。员工基本信息包括员工的年龄、学历、工作经历、兴趣爱好等；工作状况记录信息包括绩效评估结果、晋升记录及参加各种培训情况的记录等。

员工素质测评的方法和技术包括以下 8 种。

（1）管理能力测评。应用情境模拟法中的公文处理技术，对每个管理人员或应聘人员的管理能力进行测评。

（2）智力测评。测验人的逻辑推理、言语理解、数字计算等方面的基本能力。

（3）卡特尔 16 种个性测验。主要测验人的内向或外向、聪明或迟钝、激进或保守、负责或敷衍、冒险敢为或胆小退缩、顾全大局或矛盾冲突、情绪激动或情绪稳定等方面的个性特征。

（4）职业兴趣测验。如对现实型、企业型、研究型、社会型、艺术型、常规型 6 种兴趣测验。

（5）气质测验。气质类型有胆汁质、多血质、黏液质、抑郁质。对人的气质的测验，有助于帮助被试者选择较合适的工作，有助于增加管理人员对被试者的了解。

（6）一般能力倾向测验。主要测量人的图形识别、空间想象、计算的速度和准确性、言语理解、词语组合等方面的能力倾向性。

（7）A 型行为和 B 型行为测量。A 型行为的人对自己要求较高，经常定出超出自己实际能力的计划，完不成计划会很焦虑。B 型行为的人随遇而安，不会强迫自己紧张工作。这对于为他们安排不同类型的工作很有指导意义。

（8）领导测评。对所有管理者和应聘人员的领导类型进行测评，确定其是否适合当前的职务上的工作，哪些职务适合其工作，如何提高管理水平。

3. 建立与职业生涯管理相配套的员工培训与开发体系

培训是职业生涯管理的重要工具，培训可用来改变员工的价值观、工作态度和工作行为，使得员工能够在自己现在和未来的工作岗位上的表现达到组织的要求。通常，员工培训方案的设计主要有以下两种。

（1）以素质测评为基础的培训方案设计。在公司原有培训管理的基础上，根据对员工基本素质测评和职务分析的结果，找出员工在能力、技能、个性、领导类型等方面与本职工作所存在的差距，以及今后职业发展路线上会面临的问题，有针对性地拟订员工培训与开发方案。

（2）以绩效为基础的培训方案设计。依照绩效考核的结果，发现员工在工作中出现的问题，有针对性地拟订员工培训与开发方案，以适应本职工作和今后职业发展的需要。通过培训，进一步发现员工的潜在能力和特长，为其职业生涯规划打下良好的基础。

4. 制定较完备的人力资源规划

人力资源规划是根据组织的发展战略目标而定的，人力资源规划通过预测组织在未来环境变化中人力资源的供给和需求状况，制定基本的人力资源获取、使用、维持和开发的策略。在制定人力资源规划时应注意以下内容。

（1）晋升规划。根据企业的人力资源分布状况和层级结构，拟订员工的提升政策和晋升路线，包括晋升比例、平均年薪、晋升时间、晋升人数等指标。在实施中，根据人事测评、员工培训、绩效考核结果，并根据企业的实际需要，对各个结果赋予相应的权重系数，得出各个职位的晋升人员次序。

（2）补充规划。使企业能合理地、有目标地把所需数量、质量、结构的人员补充在可能产生的职位空缺上。

（3）配备规划。在制定配备规划时，应注意解决两个问题：当上层职位较少而待提升的员工较多时，则通过配备规划增强流动，这样既可以减少员工对工作枯燥、单调乏味的不满，还可以等待上层岗位空缺的出现；在超员的情况下，通过配备规划可改变工作的分配方式，从而减少负担过重的职位数量，解决工作负荷不均的问题。

5. 制定完整有序的职业生涯管理制度与方法

有效、健全、可行的职业生涯管理制度和方法的制定，是确保组织职业生涯管理目标顺利达成的必备条件。制度和方法的存在，可以引导员工行为的改变，确保优秀人才能够脱颖而出，并能够为组织发展目标的实现做出积极贡献。

完善的制度与方法可以使员工充分了解企业的文化、经营理念、管理制度，为员工提供内部劳务市场信息，帮助员工分阶段制定自己的职业生涯目标。

（四）组织职业生涯管理的方法

组织职业生涯管理可以通过职务分析、员工素质测评建立健全的培训管理体系、实施完备的人力资源规划方案，以及制定有效的职业生涯管理制度和方法来实现。组织职业生涯管理需要各方面的有效配合，包括员工个人、人力资源部门、直线部门和上级。

企业在为员工开展职业生涯规划时，应当结合员工的特点采取对应有效的职业生涯规划和管理方法。员工通常包括新员工、中期员工和老员工三类，针对这三类人群采取的职业生涯管理的方法通常有如下 3 种。

1. 对新员工的职业生涯管理方法

对于新员工的职业生涯管理，组织可考虑提供一个富有挑战性的、丰富多样的最初工作，这样的工作能对新员工产生相当的吸引力。实践证明，企业能够做的重要事情之一就是争取为新员工提供的第一份工作是符合这个人最初意愿的和带有挑战性的工作。提供富有挑战性的起步性工作是帮助新员取得职业发展的有效方法和途径之一。

2. 对中期员工的职业管理方法

中期员工通常具备较为丰富的工作经验，为组织做出过一定的贡献，物质激励可能对其产生不了太大的作用，职业发展畅通通常是其较为重视的因素。让中期员工获得更多的提拔晋升机会，从职位晋升图中清晰地找到个人发展的方向，是对中期人员最大的吸引和动力。

职业发展道路畅通，能够让有培养前途、有作为的员工努力去争取，有前途和能看到希望也是留住人才的最大吸引力，对于处于职业中期的员工，是一种很实在而有效的方法。

3. 对老员工的职业生涯管理方法

到职业后期阶段，员工退休问题必然提到议事日程上。这个阶段应针对即将退休老员工的状态结合组织的实际情况，合理安排老员工职业后期生涯，可以为其量身定做退休计划，也可以征求其意见实施退休返聘等。

本章自测题

1. 员工开发建设体系应具备哪 4 个方面内容？
2. 简述员工开发对个人的作用。
3. 员工一般能力开发包含哪 3 个方面内容？
4. 管理技能的三要素是什么？
5. 自我认知的方法有哪些，分别是什么？
6. 如何进行组织职业生涯管理？
7. 简述组织职业生涯管理的三大方法。